rororo

rororo

rororo computer
Herausgegeben von Ludwig Moos

Die Datenbanksprache **SQL**, Structured Query Language, wird in relationalen Datenbanken zur Definition, Manipulation und Sicherung, vornehmlich aber zur Abfrage von Datenmengen mit wenigen Befehlen eingesetzt. SQL-Anweisungen werden zeichenorientiert oder benutzerfreundlich in grafischen Oberflächen formuliert. Unabhängig vom Betriebssystem, der Betriebsart und der Oberfläche bleibt die Logik aber immer gleich. SQL ist deshalb der Schlüssel zum Verständnis jeder relationalen Datenbank. Dieses Arbeitsbuch beschreibt mit nachvollziehbaren Beispielen den praktischen Einsatz von SQL-Befehlen und SQL-Funktionen. Ein Sonderkapitel behandelt die Weiterverarbeitung von Daten in Excel mit dem Zusatzprogramm MS-Query.

Die Autoren unterrichten Wirtschaftsinformatik und arbeiten in der Lehrerfortbildung des Landes Nordrhein-Westfalen.

Gregor Kuhlmann
Friedrich Müllmerstadt

SQL

Der Schlüssel zu relationalen Datenbanken

Grundkurs Computerpraxis

Rowohlt Taschenbuch Verlag

26. – 30. Tausend März 2000
Vollständig überarbeitete und erweiterte Neuausgabe

Veröffentlicht im Rowohlt
Taschenbuch Verlag GmbH,
Reinbek bei Hamburg, August 1994

Umschlaggestaltung Walter Werner
Grafiken Gregor Kuhlmann / Friedrich Müllmerstadt
Satz Stone Serif und Stone Sans, PostScript,
QuarkXPress 3.32 bei UNDER/COVER, Hamburg
Druck und Bindung Clausen & Bosse, Leck
Printed in Germany
ISBN 3 499 60063 3

Inhalt

Editorial

Das Zusammenleben der Menschen wird immer stärker von informationsverarbeitenden Maschinen geprägt. Die meisten von uns werden direkt oder indirekt mit Computern zu tun haben. Eine besondere Rolle spielt dabei der millionenfach verbreitete Personal Computer (PC). Schüler, Studenten und Angehörige aller Berufsgruppen spielen oder arbeiten schon heute mit diesem Gerät.
Der Einsatz des persönlichen Computers wird weniger von der Fähigkeit des Benutzers bestimmt, das Gerät in seiner Technizität (Hardware) zu verstehen, als vielmehr davon, es mit Hilfe der Computerprogramme (Software) zu bedienen.
Der «Grundkurs Computerpraxis» erklärt Informationsverarbeitung sehr konkret und auf einfache Weise. Dabei steht das, was den Computer im eigentlichen Sinne funktionieren läßt, im Vordergrund: die Software. Sie umfaßt

- Betriebssysteme,
- Anwenderprogramme,
- Programmiersprachen.

Ausgewählt werden Programme, die sich hunderttausendfach bewährt und einen Standard gesetzt haben, der Gefahr des Veraltens also nur in geringem Maße unterliegen.
Im «Grundkurs Computerpraxis» wird das praktische Computerwissen übersichtlich gegliedert, auf das Wesentliche begrenzt und mit Grafiken, Beispielen und Übungen optimal zugänglich gemacht.
Dem «Grundkurs Computerpraxis» liegt ein didaktisches Konzept zugrunde, das von Dipl.-Hdl. Rudolf Hambusch, Referatsleiter im Landesinstitut für Schule und Weiterbildung Soest, entwickelt wurde. Es will das Computerwissen für jedermann verständlich machen. Die Autoren sind erfahrene Berufspädagogen, Praktiker oder Mitarbeiter in Weiterbildungsprojekten.

Einleitung

Datenbanksysteme haben in der letzten Zeit an Bedeutung gewonnen. Viele Unternehmen haben zunehmend das Problem, zum richtigen Zeitpunkt kostengünstig die für den Geschäftsbetrieb benötigten Daten in entsprechend aufbereiteter Weise zur Verfügung zu stellen. Diese Anforderungen kann die Informationswirtschaft auch durch die konventionelle Programmierung abdecken. Der Programmieraufwand ist jedoch viel zu groß. Die Verwaltung von großen Datenmengen wird durch Datenbankprogramme wesentlich erleichtert und beschleunigt. Abfragesprachen ermöglichen es einem Anwender, auch ohne Programmierkenntnisse unter Nutzung einer Abfragesprache die gewünschten Informationen aus der Datenbank zu gewinnen.
In diesem Buch wird Ihnen gezeigt, wie eine Datenbank entwickelt und wie aus ihr Informationen gewonnen werden. Im einzelnen wird erläutert, wie Sie mit der strukturierten Abfragesprache SQL

- Datenbanken und Tabellen anlegen, ändern und löschen,
- ein Datenbanksystem entwerfen und einrichten,
- Daten eingeben, ändern, löschen, ordnen, gruppieren, sortieren und ausgeben,
- Unterabfragen und Sichten vereinbaren,
- Daten sichern.

Die Arbeitsweise kann nicht nur theoretisch erfolgen. Wir bedienen uns daher eines praktischen Falls, auf den sich die Darstellung der Entwicklungs- und Abfragemethodik bezieht. Deshalb wird im ersten Kapitel die Problemstellung eines Unternehmens vorgestellt. Dabei werden die grundlegenden Begriffe der Datenbanktheorie erläutert.
Die Datenbanksprache SQL ist eine weit verbreitete Sprache. Sie können mit ihr sowohl Datenbanken, die auf einem Personal Computer eingerichtet sind, wie auch Datenbanken auf Großrechnern nutzen, sofern sie SQL-Anweisungen zulassen.

Falls Sie noch nicht über ein Datenbanksystem verfügen, sich aber über die Abfragesprache informieren möchten, wird das Buch Ihnen sicher helfen können. Wir haben das Buch methodisch in der Weise angelegt, daß Sie die Wirkweise der Anweisungen nachvollziehen können.
Bei den SQL-bezogenen Kapiteln bieten wir Ihnen Aufgaben an, an denen Sie Ihr erworbenes SQL-Wissen trainieren können. Anhand der ebenfalls abgedruckten Lösungen können Sie die Richtigkeit Ihrer SQL-Anweisungen überprüfen.
Die Autoren danken Herrn Dipl.-Hdl. Gerhard Haase für Beratung und Korrektur bei der Erstellung des Manuskriptes.

Gregor Kuhlmann
Friedrich Müllmerstadt

1 Einführung in Datenbanksysteme

1.1 Fallbeispiel

Die Firma Unternehmensberatung Randorf UBR ist ein Ingenieurbüro. Sie berät Firmen in Fragen automatischer Fertigungssteuerung, Transportanlagen und Hochregalläger und führt entsprechende Planungen durch. Aus dem ehemaligen Zweimannbetrieb ist heute ein Unternehmen entstanden, in dem acht Ingenieure und Kaufleute in den Abteilungen Kaufmännische Verwaltung, Fertigungssteuerung und Transportanlagen arbeiten.

Aufgrund der vielschichtigen Problemstellungen, die die Mitarbeiter entweder in Team- oder in Einzelarbeit erledigen, hat sich die Kostenkontrolle als sehr schwierig herausgestellt. Die Mitarbeiter melden deshalb täglich die Zeiten und die Tätigkeiten, die sie für Aufträge erbracht haben. Aus diesen Angaben gewinnt das Unternehmen die Daten, die für die Nachkalkulation und die Lohnberechnung erforderlich sind.

Vor diesem Hintergrund ist ein Datenbanksystem zu entwickeln, das die für die Abteilungsleiter sowie die Unternehmensführung erforderlichen Informationen erbringt. Schließlich ist auch dem Anliegen der kaufmännischen Verwaltung Rechnung zu tragen, die bei langfristigen Projekten hinreichende Unterlagen für Zwischenabrechnungen benötigt.

1.2 Datenbanksystem

1.2.1 Komponenten eines Datenbanksystems

Eine Datenbank ist eine systematische Sammlung von Daten. Zur Verwaltung und Nutzung der in der Datenbank gespeicherten Daten benötigt der Anwender ein Datenbankverwaltungssystem. Ein Datenbanksystem besteht somit aus der Datenbank und dem Datenbankverwaltungssystem. In Anlehnung an den amerikanischen Sprachgebrauch wird für das Datenbankverwaltungssystem die Abkürzung DBMS (Data Base Management System) verwendet.

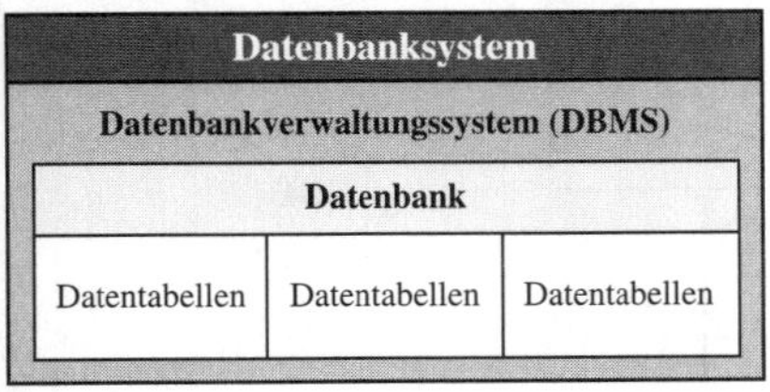

Das DBMS besteht aus einer Vielzahl von Werkzeugen und Generatoren. Zum einen stellt es dem Entwickler die Instrumente zur Verfügung, mit denen er das Datenmodell beschreiben und einrichten kann. Ferner muß das Datenbankverwaltungssystem die Funktionen anbieten, mit denen die Anwender Daten eingeben, verändern, abfragen und ausgeben können. Mittels Masken- und Listengeneratoren werden die Eingabe- und Ausgabeprogramme auf relativ einfache Weise erzeugt. Für die Abfrage schafft das SQL-Modul einen direkten Zugriff auf die Daten. Schließlich muß das Programm für die zweckmäßige Speicherung der eingegebenen Daten sorgen.
Der Entwickler teilt dem Programm die Datenlogik mit, der Anwender formuliert seine Abfrage. Wie die Daten zu speichern sind und welche Suchstrategie am besten anzuwenden ist, das ist Sache des Datenbankprogramms. Es ist also zuständig für die technische Umsetzung der Anforderungen von Entwickler und Anwender.

1.2.2 Ebenen eines Datenbanksystems

Um die Stellung des Nutzers im Datenbanksystem besser erklären zu können, bedient man sich der logischen Einteilung in Sichten (views) bzw. Ebenen.

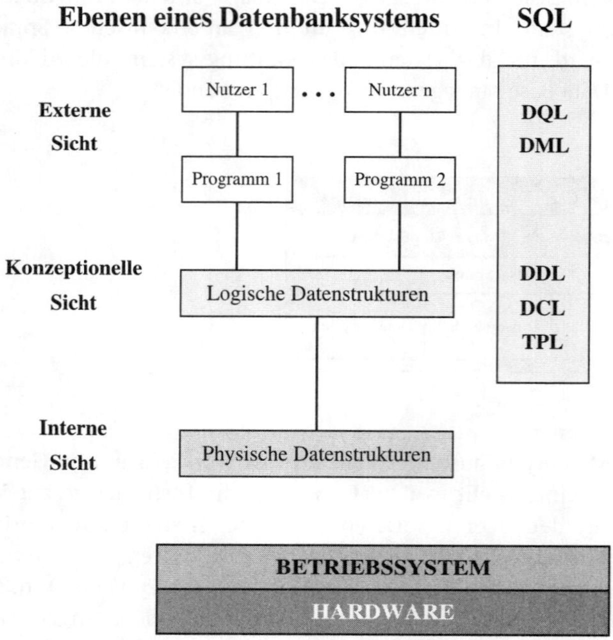

Externe Sicht
Auf der obersten Ebene befindet sich der Anwender, der das Datenbanksystem mit einer Datenabfragesprache (DQL = Data Query Language) oder Datenmanipulationssprache (DML) oder einem eigenen Anwendungsprogramm nutzt. Diese Ebene wird in Anlehnung an den amerikanischen Ausdruck «external view» auch externe Sicht genannt.

Konzeptionelle Sicht

Auf der zweiten Ebene, der konzeptionellen Sicht, wird das Datenmodell beschrieben. Unter einem Datenmodell versteht man die datenmäßige Abbildung eines bestimmten Ausschnitts der realen Umwelt. In ihm sind die Strukturen der Daten und ihre Beziehungen festgelegt. Nach der Art, wie die Beziehungen in dem Datenmodell geregelt werden, unterscheidet man zwischen hierarchischen, vernetzten und relationalen Datenmodellen. Da in diesem Buch nur Datenbankverwaltungssysteme betrachtet werden, die auf ein relationales Datenmodell ausgerichtet sind, werden die übrigen Konzepte hier nicht behandelt.

Tabellenstruktur

Beim relationalen Datenmodell werden die Daten in **zweidimensionalen Tabellen** angeordnet. Das sei am Beispiel eines Ausschnitts einer Personaldatenbank aufgezeigt.

Datenbank PERSONAL

Tabelle PERSDAT						
pnr	name	vorname	geschlecht	abtnr	eintritts-datum	grundgehalt
1	Eifer	Rik	m	4	01.02.80	3800.00
2	Meyer	Luise	w	4	01.03.84	2450.00
3	Strom	Claudius	m	2	01.03.84	3800.00

Tabelle ABTEILG	
abtnr	abteilungsname
1	Leitung
2	Verwaltung
3	Steuerung
4	Transport

Die Datenbank *personal* besteht aus den Tabellen *persdat* und *abteilg*. Jede Tabelle besteht aus mehreren Zeilen und Spalten. In der Tabelle *persdat* beispielsweise enthält jede Zeile die Daten genau eines Mitarbeiters. Dieser wird beschrieben durch seinen Namen, Vornamen usw. Aufgrund der Anordnung stehen alle Namen untereinander und bilden die Spalte *name*. Entsprechend werden alle Vornamen in der Spalte *vorname* eingetragen. In den Spalten werden die Personen beschrieben. Die Spalten enthalten somit die für den Verarbeitungszweck benötigten **Attribute** der Personen. Damit man auf die gewünschte Spalte zugreifen kann, hat jede Spalte eine eindeutige Bezeichnung.

Pro Zeile wird in der Tabelle *persdat* eine Person beschrieben. Allgemein wird pro Zeile eine **Entität** abgebildet. Entität läßt sich mit «Dasein» übersetzen. Gemeint ist damit, daß pro Zeile einer Tabelle etwas durch seine Attribute beschrieben wird, das es in der Welt der Wirklichkeit oder der Vorstellung gibt. In anderem Zusammenhang findet man auch den Begriff **Tupel**. Der Begriff Tupel stammt aus der Mathematik und bezeichnet ein geordnetes Paar von Zahlen, das infolge einer Funktionsvorschrift in einer bestimmten Beziehung zueinander steht. Übertragen auf die Tabelle, stellen die Attribute einer Zeile, eines Tupels, die Beziehung zu einem bestimmten Objekt her.

Schlüssel

Damit jede Zeile einer Tabelle sich von den anderen Zeilen unterscheidet, wird ein **Schlüsselattribut** eingeführt. In der Mitarbeitertabelle ist die Personalnummer (*pnr*) das Schlüsselattribut. Der Schlüssel muß stets eindeutig sein. Da er nicht doppelt in einer Tabelle vorkommen darf, ist gewährleistet, daß es nicht mehrere übereinstimmende Zeilen in einer Tabelle gibt. Der Schlüssel identifiziert ein Objekt eindeutig. Somit eignet er sich als Zugriffs- oder als Verbindungsschlüssel.

Die Verbindung zwischen dem Mitarbeiter und seiner Abteilung wird über die Abteilungsnummer *abtnr* hergestellt. Bei den Schlüsseln unterscheidet man Primär- und Sekundärschlüssel. Ein **Sekundärschlüssel** ist ein Schlüssel, der auf eine andere Tabelle verweist. Über ihn wird die Beziehung zwischen den Tabellen hergestellt. Deshalb wird er auch zuweilen Bezugsschlüssel genannt. In der Tabelle *persdat* ist der Schlüssel *pnr* ein **Primärschlüssel**. Er verweist auf keine weitere Tabelle. Er hat vielmehr die Aufgabe, für die Eindeutigkeit des Tupels zu sorgen.

Zum Einrichten der Datenbank mit ihren Tabellen bedient man sich der Datendefinitionssprache (DDL).

Interne Sicht

Auf der inneren Ebene erfolgt die physische Speicherung der Daten. Die Speicherlogik, die dabei angewendet wird, hängt vom DBMS ab. Darum braucht sich der Anwender aber nicht zu kümmern. Die Daten werden in sogenannten Basistabellen gespeichert. Darüber hinaus benötigt das DBMS eine Vielzahl von weiteren Informationen, die in den Systemtabellen gespeichert werden. So werden die Informationen über die logische Struktur der Datenbank in dem Systemkatalog, auch **Data Dictionary** genannt, gesammelt. Der Systemkatalog enthält Systemdateien, die zum Beispiel darüber Auskunft geben,

- welche Tabellen die Datenbank enthält,
- wie die Spalten der Tabellen heißen,
- welcher Datentyp bei einer Spalte vorliegt.

Die meisten relationalen Datenbanken verfügen mindestens über folgende Datentypen:

Zeichenkette	CHAR	Dezimalzahlen	DECIMAL
ganze Zahlen	SMALLINT	Datum	DATE

Für die Verwaltung der Zugriffsberechtigung auf die Tabellen der Datenbank werden die Anweisungen der Data Control Language eingesetzt. Die Kommandos, die für die Sicherungsmaßnahmen bei Datenübertragungen benötigt werden, bezeichnet man als TPL (Transaction Processing Language).

1.3 Rechnerarchitektur für den Datenbankbetrieb

Ein DBMS muß auf der inneren Ebene auf das Betriebssystem abgestimmt sein, auf dem es aufsetzt. Datenbankverwaltungssysteme wie zum Beispiel GUPTA, INFORMIX, ORACLE oder DB2/2 laufen nämlich auf Einzelplatz- und Mehrplatzbetriebssystemen sowie auch in lokalen Netzwerken. Die externe und die konzeptionelle Ebene werden davon nicht berührt.

1.3.1 Zentrale Architektur

Bei einer zentralen Architektur ist das Datenbanksystem auf einem zentralen Rechner installiert, an den eine Vielzahl von Terminals angeschlossen ist.

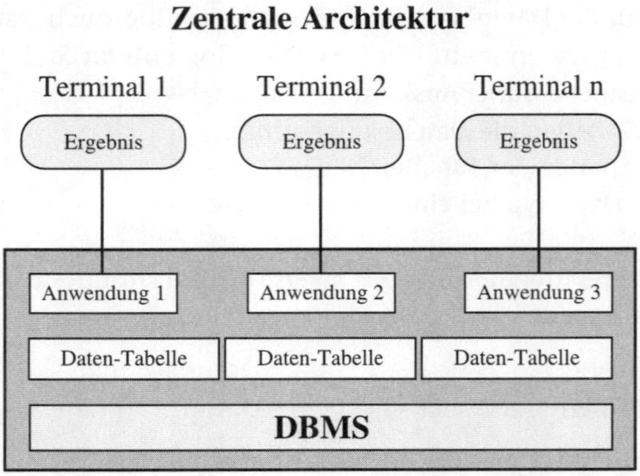

Zentralrechner mit Multi-User-Betriebssystem

Verteilte Datenbanken
Bei großen Datenbanksystemen, die im Multi-User-Betrieb mit vielen Benutzern laufen, tritt ebenfalls das Problem langer Antwortzeiten auf. Um den Datenzugriff zu beschleunigen, werden die Tabellen des Datenbanksystems auf verschiedene Rechner aufgeteilt. Man spricht dann von einer verteilten Datenbank. Für den Anwender wie auch für den Entwickler des Datenbanksystems ist es nicht von Bedeutung, wie auf der internen Ebene die Speicherung und der Zugriff organisiert werden. Die Entwicklung und Anwendung einer Datenbank ist unabhängig vom Rechner- und vom Betriebssystem.

1.3.2 Netzwerkarchitektur

In Netzwerken übernimmt ein Rechner, auch Server genannt, bestimmte Datenbankfunktionen. Der Server arbeitet entweder als File-Server oder als Client-Server, auch SQL-Server genannt. Die Daten werden auf dem Server vorgehalten.

File-Server
In einem File-Server-System werden bei der Durchführung jeder Abfrageanweisung beim Server die benötigten Tabellen angefordert und vollständig an den fragenden Arbeitsplatzrechner übertragen. Das Programmodul zur Auswertung der Abfrageanweisung läuft in dem Arbeitsplatzrechner. Aufgrund dieser Vorgehensweise kann das File-Server-System zu langen Wartezeiten führen, wenn mehrere Tabellen mit vielen Datensätzen zu übertragen sind.

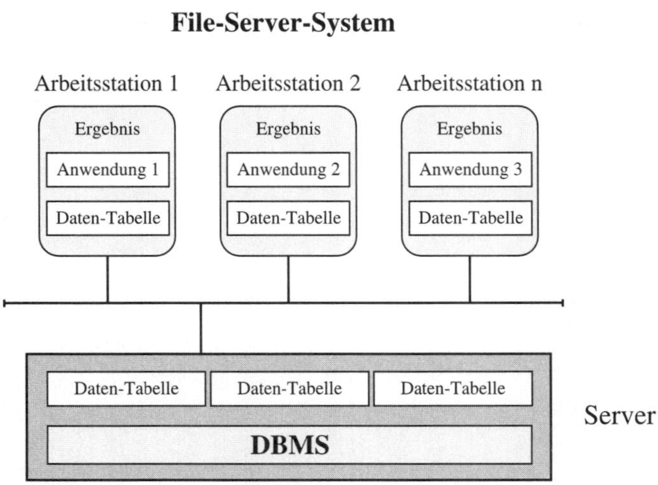

Client-Server
Beim Client-Server-System laufen auf dem Server, nun **Backend** genannt, auch die Datenbankdienste. An den Arbeitsplatzrechner, hier

mit **Frontend** bezeichnet, wird nur noch das Ergebnis der Abfrage übertragen. Damit wird der Nachteil langer Wartezeiten vermieden.

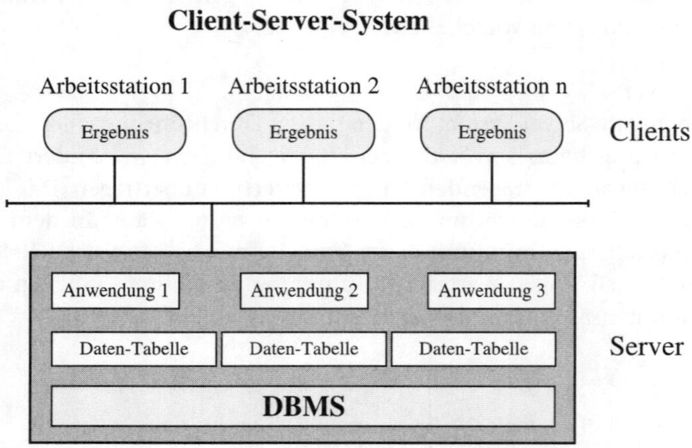

2 Mit SQL-Anweisungen Daten definieren, eingeben und verwalten

Für das Einrichten und Verwalten von Datenbank und Tabellen werden eine Reihe von Anweisungen benötigt, mit denen Sie

- eine Datenbank mit ihren Tabellen anlegen,
- Daten in die Tabellen eingeben und abrufen sowie
- Tabellen ändern und löschen

können. In diesem Kapitel zeigen wir Ihnen an Beispielen, wie Sie dies mit SQL-Anweisungen und Datenbankbefehlen erreichen. Einige Anweisungen werden in diesem Abschnitt nur in Form einer Übersicht behandelt, weil sie an anderer Stelle eingehend besprochen werden.
Bei der Darstellung der Befehle ergibt sich eine methodische Schwierigkeit. Die meisten SQL-Anweisungen können in allen SQL-basierten Datenbanksystemen eingesetzt werden. Trotz Standardisierung besitzt aber jedes Datenbanksystem eigene Ausprägungen von SQL-Befehlen. Das gleiche gilt auch für die Datentypen, mit denen Spalten definiert werden. Damit die Darstellung des Entwicklungsgangs nicht zu häufig durch Verweise auf die Unterschiedlichkeiten bei den verschiedenen Datenbanken unterbrochen wird, finden Sie die Darstellung der Anweisungen und Datentypen, die in den verschiedenen Datenbanksystemen zugelassen sind, in Kapitel 13.
Um die nachfolgende Darstellung der Anweisungen unmittelbar am Rechner nachvollziehen zu können, sollten Sie Ihr Datenbanksystem geöffnet haben und SQL-Anweisungen eingeben können.

Die Tests unserer Beispiele haben wir geprüft in den Datenbanken:

1. INFORMIX,
2. ORACLE,
3. DB/2 und
4. Microsoft-JET-Datenbank (in ACCESS und MS-QUERY).

Nachfolgend werden die SQL-Anweisungen durch die Buchstaben **I**(nformix), **D**(B2), **O**(racle) und **J**(et) gekennzeichnet, um anzugeben, für welches Datenbanksystem die Anweisung gültig ist.
Wir gehen bei den nachfolgenden Ausführungen davon aus, daß Sie das jeweilige Datenbanksystem auf dem Rechner installiert haben. Die SQL-Anweisungen geben Sie in dem SQL-Fenster der Anwendung ein.

2.1 Datenbank anlegen, öffnen, schließen und löschen

Alle für die Firma UBR benötigten Daten sollen in Tabellen der Datenbank *testdb* gespeichert werden. Der Name *testdb* ist willkürlich gewählt. Sie könnten die Datenbank auch anders nennen. Der Name muß lediglich den Vorschriften für die Namensbildung entsprechen.

2.1.1 Datenbank anlegen

Der Befehl

CREATE DATABASE datenbankname

erstellt eine Datenbank mit ihren zugehörigen Systemtabellen. Mit dieser SQL-Anweisung wird der Rahmen für die spätere Einrichtung der Tabellen geschaffen. Wenn Sie nach der Anweisung

```
CREATE DATABASE TESTDB
```

sich das Verzeichnis anschauen, in dem die Datenbank aufgebaut worden ist, so finden Sie dort bereits eine Vielzahl von Dateien vor. Es handelt sich um die Systemtabellen, auch Systemkatalog oder Data Dictionary genannt. In ihm werden alle Informationen über die logische Struktur der Datenbank gesammelt. Er enthält unter anderem Informationen darüber, welche Tabellen eine Datenbank enthält, wieviel Datensätze vorhanden sind, wie die Spalten einer Tabelle heißen und mit welchen Datentypen die Spalten definiert sind. Bei jeder SQL-Anweisung informiert sich das System zunächst in diesen Systemtabellen,

bevor es die Anweisung durchführt. Sie können die in den Systemtabellen gespeicherten Informationen jederzeit abrufen und sich damit eine Übersicht über die Inhalte der Datenbank verschaffen.
In der Microsoft-JET-Datenbank und in ORACLE können Sie den Befehl CREATE DATABASE nicht einsetzen.

ORACLE: In ORACLE wird eine Datenbank mit dem Namen *oracle* bei der Installation des Systems angelegt. Wir arbeiten in diesem Buch mit dieser Datenbank.

ACCESS: Sie können die Datenbank *Testdb* mit der Anwendung ACCESS anlegen. Falls Sie ACCESS nicht besitzen, aber über EXCEL ab Version 7.0 verfügen, dann setzen Sie eine Methode des MS-DAO-Objektes ein.

***Testdb* in ACCESS erstellen:**

1. Vereinbaren Sie ein neues Verzeichnis: C:\Testdb.
2. Öffnen Sie die Anwendung ACCESS.
3. In Menüzeile
   -> *Datei*
   -> *Neue Datenbank anlegen...*
   In *Neu*
   -> *Leere Datenbank*
   -> *OK*
   In *Datei Neue Datenbank*
   -> C:\Testdb   <- Speicherbereich vereinbaren.
   -> Testdb   eingeben als Dateiname.
   -> *Microsoft Access-Datenbanken (*.mdb)* als Dateityp bestätigen
   -> *Anlegen*

***Testdb* mit der *CreateDataBase-Methode aus* EXCEL heraus erstellen:**
Das **DAO-Objekt** (DAO = Data Access Objects, deutsch: Datenzugriffsobjekte) enthält Methoden und Eigenschaften, um eine Datenbank im ACCESS-Format und Tabellen zu erstellen, Daten einzugeben, zu suchen, zu bearbeiten und zu löschen. Die Datenbank wird auch dann angelegt, wenn Sie die Anwendung ACCESS nicht installiert haben.

1. Eventuell erforderliche Vorarbeit: Bevor Sie in der Anwendung EXCEL das DAO-Objekt verwenden können, müssen Sie in der Arbeitsmappe einen Verweis darauf einrichten.

1.1 Öffnen Sie EXCEL und eine neue Mappe. Speichern Sie sie unter dem Namen *DaoUeb.XLS*.

1.2 Verzweigen Sie in das Modulblatt:

In Mappe	Ab EXCEL 97:
-> *Einfügen*	-> *Extras* oder: Alt + F11
-> *Makro*	-> *Makro*
-> *Visual Basic-Modul*	-> *Visual Basic Editor*
	In Menüzeile des Editors
	-> *Ansicht*
	-> *Code*

1.3 Aktivieren Sie den Verweis auf *DAO*:

In *Modul1*
-> *Extras*
-> *Verweise...*

In *Verweise*	EXCEL 97:
-> *Microsoft DAO 3,0 Object Library*	-> *Microsoft DAO 3,5 Object Library*

-> *OK*

2. Vereinbaren Sie für die Mappe *DaoUeb.XLS* die englische Spracheinstellung.
   Hinweis: Dies ist nicht erforderlich in EXCEL 97, weil ab dieser Version deutsche Anweisungen nicht mehr akzeptiert werden.
   In EXCEL 5.0 oder EXCEL 7.0 in dem EXCEL-Tabellenblatt
   -> *Extras*
   -> *Optionen...*
   In *Optionen*
   -> Register *Modul Allgemein*
   -> *Englisch/USA*
   -> *OK*
3. Öffnen Sie das Modulblatt – wie unter 1.2 beschrieben –, und geben Sie darin das Makro *Crdbueb* – Create Database ueb – im Modulblatt ein:

```
Sub Crdbueb()
  Set Dbase = CreateDatabase("C:\testdb\testdb.mdb",
      dbLangGeneral)                                (1)
  Dbase.Close                                       (2)
End Sub
```

(1) Der Variablen *Dbase* wird mit der Set-Anweisung die Methode

CreateDataBase zugewiesen, um eine neue Datenbank zu erstellen. Syntax:
Set Database = CreateDatabase("datenbankname"; gebietsschema)
Zur Definition des Datenbanknamens wird der Name mit vollständigem Pfad genannt: Laufwerk \ Unterverzeichnis \ Datenbankname.mdb. Damit in der Datenbank korrekt sortiert werden kann, definiert die Gebietskonstante *dbLangGeneral* die Sortierweise für englische und deutsche Anweisungen.

(2) Die Methode *Close* schließt das geöffnete Datenzugriffsobjekt *Database*.

4. Starten Sie *Cdrbueb*:
   -> Cursor in Makro positionieren
   -> [F5] drücken

2.1.2 Datenbank löschen

Mit dem Befehl

DROP DATABASE datenbankname (I,D)

wird eine Datenbank in INFORMIX und DB2/2 entfernt. Das bedeutet, daß die für die Datenbank angelegten Systemtabellen und alle Datentabellen mit den Daten physikalisch gelöscht werden. Vor dem Löschen muß die Datenbank mit

```
CLOSE DATABASE                    (I)
```

geschlossen werden.

Beispiel: Erstellen Sie die Datenbank UEBDB, und löschen Sie sie anschließend wieder (I, D):

```
CREATE DATABASE uebdb             (A2102)  (I,D)
CLOSE DATABASE                    (A2103)  (I)
DROP DATABASE uebdb                        (I,D)
```

Die JET-Datenbank können Sie im Windows-Betriebssystem in den Objekten *Arbeitsplatz* oder *Explorer* wieder entfernen. Dazu muß die Datenbank geschlossen sein.

Beispiel: Sie haben in ACCESS oder mit DAO eine Datenbank im Verzeichnis C:\Uebdb gespeichert und wollen sie löschen.

In Windows-Arbeitsoberfläche
-> *Arbeitsplatz* doppelklicken.
In *Arbeitsplatz*
-> *(C:)* doppelklicken.
-> *Uebdb* doppelklicken.
-> *Uebdb.mdb*
-> *Entf* bestätigen.
In *Löschen von Dateien bestätigen*
-> *Ja*

2.2 Tabellen erstellen und löschen

Bevor in der Tabelle einer Datenbank Daten gespeichert werden können, muß dem System die Struktur der Tabelle mitgeteilt worden sein. Eine solche Strukturdefinition enthält die Namen der Tabellenspalten sowie die Informationen, ob in den Spalten Texte, Zahlen oder Datumswerte gespeichert werden sollen und wieviel Zeichen eine Tabellenspalte aufnehmen soll.

Die Struktur der Tabelle *persdat* könnte wie folgt gestaltet sein:

Spaltenname	Datentyp	Länge	Spaltenbedingung
PERSNR	Numerisch : SMALLINT		NOT NULL
PNAME	Text : CHAR	18	
PVNAME	Text : CHAR	18	
GESCHLECHT	Text : CHAR	1	
ABTNR	Numerisch : SMALLINT		
EINTRITT	Datum : DATE	8	
GEHALT	Numerisch : DECIMAL	8,2	

Tabellennamen können maximal 18 Zeichen lang sein. Sie müssen mit einem Klein- oder Großbuchstaben beginnen und dürfen in der Regel keine Leerzeichen enthalten.

Beispiele für gültige Spaltennamen:

I,D: Personal_Identnummer
D : 'Personal Identnummer', $Betrag, #feld, @f

Die Längenangabe 8,2 für die Spalte *gehalt* besagt, daß insgesamt 8 Stellen vorgesehen werden, davon 6 für Vorkommastellen und 2 für Nachkommastellen.
Bei Schlüsselspalten ist es üblich, mit der Spaltenbedingung NOT NULL festzulegen, daß in diese Spalten unbedingt Werte einzugeben sind. Bei der Bedingung NULL bleibt die Eingabe eines Wertes optional. Bei DB2/2 ist es möglich, die NOT NULL-Bedingung zu erweitern: die Angabe NOT NULL WITH DEFAULT bewirkt, daß den Spalten vom System Standardanfangswerte zugeordnet werden, nämlich der Wert 0 bei numerischen Spalten und Leerzeichen bei Zeichenfeldern. Im JET-Datenbankmodell kann die Spaltenbedingung NOT NULL nicht eingesetzt werden.

2.2.1 Tabellen erstellen

Mit der SQL-Anweisung CREATE TABLE tabellenname wird eine neue Tabelle angelegt. Hinter dem Tabellennamen sind in Klammern die Spaltennamen jeweils mit Datentyp und Längenangabe zu definieren. Die einzelnen Spaltenbeschreibungen werden mit Kommata getrennt. Die Liste der Spaltennamen ist von runden Klammern umschlossen. Für die Eingabe der folgenden SQL-Anweisungen muß die Datenbank *Uebdb* geöffnet sein.

Beispiel: Der Datenbankadministrator erstellt die Tabelle *persdat* mit folgender SQL-Anweisung:

```
I,O,D:  CREATE TABLE persdat                        (CRPERSDA)
        (
        persnr          SMALLINT NOT NULL,
        pname           CHAR(18),
        pvname          CHAR(18),
        geschlecht      CHAR(1),
        abtnr           SMALLINT,
        eintritt        DATE,
        gehalt          DECIMAL(8,2)
        )
```

Für das **JET**-Datenbankmodul wollen wir die Tabellen nicht in ACCESS erstellen, sondern mit der Anwendung MS-QUERY, die in jedem EX-

CEL-Paket enthalten ist. Das eigenständige **Zusatzprogramm MS-QUERY** liest Daten externer Datenbanken und setzt dazu die ODBC-Technik ein. ODBC – Open Database Connectivity – ist eine standardisierte Anwendungsschnittstelle (Application Programming Interface) für den Zugriff auf Datenbanken. Sie wurde von der SQL Access Group und Microsoft entwickelt und 1992 veröffentlicht. Die ODBC-Technologie für die Datenübertragung benutzt einen Treiber-Manager und benötigt den auf das spezielle Datenbanksystem eingerichteten ODBC-Treiber. Dazu zählen in EXCEL standardmäßig Treiber für MS-ACCESS, dBASE, PARADOX, SQL-Server, FOXPRO und Textdatenbanken. Auch jedes andere Datenbanksystem, das den ODBC-Standard unterstützt, kann Speicherort der Daten sein. Neue Treiber werden mit dem SETUP-Programm des Speichers installiert. Die externe Datenbank muß zur Datenabfrage vorher nicht geöffnet werden.

Vorarbeit: Vor der Eingabe der SQL-Anweisung muß für MS-QUERY zuerst der Zugriff auf die Datenbank *Uebdb* vereinbart werden. Es wird unterstellt, daß Sie eine Datenbank mit Namen *Uebdb* im Verzeichnis *C:\Uebdb* angelegt haben.

1. Öffnen Sie die Anwendung EXCEL.
2. Starten Sie MS-QUERY in der neuen Mappe in Blatt *Tabelle1*:

EXCEL 5.0 / EXCEL 7.0:	**EXCEL 97:**
In Menüzeile -> *Daten* -> *Daten importieren ...*	In Menüzeile -> *Daten* -> *Externe Daten* -> *Neue Abfrage* erstellen ...
MS-QUERY mit *Datenquelle auswählen*	*Datenquelle auswählen* wird angezeigt:
3. Definieren Sie die Datenquelle:	
In *Datenquelle auswählen*	In *Datenquelle auswählen*
-> *Andere ...*	-> *<Neue Datenquelle>* -> *OK*
In *ODBC-Datenquellen*	In *Neue Datenquelle erstellen*
-> *Neu ...*	-> UEBDB in 1. als Name eingeben

In *Datenquellen hinzufügen* im Listenfeld *Installierte ODBC-Treiber*

-> *Microsoft Access-Treiber (*.mdb)*
(EXCEL 5.0: *Access 2.0 für MS-Office*)

-> *OK*

In *ODBC-Microsoft Access-Setup*

-> UebdB als Datenquelle eingeben.

-> Befehlsschaltfläche *Auswählen...*

(EXCEL 5.0: *Datenbank auswählen*)
In *Auswählen*

-> C:\UebDb als Verzeichnis festlegen,
-> UebDb.mdb als Datenbankname.

-> *OK*
In *ODBC-Microsoft Access-Setup*

-> *OK*

In *ODBC-Datenquellen*

-> *OK*

-> Pfeil hinter 2. klicken,
-> *Microsoft Access-Treiber(*.mdb)*
-> *Verbinden...*
In *ODBC Microsoft Access 97– Setup*
-> *Auswählen...* (Schaltfläche)
In *Datenbank auswählen*
-> C:\UebDb als Verzeichnis auswählen
-> UebDb.mdb als Name klicken
-> *OK*
In *ODBC Microsoft Access 97 – Setup*
-> *OK*
In *Neue Datenquelle erstellen*
-> *OK*
Hinweis: Vor dem OK können Sie festlegen, daß die User-ID und das Kennwort in der Datenquellendefinition gespeichert werden.

Ergebnis: In dem Fenster *Datenquellen auswählen* können Sie jetzt als vorhandene Datenquelle *UebDb* wählen. Schließen Sie jedoch das Fenster und MS-QUERY:
In *Datenquellen auswählen*
-> *Abbrechen*
In Titelzeile
-> Systemfeld
-> *Schließen*
-> *Ja* in Dialogfeld *Sie haben... Möchten Sie trotzdem beenden?*
Ergebnis: Sie befinden sich wieder im EXCEL-Tabellenblatt.

4. Zur Eingabe der SQL-Anweisung in der Anwendung MS-QUERY öffnen Sie das Fenster *SQL ausführen* in der Anwendung EXCEL:

4.1 MS-QUERY aus EXCEL aufrufen:

In einer neu geöffneten EXCEL-Mappe	Ab EXCEL 97:
-> *Daten*	-> *Daten*
-> *Daten importieren*	-> *Externe Daten*
	-> *Neue Abfrage erstellen…*

4.2 Datenbank definieren:

In *Datenquellen auswählen*	In *Datenquellen auswählen*
-> *Uebdb*	-> *Uebdb*
-> *Verwenden*	-> *OK*
In *Tabellen hinzufügen*	In *Tabellen hinzufügen*
-> *Schließen*	-> *Schließen*

4.3 Zur SQL-Abfrage das SQL-Fenster öffnen:
In Menüzeile von MS-QUERY
-> *Datei*
-> *SQL ausführen…*
Hinweis: Wenn hinter *Datenquellen…* nicht die Datenbank *Uebdb* genannt wird, rufen Sie sie so auf:
In *SQL ausführen*
-> Schaltfläche *Datenquellen…*
In *Datenquelle auswählen*
-> *Uebdb*
-> *Verwenden*

5. In *SQL ausführen* eingeben:

```
J: CREATE TABLE persdat                                  (CRPERSDA)
     (
     persnr          SMALLINT,
     pname           CHAR(18),
     pvname          CHAR(18),
     geschlecht      CHAR(1),
     abtnr           SMALLINT,
     eintritt        DATE,
     gehalt          NUMERIC
   )
```

-> *Ausführen*

Hinweis: Die Klammern am rechten Rand der SQL-Anweisungen enthalten den Namen der Datei, unter der sie auf der Begleitdiskette gespeichert sind.

Datentypen: Datentypen charakterisieren eine Spalte als Zeichen-, Zahlen- oder Datumsspalte. Wir verwenden in unseren Beispielen nur die Datentypen CHAR() für Zeichenketten, DECIMAL() für Dezimalzahlen, SMALLINT und INTEGER für Ganzzahlen sowie DATE für Datumswerte.
Der in ANSI-SQL eingesetzte Datentyp DECIMAL() für Dezimalzahlen wird im JET-Datenbankmodul nicht unterstützt. Wir setzen dafür NUMBER/NUMERIC zur Definition einer Gleitkommazahl mit doppelter Genauigkeit ein.

Datentyp	**Beispiele**
INTEGER	12
DECIMAL()	23.56
CHAR()	'Hans', 'W' "Hans" (nur bei INFORMIX)
DATE	'01.02.1980' bei INFORMIX, DB2/2 '01-feb-80' bei ORACLE '1980-01-01' oder #1980-01-01# bei JET-Datenbank

Welche weiteren Datentypen in den Datenbanksystemen verfügbar sind, ist im Kapitel 13 beschrieben.

Spaltenbedingung NOT NULL: Die Spalte *persnr* (Personalnummer) ist mit der Spaltenbedingung NOT NULL angelegt. Damit wird sichergestellt, daß in diese Spalten stets Werte eingegeben werden müssen. NOT NULL läuft nicht in der JET-Datenbank.

UNIQUE-Index: Bei einem professionellen Einsatz muß sichergestellt werden, daß die in die bezeichnete Datenspalte eingegebenen Werte eindeutig sind. Das bedeutet, daß in jeder Zeile dieser Tabelle in der Spalte *persnr* eine andere Personalnummer stehen muß. Um eindeutige Werteingaben für eine Tabellenspalte festzulegen, müssen Sie die Tabellenspalte indexieren. Dies beschreiben wir in Kapitel 10.

CONSTRAINT-Klausel: Mit der CONSTRAINT-Klausel (constraint = Einschränkung) können Sie festlegen, welches Feld als Primärschlüsselfeld gelten soll. Primärschlüsselfelder haben eindeutige Werte. Eingaben mit doppelten Werten werden darin abgewiesen. In Abschnitt 10.6 gehen wir darauf näher ein.

2.2.2 Tabellen löschen

Mit der Anweisung DROP TABLE tabellenname wird eine Tabelle mit den darin gespeicherten Daten aus der Datenbank und in den Systemtabellen gelöscht.

Beispiel: Erstellen Sie in der Datenbank TESTDB die Tabelle *ueb* mit den Spalten *uebnr* integer und *uebbez* char(20), und löschen Sie diese Tabelle anschließend.

Tabelle erstellen:

```
CREATE TABLE ueb                                    (A2202)
  (
  uebnr     INTEGER,
  uebbez    CHAR(20)
  )
```

Löschen Sie die Tabelle *ueb*:

```
DROP TABLE ueb                                      (A2203)
```

Nach der Ausführung einer SQL-Anweisung meldet das System jedesmal, ob die Anweisung korrekt bearbeitet werden konnte.
Wenn Sie ein erfahrener Computerbenutzer sind, wissen Sie, daß man Dateien auch auf Betriebssystemebene löschen kann. Tun Sie dies jedoch nicht bei Tabellen eines Datenbanksystems. Sie riskieren dann, daß die Integrität der Datenbank zerstört wird.

2.3 Daten in Tabellen eingeben

Sie wollen Werte in die Spalten *persnr, pname, geschlecht, abtnr, eintritt* und *gehalt* der Tabelle *persdat* eingeben. In diesem Buch beschreiben wir drei Möglichkeiten, wie Sie Daten in Tabellen speichern:

- Mit der Anweisung
  INSERT INTO tabellenname VALUES ()
  geben Sie Werte zeilenweise ein. Diese Vorgehensweise beschreiben wir anschließend.

- Mit dem SQL-Befehl
  INSERT INTO tabellenname SELECT-Anweisung
  übertragen Sie Werte aus anderen Tabellen. In Kapitel 6 gehen wir im Abschnitt 6.5 darauf ausführlich ein.

2.3.1 Eine Tabellenzeile vollständig eingeben

Mit der INSERT-Anweisung können Daten in eine Tabelle eingeschrieben werden.

Beispiel: Es sind die Daten von Hans Will, männlich, Abteilung 3, Eintrittsdatum 01.05.1982, Grundgehalt 4500 DM, in die Tabelle *persdat* einzutragen.

```
I,D:    INSERT INTO persdat                              (A2301)
             VALUES (99,'Will','Hans','M',3,
                     '01.05.1982',4500.00)

J:      INSERT INTO PERSDAT                              (A2301)
        VALUES(99,'Will','Hans','M',3,'82-05-01',4500.00)
Oder:
J:      INSERT INTO PERSDAT                              (A2301)
     VALUES(99,'Will','Hans','M',3,#82-05-01#,4500.00)

O:     INSERT INTO persdat                               (A2301)
       VALUES (99,'Will','Hans','M',3,'01-may-82',4500.00)
```

Bei INFORMIX und DB2/2 werden die Datumswerte eingeschlossen in Hochkommata in der Form tt.mm.jjjj eingegeben. In ORACLE ist für Datumseingaben zwingend die Struktur tt-monatskürzel-jj vorgegeben. Als Monatskürzel werden akzeptiert: JAN, FEB, MAR, APR, MAY, JUN, JUL, AUG, SEP, OCT, NOV und DEC. Bei der JET-Datenbank muß das Datum in der Form jahr-monat-tag eingegeben werden: 1982-05-01 oder 82-05-01 oder #1982-05-01#.

In den Klammern hinter VALUES werden die Werte in der Reihenfolge der Tabellenstruktur aufgeführt. Dabei ist zu beachten, daß die Datentypen der angegebenen Werte mit den vereinbarten Datentypen übereinstimmen. Zeichenketten, Datumswerte und Zeitwerte werden in Hochkommata (') eingeschlossen. Das Zeichen ' finden Sie auf der Tastatur über dem Zeichen #. Es entspricht dem ASCII-Code 39. Bei INFORMIX können Sie anstelle des Hochkommas ' auch das Anführungszeichen " für Zeichenfolgen ("Hans") und Datumswerte ("01.02.1980") verwenden.

SQL-Anweisungen hintereinanderreihen: Zu den SQL-Anweisungen, die in der Regel nur ein einziges Mal aufgerufen werden, zählen die Anweisungen CREATE TABLE und INSERT INTO. Diese Befehle können Sie auch als Anweisungsfolge eingeben. Dann muß jede Anweisung außer der letzten mit einem Semikolon abgeschlossen werden. Diese Anweisungsfolge läuft nicht unter DB2/2 und nicht in der JET-Datenbank.

Beispiel: Legen Sie eine Tabelle *ueb* an. Die Tabelle verfügt über die Spalten

uebnr	INTEGER
uebbez	CHAR(20)

Tragen Sie dann folgende Werte in die Tabelle ein:

10	Handbuch
15	Sachbuch
3	Katalog

Hinweis für JET-Datenbank-Anwender: Erstellen Sie für nachfolgende Beispiele die Tabelle *Ueb* mit den Feldern *Uebnr* und *Uebbez,* und geben Sie in dieser JET-Datenbank die INSERT-Anweisungen nacheinander im SQL-Fenster ein.

Lösung:

```
CREATE TABLE ueb                                (A2303)
   (uebnr INTEGER, uebbez CHAR(20));
INSERT INTO ueb VALUES (10,'Handbuch');
INSERT INTO ueb VALUES (15,'Sachbuch');
INSERT INTO ueb VALUES (3,'Katalog')
```

2.3.2 Werte in bestimmte Spalten einer Datenzeile eingeben

Wenn Sie Werte in bestimmte Spalten einer Tabellenzeile eingeben wollen, müssen Sie hinter dem Tabellennamen zusätzlich die Namen der Spalten nennen, in denen die Daten gespeichert werden sollen. *Beispiel:* Es sollen Werte nur in die Spalten *persnr* und *gehalt* der Tabelle *persdat* eingegeben werden.

```
INSERT INTO persdat (persnr, gehalt)            (A2302)
  VALUES (98, 2345.78)
```

2.4 Daten ausgeben

Daten-Abfragen (englisch: queries) werden mit der Anweisung SELECT ausgeführt und einer Ergebnistabelle zur Ausgabe übergeben. Wir besprechen den SELECT-Befehl in aller Ausführlichkeit ab Kapitel 4. In diesem Abschnitt zeigen wir, wie Sie in einer Tabelle bestimmte Spalten und bestimmte Zeilen zur Anzeige auswählen.

Beispiel: Es sollen alle Tabellenzeilen und alle Spalten der Tabelle *ueb* ausgegeben werden.

```
SELECT * FROM ueb                     (A2401)
```

Ergebnisliste:	UEBNR	UEBBEZ
	10	Handbuch
	15	Sachbuch
	3	Katalog

Mit dem Zeichen * werden alle Spalten einer Tabellenzeile angesprochen. Hinter FROM steht der Name der anzusprechenden Tabelle.

Beispiel: Aus der Tabelle *ueb* sollen alle Tabellenzeilen, darin jedoch nur die Werte der Spalte *uebbez* ausgegeben werden.

```
SELECT uebbez FROM ueb          (A2402)
```

Ergebnisliste: UEBBEZ
Handbuch
Sachbuch
Katalog

Zur Auswahl der Spalte *uebbez* wird der Spaltenname hinter dem Schlüsselwort SELECT eingesetzt. Eine Spaltenauswahl bezeichnet man auch als **Projektion** einer Tabelle.
Die Ausgabe der Daten kann aber auch von Bedingungen abhängig gemacht werden.

Beispiel: Aus der Tabelle *ueb* soll nur die Zeile ausgegeben werden, in der *uebnr* den Wert 15 aufweist.

```
SELECT * FROM ueb                    (A2403)
  WHERE uebnr = 15
```

Ergebnisliste:	UEBNR	UEBBEZ
	15	Sachbuch

Die Abfrage von Spalteninhalten ist nicht auf numerische Werte beschränkt. Auch Zeichenketten können abgefragt werden.

Beispiel: Aus der Tabelle *ueb* sind die Zeilen auszugeben, in denen *uebbez* den Eintrag «Katalog» enthält.

```
SELECT * FROM ueb                    (A2404)
  WHERE uebbez = 'Katalog'
```

Ergebnisliste:	UEBNR	UEBBEZ
	3	Katalog

Die Zeilenauswahl wird mit der Vereinbarung einer Bedingung hinter dem Schlüsselwort WHERE erreicht. Eine Zeilenauswahl bezeichnet man als **Selektion** oder **Restriktion**.

2.5 Daten aktualisieren

In der Tabelle *ueb* sollen in Abhängigkeit von einer Bedingung Werte in den Spalten *uebnr* und *uebbez* geändert werden. Wir beschreiben in diesem Buch zwei Möglichkeiten, wie Sie Tabellendaten aktualisieren können:

- Mit der Anweisung

  UPDATE tabellenname SET

  werden Daten bedingungsabhängig geändert. Darauf gehen wir anschließend ein.

- Die Bedingung zur Zeilenauswahl kann auch in einer SELECT-Unterabfrage vereinbart werden. In Kapitel 6 besprechen wir, wie Sie solche SELECT-Unterabfragen im Befehl UPDATE einsetzen.

Beispiel: In einer Zeile der Tabelle *ueb* steht in der Spalte *uebnr* der Wert 3 und in *uebbez* der Text «Katalog». Der Wert 3 in der Spalte *uebnr* soll durch den Wert 25 ersetzt werden, an die Stelle von «Katalog» soll der Text «Lernfibel» treten.

```
UPDATE ueb                                    (A2501)
  SET uebnr = 25,
      uebbez = 'Lernfibel'
  WHERE  uebnr = 3
```

Im Anschluß an das Schlüsselwort UPDATE wird die Tabelle genannt, in der die Änderungen durchgeführt werden sollen. Hinter SET werden den zu ändernden Spalten die neuen Werte zugewiesen. Die Bedingung hinter dem Zusatz WHERE definiert die Zeile, in der die Änderungen durchgeführt werden sollen. Die Tabelle *ueb* enthält nach dem UPDATE-Befehl folgende Werte:

```
  SELECT * FROM ueb                           (A2401)
```

Ergebnisliste:	UEBNR	UEBBEZ
	10	Handbuch
	15	Sachbuch
	25	Lernfibel

Wenn in einer einzugebenden Zeichenkette ein Hochkomma steht, muß es bei der Eingabe durch zwei aufeinanderfolgende Hochkommata ersetzt werden.
Wird beim UPDATE-Befehl die WHERE-Bedingung weggelassen, so werden alle Zeilen der Tabelle geändert.

Beispiel: In der Tabelle *ueb* sollen alle Werte in der Spalte *uebnr* um 10 erhöht werden. Da die Spalte *uebnr* als numerische Spalte angelegt worden ist, können in ihr Rechenoperationen vorgenommen werden.

```
UPDATE ueb                          (A2502)
   SET uebnr = uebnr + 10
```

Inhalt von *ueb*:

UEBNR	UEBBEZ
20	Handbuch
25	Sachbuch
35	Lernfibel

NULL-Werte: Spalten, in denen keine Werte eingegeben worden sind, haben den Wert NULL. Dem Wert NULL entspricht weder die Zahl 0 noch eine Zeichenfolge mit Leerzeichen. NULL bedeutet, daß kein Eintrag vorliegt. Der Wert NULL kann zum Rücksetzen eines Wertes auf NULL, aber auch zur Abfrage genutzt werden.

Beispiel: Der Eintrag «Sachbuch» in der Zeile mit der *uebnr* 25 soll gelöscht und durch einen NULL-Wert ersetzt werden.

```
UPDATE ueb                          (A2504)
  SET uebbez = NULL
  WHERE uebnr = 25
```

Inhalt von *ueb*:

UEBNR	UEBBEZ
20	Handbuch
25	
35	Lernfibel

Sie können auch überprüfen, ob ein NULL-Wert vorhanden ist. Die Abfrage auf NULL-Werte wird mittels IS NULL formuliert:

```
SELECT * FROM ueb WHERE uebbez IS NULL     (A2505)
```

2.6 Daten löschen

Daten werden mit der Anweisung

DELETE FROM tabellenname

aus einer Tabelle entfernt. Mit dem Zusatz

WHERE bedingung

erfolgt die Zeilenauswahl.

Beispiel: In der Tabelle *ueb* soll die Zeile mit der *uebnr* 25 gelöscht werden:

```
DELETE FROM ueb                                   (A2601)
  WHERE uebnr = 25
```

Wird der Befehl DELETE FROM ohne WHERE-Zusatz eingegeben, werden alle Tabellenzeilen gelöscht. Die Anweisung

```
DELETE FROM ueb                                   (A2603)
```

löscht alle Daten der Tabelle *ueb*.

2.7 Ein Tabellenfeld nachträglich einfügen, ändern, löschen

Mit der Anweisung

ALTER TABLE tabellenname

werden in eine vorhandene Tabellenstruktur neue Spalten eingefügt, vorhandene Spalten geändert oder gelöscht.

2.7.1 Neue Spalten mit ADD einfügen

Hinter dem Schlüsselwort ALTER TABLE wird die Tabelle genannt, deren Struktur geändert werden soll. Mit dem Zusatz ADD wird das System angewiesen, eine oder mehrere neue Spalten einzufügen. Die einzufügenden Spalten werden mit Namen und Datentyp definiert.

Beispiel: Die Tabelle *ueb* soll um die Tabellenspalten «MENGE DECIMAL(8,2)» und «TE CHAR(20)» ergänzt werden:

INFORMIX und ORACLE:

```
ALTER TABLE ueb ADD                                    (A2701)
  (
  menge          DECIMAL(8,2),
  te             CHAR(20)
  )
```

DB2/2: In diesen Datenbanken wird keine Klammer um die Spaltendefinitionen eingegeben.

```
ALTER TABLE ueb                                 (A2701)
  ADD menge          DECIMAL(8,2)
  ADD te             CHAR(20)
```

JET-Datenbank: Neue Datenfelder müssen jeweils einzeln definiert werden.

```
J:    ALTER TABLE ueb                           (A2701a)
        ADD menge     NUMERIC
      ALTER TABLE ueb                           (A2701b)
        ADD te        CHAR(20)
```

2.7.2 Vorhandene Spalten mit MODIFY ändern

Mit dem Zusatz MODIFY wird das System angewiesen, einer vorhandenen Spalte einen anderen Datentyp zuzuweisen. Die Spalte wird mit ihrem Namen genannt und der neue Datentyp danach definiert.

Beispiel: In der Spalte *menge* soll der Datentyp in SMALLINT geändert werden:

```
I,O:    ALTER TABLE ueb MODIFY                      (A2702)
         (
         menge      SMALLINT
         )
```

Diese Anweisung läuft nicht in DB2/2 und nicht in JET.

2.7.3 Vorhandene Spalten mit DROP löschen

Mit dem Zusatz DROP wird das System angewiesen, eine vorhandene Spalte zu löschen. Die Spalte wird mit ihrem Namen genannt. In DB2/2 kann der Zusatz DROP nur zum Löschen des PRIMARY KEY (DROP PRIMARY KEY) oder des FOREIGN KEY (DROP FOREIGN KEY) eingesetzt werden. Informationen dazu finden Sie im folgenden Abschnitt. In ORACLE kann der Zusatz DROP nicht eingesetzt werden.

Beispiel (nur in INFORMIX): Die Spalte *menge* soll gelöscht werden.

```
I:      ALTER TABLE ueb DROP                        (A2703)
         (
         menge
         )
```

In JET entfällt die Klammer:

```
J:      ALTER TABLE ueb DROP menge                  (A2703)
```

2.7.4 Tabellennamen ändern

In INFORMIX und ORACLE können Sie mit dem Datenbankbefehl RENAME Tabellen nachträglich umbenennen.

Beispiel: Die Tabelle *ueb* soll in *ueb1* umbenannt werden:

```
I:      RENAME TABLE ueb TO ueb1                    (A2704)
```

```
O:      RENAME ueb TO ueb1                          (A2704)
```

2.7.5 Spaltennamen ändern

In INFORMIX können Sie mit RENAME nachträglich auch Spaltennamen ändern. Die zu ändernde Spaltenbezeichnung muß in der Anweisung mit dem Namen der Tabelle qualifiziert werden.

Beispiel: Die Spalte *uebbez* soll in *uebzkette* umbenannt werden:

```
RENAME COLUMN uebl.uebbez TO uebzkette          (A2705)
```

2.8 Kommandodateien erstellen und aufrufen

Sie können SQL-Anweisungen speichern. Wir nennen diese Dateien **Kommandodateien.** Gespeicherte Anweisungen brauchen Sie nicht mehr neu einzugeben, Sie müssen sie nur aufrufen und starten. In Abschnitt 3.4 beschreiben wir, daß Sie auch Anweisungsfolgen vereinbaren können.

Kommandodateien erstellen
Kommandodateien können Sie mit dem Editor des Datenbanksystems oder mit Ihrem ASCII-Editor schreiben und speichern.

Kommandodateien aufrufen
Alle von uns beschriebenen Anweisungen finden Sie als Kommandodateien gespeichert auf der Rowohlt-Website (www.rowohlt.de). Das gilt auch für die Lösungen der Übungsaufgaben. Für jedes Kapitel gibt es ein eigenes Unterverzeichnis. Die Kommandodateien des Kapitels 2 stehen in dem Unterverzeichnis KAP2. Die beschriebenen Beispiele tragen das Präfix A (Beispiel: A2704 = bedeutet: 4. Anweisung in Kapitel 2, Abschnitt 7), die Übungen UE. Die erste Übung hat den Bezeichner UE2901. Mit Dateikennzeichen unterscheiden wir die Kommandodateien für die einzelnen Datenbanksysteme:

INFORMIX:	.SQL	ORACLE:	.ORA
DB2/2:	.CMD	JET:	.QRT

Nachstehend beschreiben wir ein Beispiel für den Aufruf der Kommandodateien in den verschiedenen Datenbanksystemen.

Beispiel: Aufruf der Kommandodatei UE2901 in den einzelnen Datenbanksystemen.

INFORMIX: In INFORMIX haben die Kommandodateien den Zusatz .SQL.
Sie rufen diese Dateien im SQL-Bildschirm mit der Auswahl *Choose* auf und geben hinter CHOOSE>> den Namen der Kommandodatei ohne den Zusatz .SQL ein.

Aufruf in INFORMIX-SQL:

Fenster/Menü	Eingabe/Auswahlpunkt	Aktion
INFORMIX-SQL	Query-Language	↵
SQL	Choose a:\kap2\ue2901 ↵	↵ eingeben

Aufruf in INFORMIX-DBA:

Fenster/Menü	Eingabe/Auswahlpunkt	Aktion
SQL Direct Entry	Import SQL	links-klicken
Import	File Name a:\kap2\ue2901.sql OK	links-klicken eingeben links-klicken

ORACLE: Die ORACLE-Kommandodateien erkennen Sie auf der Diskette an dem Zusatz .ORA. Sie rufen diese Dateien hinter dem Bereitschaftszeichen des Dienstprogrammes SQL*Plus auf.

```
SQL> GET A:\kap2\a2901.ora
```

Nach dem Aufruf starten Sie den Befehlsstring mit RUN:

```
SQL> RUN
```

Aufgerufen und unmittelbar gestartet werden SQL-Anweisungen mit dem Datenbankbefehl START.

```
SQL> START A:\kap2\a2901.ora
```

DB2/2: Für diese Datenbank haben wir die Kommandos in OS/2-Batchdateien gespeichert. OS/2-Batchdateien werden mit dem Zusatz .CMD definiert, beispielsweise UE2901.CMD.
Die Anweisungen in den Batchdateien werden mit dem Befehlszeilenprozessor DBM gestartet. Dazu müssen sie als Befehlsstring ohne Absatz gespeichert und mit dem Befehl DBM eingeleitet sein. Das zeigt das folgende Beispiel UE2901.CMD.

```
DBM CREATE TABLE ueb2(uenr SMALLINT.uename
    CHAR(15),uegehalt DECIMAL(8,2),uedatum DATE)
```

In DB2 Version 2 (ab 1996) lautet der Einleitungsbefehl nicht DBM, sondern DB2!

Fenster/Menü	Eingabe/Auswahlpunkt	Aktion
OS/2-Arbeitsoberfläche	System	links-doppelklicken
System-Symbolanzeige	Befehlszeilen	links-doppelklicken
Befehlszeilen-Symbol-anzeige	OS/2 Gesamtbildschirm	links-doppelklicken
[c:\]	cd sqllib a:\kap2\ue2901	eingeben eingeben

JET: Es wird unterstellt, daß die Kommandodateien im Verzeichnis C:\SQL gespeichert sind und in MS-QUERY aufgerufen werden:
Im Fenster *SQL ausführen* von MS-QUERY
-> *Öffnen ...*
-> In *Abfrage öffnen*
-> C:\SQL hinter *Suchen in:* einstellen.
->UE2901.QRT markieren,
->Schaltfläche *Öffnen*

2.9 Übungen

UE2901: Erstellen Sie die Tabelle *ueb2* mit folgender Tabellenstruktur:

Datenfeld	**Datentyp**	**Länge**	**Spaltenbedingung**
uenr	Numerisch: SMALLINT		NOT NULL
uename	Text: CHAR	15	
uegehalt	Numerisch: DECIMAL	8,2	
uedatum	Datum		

UE2902: Geben Sie mit INSERT INTO Daten in die Tabelle *ueb2* ein.

UENR	UENAME	UEGEHALT	UEDATUM
23	Heinrich	4239.50	23.05.1944
5	Berta	999999.00	01.01.1932
659	Oskar	29.03.1939	

UE2903: Zeigen Sie auf dem Bildschirm alle Zeilen der Tabelle *ueb2* an.

UE2904: Geben Sie nur die Zeile mit der *uenr* 5 aus.

UE2905: Geben Sie alle Zeilen der Spalten *uenr* und *uename* aus.

UE2906: Fügen Sie in die Tabelle *ueb2* die neue Tabellenspalte *uemenge* mit dem Datentyp INTEGER ein.

UE2907: Ändern Sie den Datentyp der Tabellenspalte *uemenge* um in ein numerisches Feld mit 7 Vor- und 3 Nachkommastellen.
Die entsprechende Anweisung läuft nicht in DB2/2.

UE2908: Löschen Sie die Spalte *uegehalt* aus der Tabelle. Die entsprechende Anweisung läuft nicht in DB2/2.

UE2909: Ändern Sie in der Zeile mit der *uenr* 659 den Wert in «Oskar Werner» und den Wert in *uedatum* in «21.05.1940».

UE2910: Löschen Sie die Werte der Zeile mit dem Namen «Berta».

UE2911: Benennen Sie die Tabelle *ueb2* um in *ueb3*. Die entsprechende Anweisung läuft nicht in DB2/2.

UE2912: Löschen Sie die Tabelle *ueb3* (in DB2/2: *ueb2*).

2.10 Lösungen

Beachten Sie, daß in der JET-Datenbank das Datum in der Form jahr-monat-tag einzugeben ist, der Datentyp DECIMAL() durch NUMERIC ersetzt werden muß und die RENAME-Anweisung nicht läuft.

UE2901:

```
CREATE TABLE ueb2
  (
  uenr      SMALLINT,
  uename    CHAR(15),
  uegehalt  DECIMAL(8,2),
  uedatum   DATE
  )
```

UE2902:

```
INSERT INTO ueb2 VALUES
  (23, 'Heinrich', 4239.50, '23.05.1944')
INSERT INTO ueb2 VALUES
  (5, 'Berta', 999999.00, '01.01.1932')
INSERT INTO ueb2 (uenr, uename, uedatum) VALUES
  (659, 'Oskar', '29.03.1939')
```

UE2903:

```
SELECT * FROM ueb2
```

UE2904:

```
SELECT * FROM ueb2
  WHERE uenr = 5
```

UE2905:

```
SELECT uenr, uename FROM ueb2
```

UE2906:

```
ALTER TABLE ueb2 ADD                           <- INFORMIX
  (
  uemenge   INTEGER
  )
ALTER TABLE ueb2 ADD                              <- DB2/2
  uemenge   INTEGER
```

UE2907:

```
ALTER TABLE ueb2 MODIFY      <- Läuft nicht
  (                             in DB2/2, JET
  uemenge   DECIMAL (10,3)
  )
```

UE2908:

```
ALTER TABLE ueb2 DROP             <- Läuft nicht
  (                                  in DB2/2,
  uegehalt                           ORACLE
  )
ALTER TABLE ueb2 DROP uegehalt    <- JET
```

UE2909:

```
UPDATE ueb2
  SET uename = 'Oskar Werner',
      uedatum = '21.05.1940'
  WHERE uenr = 659
```

UE2910:

```
DELETE FROM ueb2
  WHERE uename = 'Berta'
```

UE2911:

```
RENAME TABLE ueb2 TO ueb3    <- Läuft nicht
RENAME ueb2 TO ueb3             in DB2/2, JET
```

UE2912:

```
DROP TABLE ueb3                 <- INFORMIX,
                                   ORACLE
DROP TABLE ueb2                 <- DB2/2, JET
```

3 Relationale Datenbank entwickeln

3.1 Vorgehensweise

Die Entwicklung einer Datenbank vollzieht sich in mehreren Schritten. Zunächst ist festzustellen, welche Informationen die Anwender vom Datenbanksystem erwarten. Aufgrund dieser Erhebung leitet der Entwickler ab, welche Tabellen aufzubauen sind. Ferner legt er die Datentypen der einzelnen Tabellenspalten fest. Diesen Prozeß bezeichnet man auch als Datenmodellierung. Erst nach Abschluß der Datenmodellierung können die CREATE-Anweisungen formuliert werden, mit denen die Datenbank und ihre Tabellen eingerichtet werden. Der Entwicklungsprozeß vollzieht sich also in drei Schritten:

1. Informationsstruktur
2. Datenstruktur
3. Aufnahmestruktur

Bei der Ermittlung der Informationsstruktur sind prinzipiell zwei Vorgehensweisen möglich: Bottom-up- oder Top-down-Verfahren.

Bottom-up-Verfahren

Beim Bottom-up-Verfahren ist ein spezielles Problem der Ausgangspunkt für die Datenbankentwicklung. Dabei werden die im Unternehmen bereits eingesetzten Belege und Dateien untersucht und daraus abgeleitet, welche Informationen das Datenbanksystem liefern soll. Bei einer kleinen Anwendung im privaten Bereich mag dieses Verfahren hinreichend sein. In Unternehmen, in denen eine Vielzahl von Anforderungen an die Datenbank gestellt werden, kann diese Entwurfsmethode zu einer Vielzahl von Datenbanken führen, die nicht aufeinander abgestimmt sind. Es besteht dann die Gefahr, daß Daten in verschiedenen Tabellen redundant, also mehrfach geführt werden.

Top-down-Verfahren

Beim Top-down-Verfahren bestimmt nicht die einzelne Anwendung, sondern die Informationsanforderungen aller späteren Datenbanknutzer die Entwicklung des Datenmodells. So geben beispielsweise die verschiedenen Abteilungen an, welche Informationen sie über die Mitarbeiter benötigen. Aus den einzelnen Anforderungen wird also abgeleitet, was an Informationen über die Mitarbeiter in der Datenbank enthalten sein muß. Für alle Datenbankanwendungen gibt es dann nur eine einzige Personentabelle. Es werden somit keine Daten mehrfach gespeichert.

Im folgenden wird die Top-down-Methode eingesetzt.

3.2 Grundsätze

Daten werden seit Anbeginn der automatisierten Datenverarbeitung in Dateien gespeichert. In der Regel waren die Dateien nicht untereinander abgestimmt. So kam es beispielsweise vor, daß die Personaldaten eines Mitarbeiters in mehreren Dateien gespeichert wurden. Abgesehen von dem Mehraufwand an Speicher ist eine solche Doppelspeicherung gleicher Daten mit Risiken der Mutationsanomalien behaftet. Unter Mutationsanomalie versteht man, daß sich in einem Dateisystem Unregelmäßigkeiten einstellen, wenn Daten verändert werden. Beispielsweise wird in der Lohndatei das Geburtsdatum eines Mitarbeiters korrigiert, in der Mitarbeiterstammdatei jedoch unterbleibt die Änderung.

Keine Redundanz

Um sich die Programmierung der Briefschreibung zu erleichtern, wurde beispielsweise eine Adreßdatei wie folgt aufgebaut:

Vor-/Hausname	Vorname	Straße	PLZ
Walter Wolters	Walter	Birkenweg 1	44121
Werner Wissing	Wernher	Steinweg 6	44521
Siegfried Soller	Sigfried	Seestr. 12	44622

Der Vorname einer Person wird in zwei verschiedenen Spalten gespeichert. Das führt zu einem unnötigen Mehraufwand an Speicherplatz und Arbeit. Darüber hinaus besteht bei der Mehrfachspeicherung die Gefahr, daß die Doppelangaben nicht übereinstimmen oder sich gar widersprechen. Deshalb darf jede Angabe zu einer Person oder Sache nur einmal in der Datenbank gespeichert sein.

Eindeutigkeit

Eine Datenbank enthält Angaben zu den Eigenschaften einer Person oder Sache. Mittels dieser Angaben muß eindeutig eine bestimmte Entität identifizierbar sein. Bezogen auf eine Personendatei müssen die Angaben in der Weise beschaffen sein, daß sie nur auf eine ganz bestimmte Person zutreffen können.

Das Datenbankverwaltungsprogramm verfügt nicht über einen definierten Zugriffsweg auf einen bestimmten Datensatz. Deshalb muß in jeder Zeile einer Tabelle ein Wert enthalten sein, der diesen Eintrag eindeutig kennzeichnet. Um die Eindeutigkeit der Tabellenzeilen zu gewährleisten, erweitert man den Datensatz um ein Identifikationsmerkmal. So wird beispielsweise dem Personaldatensatz eine Personalnummer, dem Artikelsatz eine Artikelnummer hinzugefügt. Durch ein solches Identifikationsmerkmal wird die eindeutige Zuordnung zwischen den Daten in der Tabellenzeile und der zu beschreibenden Entität sichergestellt. Dieses Merkmal wird **Schlüsselbegriff**, **Schlüsselattribut** oder einfach nur **Schlüssel** genannt.

Beim Festlegen des Schlüsselbegriffs kann man selber einen Schlüssel definieren, man kann aber auch einen fremddefinierten Schlüssel verwenden. Bei einem Buch ist beispielsweise die ISBN ein fremdbestimmter Schlüssel, bei einer Person die Sozialversicherungsnummer. Da aber Umstände eintreten können, die zu einer Änderung solcher fremddefinierten Schlüssel führen, die von dem Datenbankverwalter nicht kontrolliert werden können, empfiehlt es sich trotz des Mehraufwandes, eigendefinierte Schlüssel zu verwenden.

Entitäten – keine Prozeßdaten

Prozeßdaten sind solche Daten, die durch einen Rechenprozeß gebildet werden. Werden Prozeßdaten gespeichert, so besteht die Gefahr, daß diese Daten in kurzer Zeit nicht mehr richtig sein werden. Das mag folgendes Beispiel zeigen: Neben dem Geburtsdatum wird bei der Ersterfassung auch das Alter der Person in den Datensatz eingetragen. Spä-

testens nach einem Jahr ist dieser Eintrag falsch. Die Altersangabe ist ein Prozeßdatum, das sich aus der Differenz von aktuellem Datum und Geburtsdatum errechnet.
Diese Grundsätze müssen unbedingt beachtet werden, damit eine redundanzfreie, erweiterungsfähige und anwendungsunabhängige Datenbank geschaffen werden kann. Damit das gelingt, hat E. J. Codd, der Erfinder der relationalen Datenbank, ein System von Regeln formuliert. Die Regeln werden **Normalformen** genannt. Ihre Anwendung wird im nachfolgenden Kapitel dargestellt.

3.3 Datenmodell entwickeln

3.3.1 Informationsstruktur ableiten

Im ersten Schritt werden die Informationsanforderungen, die im Unternehmen gestellt werden, erfaßt und analysiert. Das Ergebnis der Analyse ist die Zusammenstellung der benötigten Informationen, also die Informationsstruktur. Das Ableiten der Informationsstruktur wird nachstehend an einem Beispiel ausführlich dargestellt.

Beispielfall: Das Ingenieurbüro UBR berät Firmen in Fragen der automatischen Fertigungssteuerung und des innerbetrieblichen Transports und führt die entsprechenden Planungen durch. Aus dem ehemaligen Zweimannbetrieb ist inzwischen ein Unternehmen mit insgesamt acht Mitarbeitern entstanden, die die Aufträge in der Regel im Team durchführen. Das Unternehmen gliedert sich in folgende Bereiche:

Abteilungsnummer	Abteilungsname
1	Geschäftsleitung
2	Verwaltung
3	Steuerung
4	Transport

Aufgrund des Wachstums und der Teamarbeit wurde es notwendig, den Mitarbeitern eine leistungsgerechte Honorierung anzubieten. Man hat sich deshalb entschlossen, zusätzlich zu einem Grundgehalt und den Familienzuschlägen eine Prämie auszuschütten. Um mit möglichst ge-

ringem Aufwand die Bruttolohnabrechnung zu bewerkstelligen, soll ein Datenbanksystem eingerichtet werden.
Bei der Hereinnahme und Abwicklung von Aufträgen fallen eine Reihe von Tätigkeiten an, die in einem Tätigkeitskatalog zusammengestellt sind:

Tätigkeitskatalog		
Kennziffer	Bezeichnung	Stundenverrechnungspreis
1	Akquisition	90.00
2	Vorbesprechung	100.00
3	Beratung	130.00
4	Projektentwurf	120.00
5	Kalkulation	110.00
6	Zeichnen	90.00
7	Schreibarbeiten	80.00

Für diese Tätigkeiten sind von der Kostenrechnung als innerbetriebliche Stundenverrechnungspreise die sogenannten Tätigkeitspreise festgelegt worden. Die Tätigkeitspreise decken die Selbstkosten. Ferner enthalten sie einen Gewinnzuschlag für das Unternehmen.
Die Mitarbeiter der Abteilungen Leitung, Steuerung und Transport berichten täglich auf einem Tätigkeitsnachweis, wieviel Zeit und in welcher Tätigkeitsart sie an den verschiedenen Aufträgen gearbeitet haben.

Beispiel: Der Mitarbeiter Meieris mit der Personalnummer 7 meldet am 01.03.1994, daß er für den Auftrag 2222 6.5 Stunden gezeichnet hat. Die Tätigkeitsnummer für das Zeichnen ist 6. Die Berichtsnummer leitet sich aus der umgekehrten Schreibweise des Datums des Arbeitstages ab.

Tätigkeitsnachweis				
Name: Heinz Meieris			Personalnummer: 7	
Berichts-nummer	Auftrags-nummer	Tätigkeits-nummer	Tätigkeits-bezeichnung	Stunden
940301	2222	6	Zeichnen	6.50
940301	3333	5	Kalkulation	1.50

Der monatliche Bruttolohn errechnet sich aus der Summe von Grundgehalt, Familienzuschlag und Prämie. Der Bruttolohn ist vertraglich für jeden Mitarbeiter festgelegt. Die Regelung des Familienzuschlages sieht einen Zuschlag von 60 DM für den Ehepartner und 40 DM für jedes Kind vor.

Bei der Berechnung der persönlichen Prämie werden die bei einem Auftrag erbrachten Leistungen aller Mitarbeiter dem Auftragswert gegenübergestellt. Die Differenz ist die zu verteilende Prämie. Sie wird im Verhältnis der persönlichen Leistung zur Gesamtleistung auf die einzelnen Mitarbeiter aufgeteilt.

Weiterhin stellt die Personalabteilung folgende Informationsanforderungen. Sie möchte hinsichtlich eines jeden Mitarbeiters wissen,

- zu welcher Abteilung er gehört,
- wer sein Vorgesetzter ist,
- wann er in das Unternehmen eingetreten ist und
- wie hoch der Bruttolohn in den einzelnen Monaten war.

Auch soll feststellbar sein, von welchen Mitarbeitern die verschiedenen Abteilungen geführt werden. Das Unternehmen weist derzeit folgende Organisationsstruktur auf.

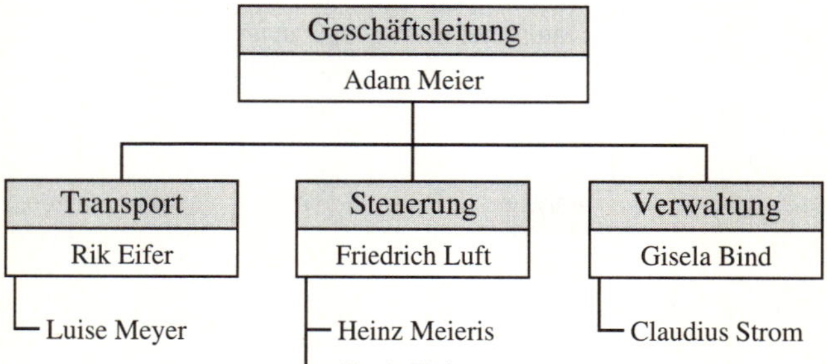

Aus den obigen Anforderungen ist nun abzuleiten, welche Personalinformationen benötigt werden. Diese Zusammenstellung der für das Informationssystem erforderlichen Daten wird **Informationsstruktur** genannt.

Informationsstruktur	
Datenfeld	**Bedeutung**
Personalnummer	eindeutige Identifizierung des Mitarbeiters
Nachname	Name des Mitarbeiters
Vorname	Vorname des Mitarbeiters
Geschlecht	männlich (M) / weiblich (W)
F.Mitgl.Vorname	Vornamen der Familienmitglieder
Verwandtschafts-verhältnis	Ehemann, Ehefrau, Sohn, Tochter
Familienzuschuß	Gehaltszuschuß je Familienmitglied
Eintrittsdatum	Tag des Eintritts in das Unternehmen
Grundgehalt	Mindestgehalt lt. Arbeitsvertrag
Monatsgehälter	Grundgehalt + Prämie + Familienzuschuß in den verschiedenen Monaten
Tätigkeitsnummer	Nummer lt. Tätigkeitskatalog
Tätigkeits-bezeichnung	Akquisition, Vorbesprechung, Beratung, Projekt-entwurf, Kalkulation, Zeichnen, Schreibarbeiten
Tätigkeitspreise	Verrechnungspreis je Leistungsart
Tätigkeitsstunden	geleistete Stunden je Auftrag und Art
Auftragsnummer	Kennzeichnung des Auftrages
Auftragswert	vereinbarter Rechnungswert
Abrechnungsdatum	Datum der Rechnungsstellung
Berichtsnummer	Nummer JJMMTT für den Tätigkeitsnachweis
Abteilungsname	Leitung, Verwaltung, Steuerung, Transport
Abteilungsleiter Vorgesetzter	Angabe der Personalnummer des Vorgesetzten

3.3.2 Datenstruktur – konzeptionelles Datenmodell

Die in der Informationsstruktur festgelegten Datenfelder können nicht einfach in eine Tabelle übernommen werden, da dann nicht die Redundanzfreiheit gewährleistet ist. Das muß aber nach der Regel der ersten Normalform sichergestellt sein. Die Regel besagt:

> Eine Tabelle befindet sich in der **Ersten Normalform**, wenn jedes Attribut nur einmal in der Tabelle vorkommt.

Diese Vorschrift fordert, daß sich wiederholende Daten, Wiederholungsdaten also, in eine gesonderte Tabelle auszugliedern sind. Diesen Vorgang der Ausgliederung von Datenfeldern bezeichnet man als **Normalisierung**. Bei der Zuordnung der Datenfelder auf Tabellen ist nämlich zu beachten, daß die Anzahl der Spalten einer Tabelle nicht variabel ist. Sie kann nicht von Satz zu Satz geändert werden. Das zeigt das folgende Beispiel einer Tabelle, die die Familienstandsdaten der Mitarbeiter enthält.

p-nr	name	vorname	ehepartner	1. kind	2. kind	3. kind
14	Bethe	Bernd	Monika	Bernd	Susi	Petra
15	Doren	Dorle	Heinrich	Willi	Dieter	–
16	Hamm	Heiko	–	–	–	–

Wenn die Mitarbeitertabelle in dieser Form aufgebaut wird, ergeben sich zwei Unzulänglichkeiten. Die eine besteht darin, daß in jeder Zeile Platz für eventuelle Einträge der Familienangehörigen vorgehalten werden muß. Bei ledigen Mitarbeitern bedeutet das eine Verschwendung von Speicherplatz. Die zweite Unzulänglichkeit: Bernd und Monika Bethe haben ein 4. Kind bekommen. Bei dieser Datenstruktur kann es nicht berücksichtigt werden. Deshalb ist die obige Datenstruktur nicht geeignet, die möglichen Familienstandsdaten aufzunehmen.

Die Angaben zu den Familienangehörigen sind Attribute, die sich wiederholen. Sie stellen somit **Wiederholungsdaten** dar und werden deshalb in eine eigene Tabelle ausgelagert. Die Tabellen lauten dann:

Tabelle *personal*

p-nr	name	vorname
14	Bethe	Bernd
15	Doren	Dorle
16	Hamm	Heiko

Tabelle *familienstand*

vorname	verwandtschaftsverhältnis
Monika	Ehefrau
Bernd	Sohn
Susi	Tochter
Petra	Tochter
Heinrich	Ehemann
Willi	Sohn
Dieter	Sohn

Die Auslagerung der Wiederholungsdaten in eine eigene Tabelle löst die obigen Probleme. Die Platzverschwendung wird vermieden. Das Eintragen eines weiteren Familienmitgliedes ist problemlos möglich, da an eine Tabelle beliebig viele Zeilen angefügt werden können. Bei der obigen Form der Familienstandstabelle ist aber die Information verlorengegangen, auf welchen Mitarbeiter sich die Angaben beziehen. Damit jederzeit festgestellt werden kann, zu welchem Mitarbeiter die Familienstandsdaten gehören, wird die Tabelle um eine Spalte *p-nr* erweitert. In ihr wird bei jedem Eintrag die Nummer des Mitarbeiters vermerkt.

p-nr	name	vorname
14	Bethe	Bernd
15	Doren	Dorle
16	Hamm	Heiko

p-nr	vorname	verwandtschaftsverhältnis
14	Monika	Ehefrau
14	Bernd	Sohn
14	Susi	Tochter
14	Petra	Tochter
15	Heinrich	Ehemann
15	Willi	Sohn
15	Dieter	Sohn

Die Personalnummer in der Spalte *p-nr* stellt also die Verbindung zwischen den beiden Tabellen her. Man bezeichnet sie deshalb als **Schlüssel**.

Bei Schlüsseln unterscheidet man Primärschlüssel und Fremdschlüssel oder Bezugsschlüssel. In der Tabelle *personal* stellt die Personalnummer einen **Primärschlüssel** dar. Er darf in dieser Tabelle nur einmal vorkommen, weil er einen Datensatz eindeutig identifiziert. Würde dort beispielsweise der Schlüssel zweimal vergeben werden, so wäre kein eindeutiger Zugriff auf einen genau bestimmten Datensatz mehr möglich.
In der Tabelle *familienstand* stellt die Personalnummer einen **Fremdschlüssel** oder einen **Bezugsschlüssel** dar. Über diesen Schlüsseleintrag wird die Beziehung zur Personaltabelle hergestellt. Ein Bezugsschlüssel darf in einer Tabelle mehrfach auftreten.

> Unter Anwendung von Bezugsschlüsseln kann man Datenfelder auf verschiedene Tabellen aufteilen, ohne Informationen zu verlieren.

Diese Erkenntnis über die Notwendigkeit des Ausgliederns von Wiederholungsdaten ist nun auf die obige Informationsstruktur anzuwenden. Um zu erkennen, welche Datenfelder auszugliedern sind, empfiehlt es sich, geeignete Testdaten einzusetzen. Das zeigt das nachstehende Beispiel:

Personal		
Datenfeld	**Beispielwerte**	
PERSONALNUMMER	5	
Nachname	Luft	
Vorname	Friedrich	
Geschlecht	M	
F.Mitgl.Vorname	Beate	Wiederholungsgruppe
Verwandtschaft	Ehefrau	Familienmitglieder
Familienzuschuß	60.00	
F.Mitgl.Vorname	Heinz	Wiederholungsgruppe
Verwandtschaft	Sohn	Familienmitglieder
Familienzuschuß	40.00	
Abteilungsname	Steuerung	
Eintrittsdatum	15.05.1985	
Grundgehalt	4500.00	
M.Gehalt Jan 94	5000.00	Wiederholungsfelder
M.Gehalt Feb 94	6063.63	Monatsgehälter
M.Gehalt	...	

Berichtsnummer	940228	Wiederholungsgruppe Leistungsbericht
Auftragsnummer	1111	
Tätigkeitsnummer	3	
Tätigkeitsbezeichnung	Beratung	
Tätigkeitsstunden	4	
Tätigkeitspreis	130.00	
Berichtsnummer	940228	Wiederholungsgruppe Leistungsbericht
Auftragsnummer	1111	
Tätigkeitsnummer	2	
Tätigkeitsbezeichnung	Vorbesprechung	
Tätigkeitsstunden	1.5	
Tätigkeitspreis	100.00	
Berichtsnummer	940228	Wiederholungsgruppe Leistungsbericht
Auftragsnummer	2222	
Tätigkeitsnummer	5	
Tätigkeitsbezeichnung	Kalkulation	
Tätigkeitsstunden	3	
Tätigkeitspreis	110.00	

Folgende Datenfelder der Informationsstruktur können nicht sinnvoll der Personalnummer zugeordnet werden:

Auftragswert
Abrechnungsdatum
Abteilungsleiter

Weil sie nicht unmittelbar mit dem Mitarbeiter, der durch die Personalnummer identifiziert wird, in Verbindung gebracht werden können, müssen diese Datenfelder in weitere Tabellen eingebracht werden. Die Untersuchung der Personaltabelle auf Wiederholungsdaten zeigt, daß eine Reihe von Datenfeldern wiederholt auftritt. Sie sind aus der Personaltabelle zu entfernen und in eigenständige Tabellen einzubringen. Es ergeben sich dann drei neue Tabellen:
- *familienmitglieder*
- *monatsgehälter*
- *leistungsbericht*

Tabelle *familienmitglieder*
Wie bei den obigen Vorüberlegungen zur Ausgliederung von Informationen in eine andere Tabelle dargelegt wurde, muß die neue Tabelle

nicht nur Spalten für die Wiederholungsdaten, sondern auch eine Spalte für den Bezugsschlüssel aufweisen. Die Tabelle, die die Daten der Wiederholungsgruppe Familienmitglieder aufnimmt, könnte dann wie folgt aufgebaut sein:

Tabelle familienmitglieder			
personal-nummer	familienmitglieds-vorname	verwandt-schaft	familien-zuschuß
5	Beate	Ehefrau	60.00
5	Heinz	Sohn	40.00

Diese Tabellenstruktur ist aber noch zu überarbeiten. Auf jede Zeile einer Tabelle muß man über einen Schlüssel eindeutig zugreifen können. Das ist in der obigen Tabelle nicht mehr gewährleistet, da der Schlüssel Personalnummer in mehreren Zeilen auftritt. Da es aber möglich sein soll, jeden Datensatz einer Tabelle mit einem eindeutigen Schlüssel anzusprechen, muß der Schlüssel erweitert werden, beispielsweise um eine Familienmitgliedsnummer.

Tabelle familienmitglieder				
personal-	familienmitglieds-		verwandt-	familien-
nummer	**nummer**	vorname	schaft	zuschuß
5	1	Beate	Ehefrau	60.00
5	2	Heinz	Sohn	40.00

Die Felder *personalnummer* und *familienmitgliedsnummer* bilden nun einen **zusammengesetzten Schlüssel.** Die neu gebildete Tabelle ist ebenfalls hinsichtlich der Ersten Normalform zu überprüfen. Dabei ist festzustellen, daß sich die Werte im Verwandtschaftsfeld wiederholen. Deshalb wird eine neue Tabelle *verwandtschaftsgrade* gebildet, die wie folgt aufgebaut ist:

Tabelle verwandtschaftsgrade	
verwandtschaftsschlüssel	verwandtschaft
m	Ehemann
f	Ehefrau
s	Sohn
t	Tochter

In der Tabelle *familienmitglieder* wird das Feld Verwandtschaft ersetzt durch *verwandtschlüssel*. Dadurch wird der Datensatz für Familienmitglieder kürzer.

Tabelle familienmitglieder				
personal-nummer	familienmitglieds- **nummer**	vorname	verwandt-schlüssel	familien-zuschuß
5	1	Beate	f	60.00
5	2	Heinz	s	40.00

Tabelle *monatsgehälter*

Bei der Festlegung der Tabellenstruktur *monatsgehälter* ist zu berücksichtigen, daß die Monatsgehälter nicht nur in Beziehung zur Personalnummer, sondern auch zum Jahr und zum Monat stehen, in dem sie gezahlt wurden. Deshalb enthält die Tabelle *monatsgehälter* neben einer Spalte, in der das Monatsgehalt eingetragen wird, auch Spalten für die *personalnummer, jahr* und *monat*. Sie weist also einen Schlüssel auf, der sich aus drei Elementen zusammensetzt.

Tabelle monatsgehälter			
personalnummer	**jahr**	**monat**	m-gehalt
5	94	1	5000.00
5	94	2	6063.63

Tabelle *leistungsbericht*

Die Ausgliederung der Wiederholungsgruppen des Leistungsberichtes führt zu einer Tabelle, in der sich der Schlüssel aus den Datenfeldern *personalnummer, berichtsnummer, auftragsnummer* und *tätigkeitsnummer* zusammensetzt. Diese Angaben werden benötigt, um die erbrachte Leistung zu identifizieren. Die Tabelle *leistungsbericht* weist somit folgende Struktur auf:

Tabelle leistungsbericht						
personal-nummer	**berichts-nummer**	**auftrags-nummer**	**tätigkeits-nummer**	bezeichnung	stunden	preis
5	940228	1111	3	Beratung	4	130.00
5	940228	1111	2	Vorbesprech.	1.5	100.00
5	940228	1111	5	Kalkulation	3	110.00

Mit der Ausgliederung der Wiederholungsdaten sind aus der unnormalisierten Tabelle *personal* mehrere Tabellen entstanden, die sich in der Ersten Normalform befinden. Die Tabelle *personal* weist nun folgende Struktur auf:

Tabelle personal	
Spaltenname	**Beispielwerte**
PERSONALNUMMER	5
Nachname	Luft
Vorname	Friedrich
Geschlecht	M
Abteilungsname	Steuerung
Vorgesetzter	10
Eintrittsdatum	15.05.1985
Grundgehalt	4500.00

Weitere Tabellen sind noch erforderlich, um die bislang nicht zugewiesenen Datenfelder aufzunehmen. Die Datenfelder Auftragswert und Abrechnungsdatum kann man als eine eigene Entitätsklasse auffassen und in einer Tabelle zusammenfassen. Der Schlüssel für diese Tabelle ist die Auftragsnummer.

Tabelle auftrag		
auftragsnummer	auftragswert	abrechnungsdatum

Diese Tabelle, so zeigt bereits der erste Blick, befindet sich in der Ersten Normalform. Somit bleibt als Restposten das Datenfeld Abteilungsleiter. Es ist nun zu prüfen, wie dieses Datenfeld am günstigsten in die Datenbank eingebracht werden kann. Der Abteilungsleiter ist als Mitarbeiter durch seine Personalnummer identifizierbar. Dennoch kann man kein Feld Abteilungsleiter in die Personaltabelle einfügen, weil dieses Feld nur bei wenigen Mitarbeitern benötigt wird. In der Fachsprache würde man sagen, daß zwischen Personalnummer und Abteilungsleiter keine direkte Abhängigkeit besteht. Wohl aber besteht eine solche Abhängigkeit zwischen der Abteilung und dem Leiter der Abteilung. Somit bietet es sich an, eine Tabelle Abteilung zu schaffen, die folgende Struktur aufweist:

Tabelle abteilung		
abteilungsnummer	abteilungsname	abteilungsleiter
1	Leitung	10
2	Verwaltung	9
3	Steuerung	5
4	Transport	1

Die Einführung einer Tabelle *abteilung* hat eine positive Auswirkung auf die Tabelle *personal*. Das dortige Datenfeld Abteilungsname kann nun ersetzt werden durch das Datenfeld Abteilungsnummer. Das hat den Vorteil, daß die Länge des Personaldatensatzes verkleinert wird. Auch sinkt der Eingabeaufwand, wenn statt des Namens nur die Nummer der Abteilung bei dem Mitarbeiter anzugeben ist. Die Personaltabelle lautet dann:

Tabelle personal	
Spaltenname	**Beispielwerte**
PERSONALNUMMER	5
Nachname	Luft
Vorname	Friedrich
Geschlecht	M
Abteilungsnummer	3
Vorgesetzter	10
Eintrittsdatum	15.05.1985
Grundgehalt	4500.00

Zweite Normalform

> Eine Datei ist in der **Zweiten Normalform,** wenn sie der Ersten Normalform entspricht und die Nichtschlüsselfelder ausschließlich vom Gesamtschlüssel, nicht von einem Teilschlüssel, abhängen.

Die Zweite Normalform bezieht sich auf solche Tabellen, die über einen zusammengesetzten Schlüssel verfügen. Alle Nichtschlüsselfelder müssen vom Gesamtschlüssel abhängen. Besteht eine Abhängigkeit nur von einem Teil des zusammengesetzten Schlüssels, so müssen die betreffenden Felder ausgegliedert werden.

Ein Beispiel mag die Notwendigkeit verdeutlichen. Es wird angenommen, daß die Mitarbeiter auch noch zu besonderen Anlässen steuerfreie Prämien erhalten, die nicht in die Monatsgehälter einbezogen werden, sondern in Form von Sonderzahlungen irgendwann im Laufe des Jahres ausgezahlt werden. Würde man sie in die Tabelle Monatsgehälter aufnehmen, so ergäbe sich folgendes Bild:

Tabelle monatsgehälter			
personalnummer	jahr	monat	m-gehalt
5	94	1	5000.00
5	94	2	6063.63
5	**94**	**??**	**2000.00**

Die Sonderzahlung in Höhe von 2000,00 DM ist wohl der Person und dem Jahr zuzurechnen. Da die Zahlung keinen Bezug zu einem bestimmten Monat aufweist, besteht nur eine Abhängigkeit von der Personalnummer und dem Jahr. Sie ist nicht vom Gesamtschlüssel, sondern nur von Teilen des Schlüssels abhängig.

Zusammengesetzte Schlüssel liegen in folgenden Tabellen vor:
- *familienmitglieder*
- *monatsgehälter*
- *leistungsbericht*

In der Tabelle *familienmitglieder* besteht der Gesamtschlüssel aus *personalnummer* und *familienmitgliedsnummer*. Diese beiden Teilschlüssel bestimmen eindeutig das Familienmitglied mit Namen, Verwandtschaftsverhältnis und Familienzuschuß. Bei der Tabelle *monatsgehälter* wurde bereits bei den Vorüberlegungen festgestellt, daß sie die Forderung der Zweiten Normalform erfüllt.

Die Tabelle *leistungsbericht* weist einen Gesamtschlüssel auf, der sich aus den Schlüsselfeldern *personalnummer, berichtsnummer, auftragsnummer* sowie *tätigkeitsnummer* zusammensetzt. Die Nichtschlüsselfelder *tätigkeitsbezeichnung* und *tätigkeitspreis* sind jedoch nicht vom Gesamtschlüssel, sondern nur von dem Teilschlüssel *tätigkeitsnummer* abhängig. Somit ist die Tabelle *leistungsbericht* umzustrukturieren und erhält hier den Namen *tätigkeitsposten*. Ihr Aufbau:

Tabelle tätigkeitsposten				
personal-nummer	**berichts-nummer**	**auftrags-nummer**	**tätigkeits-nummer**	stunden
5	940228	1111	3	4
5	940228	1111	2	1.5
5	940228	1111	5	3

Die ausgegliederten Felder werden in eine neue Tabelle *tätigkeitsarten* eingebracht. Ergänzt um die weiteren Tätigkeitsarten, ist die Tabelle wie folgt aufgebaut:

Tabelle tätigkeitsarten		
tätigkeits-nummer	bezeichnung	preis
1	Akquisition	70.00
2	Vorbesprechung	100.00
3	Beratung	130.00
4	Projektentwurf	100.00
5	Kalkulation	110.00
6	Zeichnen	70.00
7	Schreibarbeiten	60.00

Dritte Normalform

Eine Datei ist in der **Dritten Normalform,** wenn sie der Zweiten Normalform entspricht und die Nichtschlüsselfelder nicht von anderen Nichtschlüsselfeldern abhängen.

Nach der Dritten Normalform sind Datenfelder, die von Nichtschlüsselfeldern abhängen, in eine eigene Tabelle auszugliedern. Betrachtet man die Tabelle *familienmitglieder* mit ihren Beispielwerten, so könnte hier ein Verstoß gegen die Dritte Normalform vorliegen:

Tabelle familienmitglieder				
personal-nummer	familienmitglieds- **nummer**	vorname	verwandt-schlüssel	familien-zuschuß
5	1	Beate	f	60,00
5	2	Heinz	s	40,00
8	1	Christa	f	60,00

personal-nummer	familienmitglieds-**nummer**	vorname	verwandt-schlüssel	familien-zuschuß
10	1	Hanna	f	60.00
10	2	Theo	s	40.00
10	3	Else	t	60.00

Wie aus der Tabelle zu entnehmen ist, erhalten Mitarbeiter für ihren Ehepartner einen Zuschlag von 60 DM. Für Söhne beträgt der Zuschlag 40 DM. Daraus ließe sich die Vermutung ableiten, daß die Höhe des Familienzuschusses von dem Verwandtschaftsschlüssel abhängt:

Verwandtschafts-schlüssel	Familienzuschuß
f	—> 60.00
s	—> 40.00
t	—> 60.00

Für diesen Fall wäre das Feld *familienzuschuß* von dem Nichtschlüsselfeld *verwandtschlüssel* abhängig und müßte ausgegliedert werden. In dem vorliegenden Fall besteht die vermutete Abhängigkeit nicht, da in den Arbeitsverträgen die Zuschüsse für die Familienmitglieder gesondert festgelegt werden.

Die Überprüfung der übrigen Tabellen ergibt keine Verstöße gegen die Forderung der Dritten Normalform. Damit sind die erforderlichen Tabellen abgeleitet.

Denormalisierung

Die starke Aufgliederung der einzelnen Informationselemente in eine Vielzahl von Tabellen hat den Nachteil, daß der Rechner bei Suchvorgängen, die sich über mehrere Tabellen erstrecken, viel Zeit benötigt. Kommt es zu unerträglich langen Antwortzeiten, so wird das Datenmodell umgebaut, indem Ausgliederungen wieder zurückgenommen werden. Diesen Vorgang bezeichnet man als Denormalisierung.

Nach Abschluß der Normalisierung besteht das Datenbankmodell aus folgenden Tabellen:

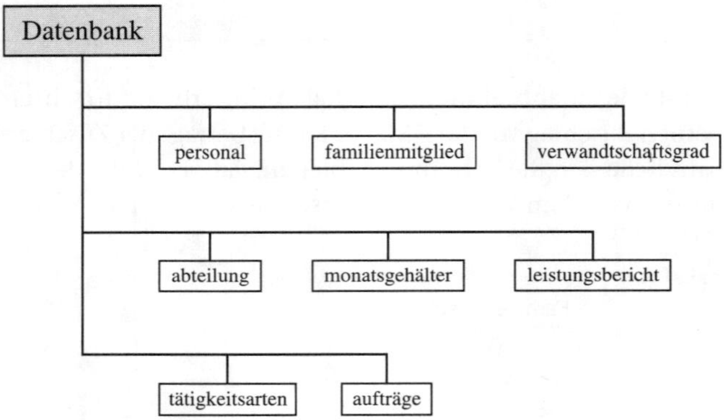

3.3.3 Beziehungen zwischen den Tabellen untersuchen

Das Datenmodell ist in zweierlei Hinsicht zu prüfen. Zum einen muß sichergestellt sein, daß zusammengehörende Tabellen miteinander verbunden werden können. Es ist also sicherzustellen, daß jedem Bezugsschlüssel ein Primärschlüssel zugeordnet werden kann. Zum anderen ist zu untersuchen, ob die Beziehungen, die zwischen den Tabellen bestehen, im Rahmen einer relationalen Datenbank zulässig sind.

Um die Beziehungen zwischen den verschiedenen Tabellen zu verdeutlichen, kann man die Methode des Streifendiagramms anwenden (siehe Grafik auf nächster Seite).

Die Primärschlüssel sind in Fettschrift, die Fremd- bzw. Bezugsschlüssel in kursiver Schrift geschrieben. Aus dem Streifendiagramm ist zu ersehen, daß sich alle Fremdschlüssel auf Primärschlüssel beziehen.

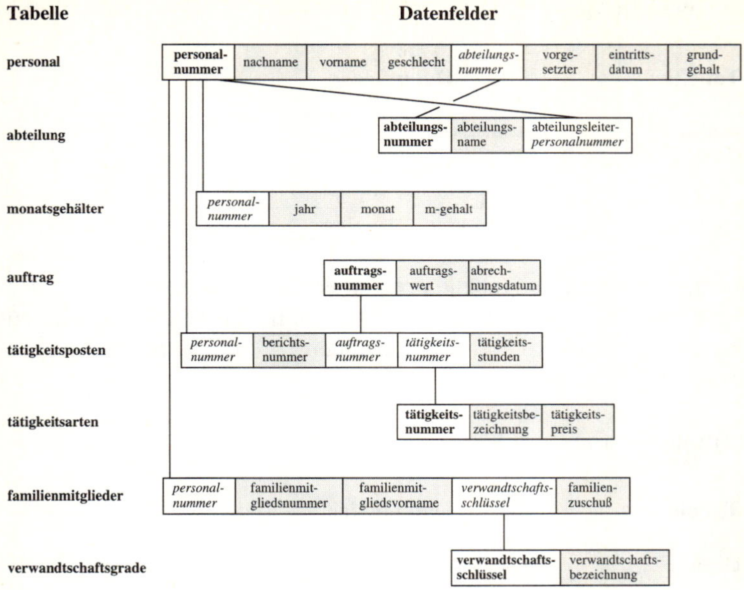

Beziehungen überprüfen

Ferner ist zu prüfen, ob die Beziehungen im Datenbanksystem abgebildet werden können. Die wichtigsten Arten von Beziehungen zwischen Tabellen sind:

Beziehungsart	*Schreibweise*
■ Eins-zu-eins-Beziehung	1 : 1
■ Eins-zu-mehrfach-Beziehung	1 : m
■ Mehrfach-zu-mehrfach-Beziehung	m : m
■ Eins-zu-eins-bedingte-Beziehung (c steht für konditionell = bedingt)	1 : 1c
■ Eins-zu-mehrfach-bedingte-Beziehung	1 : mc
■ rekursive Beziehung	

Folgende Beispiele verdeutlichen die Beziehungsarten:

1 : 1-Beziehung

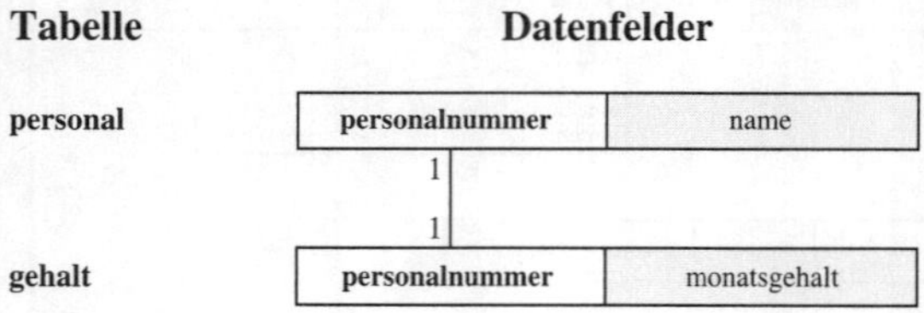

Jedem Eintrag in der Tabelle *personal* entspricht genau ein Eintrag in der Tabelle *gehalt* und umgekehrt. Man könnte die beiden Tabellen zusammenfassen. Aus Datenschutzgründen wird die getrennte Speicherung oftmals vorgezogen.

1 : m-Beziehung

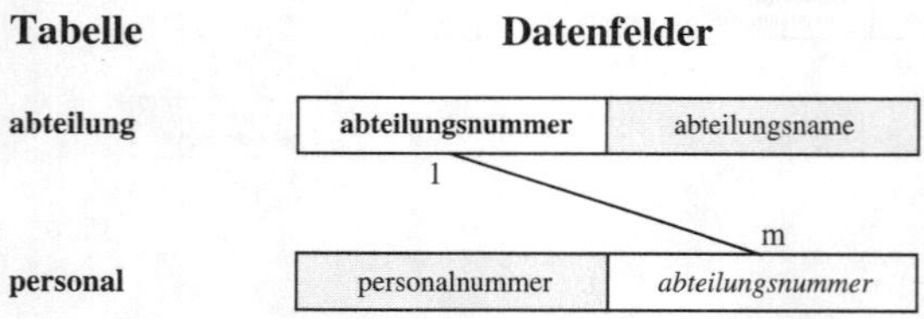

Zwischen der Personaltabelle und der Tabelle *abteilung* besteht eine 1:m-Beziehung. Jeder Abteilungsnummer in der Tabelle *abteilung* sind ein oder mehrere Einträge im Feld *abteilungsnummer* der Tabelle *personal* zugeordnet. Während eine bestimmte Abteilungsnummer nur einmal in der Tabelle *abteilung* existiert, kann sie in der Personaltabelle häufiger auftreten.

m : m-Beziehungen

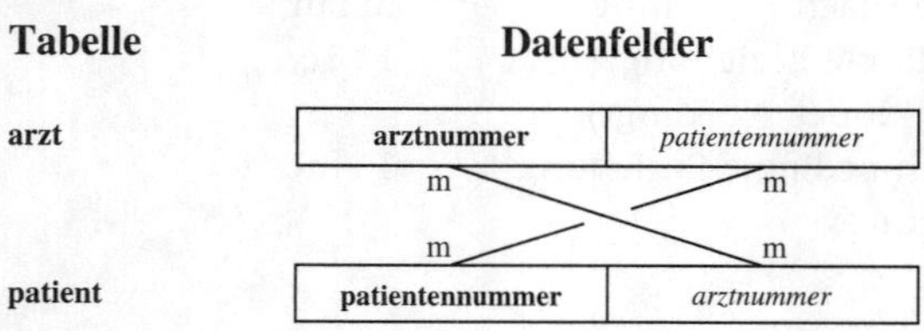

Jeder Zeile einer Tabelle A können ein oder mehrere Einträge einer Tabelle B zugeordnet sein, aber auch umgekehrt. Es liegen hier Überkreuz-Beziehungen vor. Eine solche m:m-Beziehung kann in einer relationalen Datenbank nicht abgebildet werden. Deshalb müßte eine weitere Tabelle eingerichtet werden, in der dargelegt wird, welcher Arzt welchen Patienten behandelt.

1:1c-Beziehung

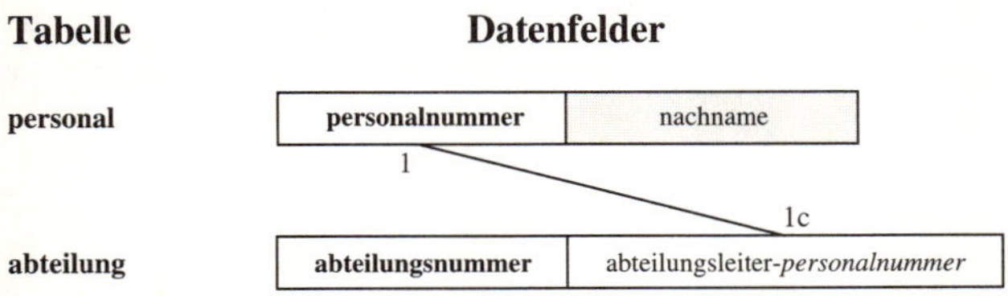

Jeder Abteilungsleiter ist als Mitarbeiter in der Personaltabelle eingetragen, aber nicht jeder Mitarbeiter ist in der Abteilungsleitertabelle vermerkt. Der Eintrag in der Tabelle *abteilung* hängt also von der betrieblichen Funktion ab. Nur wenn bei einem Mitarbeiter die Bedingung erfüllt ist, daß er eine Abteilung leitet, wird seine Personalnummer in der Tabelle *abteilung* eingetragen. Somit kann einer Personalnummer in der Tabelle *personal* keine oder nur eine Entsprechung in der Tabelle Abteilung haben.

1:mc-Beziehungen

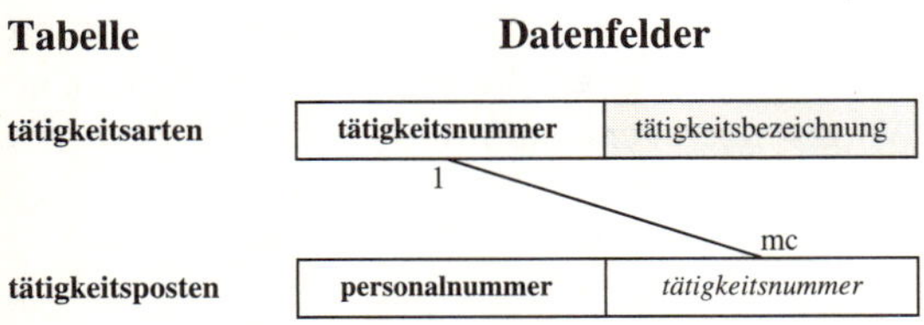

Zwischen den Tabellen *tätigkeitsarten* und *tätigkeitsposten* besteht eine 1:mc-Beziehung, weil nicht notwendigerweise jede Tätigkeitsnummer in der Tabelle *tätigkeitsposten* vertreten sein muß. Es kann also auch eine Tätigkeitsnummer keinmal, einmal oder auch mehrmals in der Tabelle *tätigkeitsposten* auftreten.

Rekursive Beziehungen

Tabelle **Datenfelder**

personal

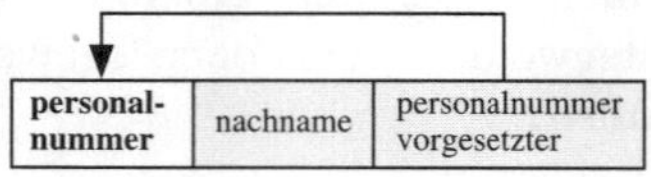

Jeder Vorgesetzter ist gleichzeitig Mitarbeiter. Deshalb werden seine Daten auch in der Personaltabelle geführt. Um bei einem Mitarbeiter den Vorgesetzten anzugeben, genügt die Angabe der Personalnummer.

Beispiel:

personalnummer	nachname	personalnummer vorgesetzter
01	Eifer	10
03	Meyer	01
10	Adam	10

Bei dieser Tabellenstruktur bezieht sich das Feld *personalnummer vorgesetzter* auf das Feld *personalnummer.* Es liegt somit eine rekursive Beziehung vor, weil Einträge in zwei verschiedenen Spalten in unterschiedlichen Zeilen einer Tabelle untereinander abhängig sind. Eine solche rekursive Beziehung ist nicht zulässig. Das mag folgende Überlegung zeigen. Bei der Eingabe der Mitarbeiterdaten in die Datenbank darf nur eine zulässige Mitarbeiternummer in der Vorgesetztenspalte eingetragen werden. Zulässig ist eine Nummer, die bereits in der Tabelle gespeichert ist. Ist die Vorgesetzten-Personalnummer noch nicht erfaßt, wird die Eingabe der Personalnummer in der Vorgesetztenspalte abgelehnt.

In dem obigen Beispiel liegt eine **direkte Rekursion** vor. In Zusammenhang mit einer zweiten Tabelle ergeben sich auch **indirekte Rekursionen.**

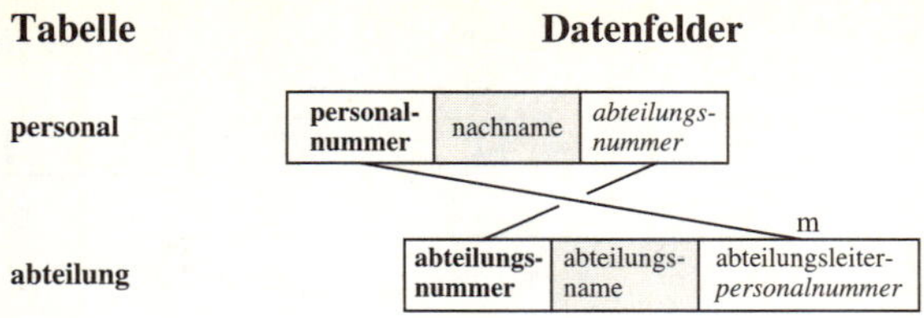

Auch die indirekte Rekursion ist nicht zulässig. Am Beispiel der Eingabe von Daten erkennt man, warum eine solche Datenstruktur unzulässig ist. Bei der Eingabe eines Mitarbeiters wird vorausgesetzt, daß die Abteilungsnummer schon existiert. Andererseits müssen bei der Eingabe der Abteilungsdaten alle Personaldaten schon erfaßt sein. Die Einträge in den beiden Tabellen setzen sich gegenseitig voraus. Die Tabellenstruktur ist deshalb zu ändern, um solche indirekten Rekursionen zu vermeiden.

In einer relationalen Datenbank sind die Beziehungsarten

1 : 1
1 : m
1 : 1c
1 : mc

zugelassen. Werden in dem Datenmodell noch andere Beziehungsarten festgestellt, so müssen die Tabellen umgeformt werden, damit sie den zugelassenen Beziehungsarten entsprechen.

In dem Datenmodell auf der nächsten Seite liegen Rekursionen vor. In der Tabelle *personal* ist die direkte Rekursion zu beheben. Zwischen den Tabellen *personal* und *abteilung* ist die indirekte Rekursion zu beseitigen. Um die Information über den Vorgesetzten zu erfassen, muß die Personalnummer des Vorgesetzten in eine weitere Tabelle ausgegliedert werden. Die Tabelle *vorgesetzter* umfaßt dann zwei Felder:

Tabelle vorgesetzter	
Personalnummer Mitarbeiter	Personalnummer Mitarbeiter
01 03	10 01

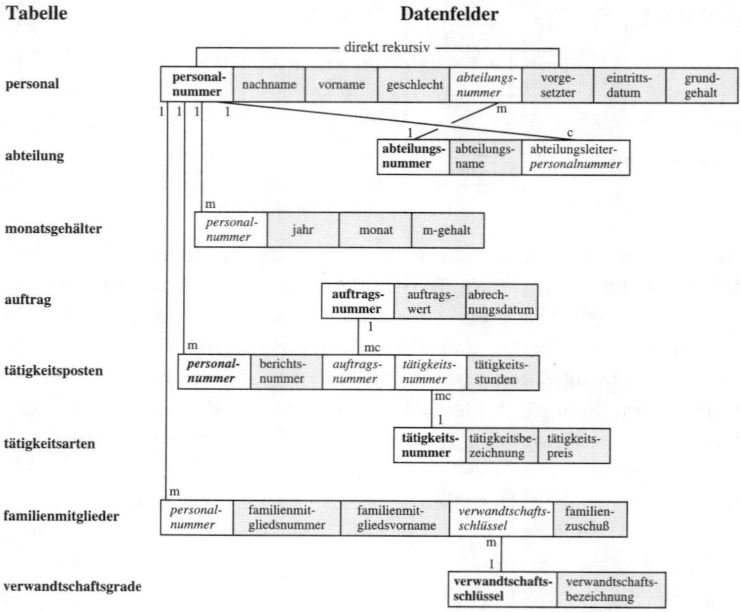

Bei dieser Konstruktion werden zunächst die Personaldaten erfaßt. Anschließend werden die Daten der Tabelle *vorgesetzter* eingetragen. Somit ist ein gegenseitiges Blockieren nicht mehr möglich.

Die indirekte Rekursion wird dadurch aufgehoben, daß die Personalnummer des Abteilungsleiters aus der Tabelle *abteilung* ausgegliedert wird. In einer neuen Tabelle *abteilungsleiter* werden die Personalnummer sowie die Abteilungsnummer vermerkt.

Tabelle abteilungsleiter	
Personalnummer Abteilungsleiter	Abteilungsnummer
01	4
05	3

Das überarbeitete Datenmodell stellt sich dann wie folgt dar:

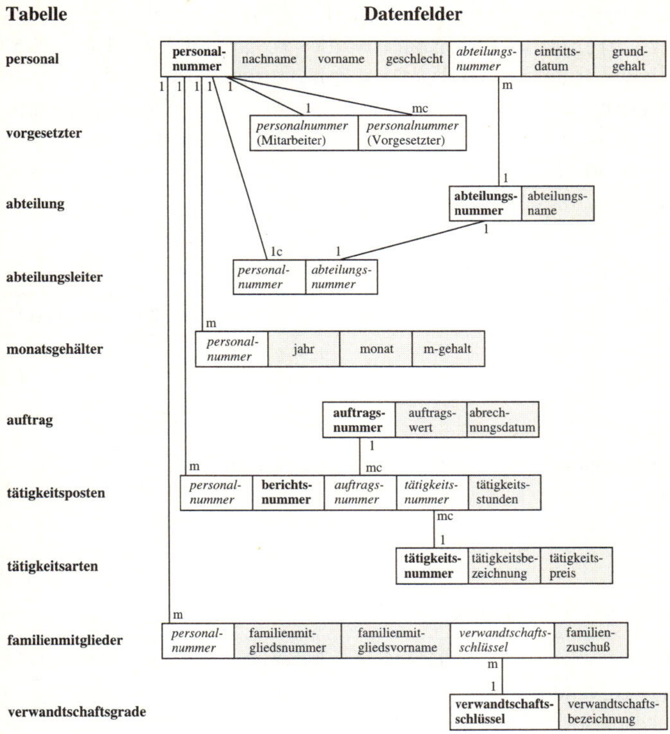

Die Beziehungen, die in dem obigen Datenmodell bestehen, sind zulässig. Es kann somit in einem relationalen Datenbanksystem verwirklicht werden.

3.3.4 Aufnahmestruktur

Zur Umsetzung des Datenmodells in ein lauffähiges Datenbanksystem müssen die Datentypen für die einzelnen Tabellenfelder festgelegt werden. Da die verschiedenen Datenbanken unterschiedliche Datentypen aufweisen, werden hier nur solche Datentypen verwendet, die von allen Datenbankverwaltungssystemen unterstützt werden.

Die Tabellen und ihre Felder erhalten Kurzbezeichnungen, um den Vorschriften für Tabellen- und Feldnamen zu genügen. Unterschiedliche Datenbankverwaltungsprogramme lassen unterschiedlich lange Namen zu. In einer Schlüsselspalte werden Felder durch ein P bzw. B als Primär- bzw. als Bezugsschlüssel gekennzeichnet.
Bei numerischen Datentypen wird durch Angabe der Größe gekennzeichnet, ob es sich um einen ganzzahligen oder um einen dezimalen Datentyp handelt. Die Angabe 6,2 besagt, daß das Feld insgesamt 6 Stellen lang sein soll, davon zwei Nachkommastellen.

Tabelle persdat (Personal)

Attribut	Datenfeld	Datentyp	Größe	Schlüssel
PERSONALNUMMER	persnr	Numerisch	2	P
Nachname	pname	Text	12	
Vorname	pvname	Text	12	
Geschlecht	geschlecht	Text	1	
Abteilungsnummer	abtnr	Numerisch	1	B
Eintrittsdatum	eintritt	Datum		
Grundgehalt	gehalt	Numerisch	8,2	

Tabelle abteilg (Abteilung)

Attribut	Datenfeld	Datentyp	Größe	Schlüssel
ABTEILUNGSNUMMER	abtnr	Numerisch	1	P
Abteilungsname	abtname	Text	12	

Tabelle vorg (Vorgesetzter)

Attribut	Datenfeld	Datentyp	Größe	Schlüssel
PERSONALNUMMER	persnr	Numerisch	2	B
Personalnummer	vpersnr	Numerisch	2	

Tabelle ableiter (Abteilungsleiter)

Attribut	Datenfeld	Datentyp	Größe	Schlüssel
ABTEILUNGSNUMMER	abtnr	Numerisch	1	B
Personalnummer	persnr	Numerisch	2	

Tabelle mgehalt (Monatsgehälter)

Attribut	Datenfeld	Datentyp	Größe	Schlüssel
PERSONALNUMMER	persnr	Numerisch	2	B } Kombi-
JAHR	jahr	Numerisch	2	} schlüs-
MONAT	monat	Numerisch	2	} sel
Monatsgehalt	mgehalt	Numerisch	8,2	

Tabelle auftrag (Auftrag)

Attribut	Datenfeld	Datentyp	Größe	Schlüssel
AUFTRAGSNUMMER	aufnr	Numerisch	4	P
Auftragswert	aufwert	Numerisch	8,2	
Abrechnungsdatum	abdatum	Datum		

Tabelle tposten (Tätigkeitsposten)

Attribut	Datenfeld	Datentyp	Größe	Schlüssel
BERICHTSNUMMER	tbnr	Numerisch	4	}Kombi-
PERSONALNUMMER	persnr	Numerisch	2	B } schlüs-
AUFTRAGSNUMMER	aufnr	Numerisch	4	B } sel
TÄTIGKEITSNUMMER	tartnr	Text	1	B }
Tätigkeitsstunden	tstd	Numerisch	4	

Tabelle tarten (Tätigkeitsarten)

Attribut	Datenfeld	Datentyp	Größe	Schlüssel
TÄTIGKEITSNUMMER	tartnr	Text	1	P
Tätigkeitsbezeichnung	tbez	Text	15	
Tätigkeitspreis	tpreis	Numerisch	6,2	

Tabelle fmitglieder (Familienmitglieder)

Attribut	Datenfeld	Datentyp	Größe	Schlüssel
PERSONALNUMMER	persnr	Numerisch	2	B } Kombi-
FAMILIENMITGLIEDS-NUMMER	fmnr	Numerisch	2	} Schlüs- } sel
Familienmitgliedsvorname	vorname	Text	12	
Verwandtschaftsschlüssel	vwgrad	Text	1	B
Familienzuschuß	zuschlag	Numerisch	8,2	

Tabelle vwgrade (Verwandtschaftsgrade)

Attribut	Datenfeld	Datentyp	Größe	Schlüssel
VERWANDTSCHAFTS-SCHLÜSSEL	vwgrad	Text	1	P
Verwandtschafts-bezeichnung	vwname	Text	7	

Die Tabellen sind jetzt in einer Weise definiert, daß man sie in die Datenbank aufnehmen kann. Die obige Darstellung bezeichnet man deshalb auch als **Aufnahmestruktur**. Die Darstellung der Aufnahmestruktur sowie die Beziehungsgrafik gehören zur Dokumentation einer Datenbank.

3.4 Tabellen der Beispieldatenbank erstellen

In Kapitel 2 haben wir gezeigt, wie Sie Tabellen vereinbaren und Daten in diesen Tabellen speichern. Wenn Sie die in den nachfolgenden Kapiteln eingesetzten Beispiele nachvollziehen wollen, müssen Sie die im vorhergehenden Abschnitt beschriebenen Tabellen anlegen und die dort beschriebenen Daten eingeben. Sie können die Tabellen der Beispieldatenbank auch mit der Kommandodatei CRINSTAB (CReate-INSertTABellen) anlegen, die Sie im Internet unter www.rowohlt.de/rowohlt/rororo/comalle/download.htm finden. Diese Batchdatei definiert nicht nur die Tabellenstrukturen, sondern trägt auch die Daten ein. In CRINSTAB sind alle erforderlichen Befehle in einer Anweisungsfolge zusammengefaßt. Diese Technik wendet man an, wenn mehrere SQL-Anweisungen nur ein einziges Mal aufgerufen werden müssen. Alle Einzelanweisungen außer der letzten müssen darin mit einem Semikolon beendet werden. In JET können Anweisungsfolgen nicht vereinbart werden.
Falls Sie keinen Internetzugang besitzen, können Sie sich die Batchdatei mit Ihrem Editor selbst erstellen

3.4.1 Tabellen unter INFORMIX erzeugen

CRINSTAB in INFORMIX-SQL aufrufen und starten: Sie rufen die Datei im SQL-Bildschirm mit der Auswahl *Choose* auf und geben hinter CHOOSE>> den Namen der Kommandodatei ohne den Zusatz .SQL ein.

Fenster/Menü	Eingabe/Auswahlpunkt	Aktion
INFORMIX-SQL	Query-Language	↵
SQL	Choose a:\kap3\crinstab ↵ Run	↵ eingeben ↵

CRINSTAB.SQL in INFORMIX-DBA aufrufen und starten:

Fenster/Menü	Eingabe/Auswahlpunkt	Aktion
SQL Direct Entry	Import SQL	links-klicken
Import	File Name a:\kap3\crinstab OK Schiebepfeil_nach_unten Ausführen	links-klicken eingeben links-klicken links-klicken, bis Dateiende erreicht links-klicken

Die Anweisungsfolge, die in der Tabelle CRINSTAB.SQL enthalten ist, ist wie folgt aufgebaut.

CRINSTAB.SQL:

```
CREATE TABLE persdat
  (persnr        SMALLINT  NOT NULL,
   pname         CHAR(12),
   pvname        CHAR(12),
   geschlecht    CHAR(1),
   abtnr         SMALLINT,
   eintritt      DATE,
   gehalt        DECIMAL(8,2));
INSERT INTO persdat VALUES
   (9,'BIND','Gisela','W',2,'15.05.1985',4000.00);
INSERT INTO persdat VALUES
   (8,'Volt','Gerda','W',3,'01.02.1980',4200.00);
INSERT INTO persdat VALUES
   (7,'Meieris','Heinz','M',3,'01.02.1980',2450.00);
INSERT INTO persdat VALUES
   (5,'Luft','Friedrich','M',3,'15.05.1985',4500.00);
INSERT INTO persdat VALUES
```

```
   (4,'Strom','Claudius','M',2,'01.03.1984',3800.00);
INSERT INTO persdat VALUES
   (3,'Meyer','Luise','W',4,'01.03.1984',2450.00);
INSERT INTO persdat VALUES
   (1,'Eifer','Rik','M',4,'01.02.1980',3800.00);
INSERT INTO persdat VALUES
   (10,'Meier','Adam','M',1,'01.01.1975',5000.00);
```

```
CREATE TABLE abteilg
  (abtnr      SMALLINT NOT NULL,
   abtname    CHAR(12));
INSERT INTO abteilg VALUES (1, 'Leitung');
INSERT INTO abteilg VALUES (2, 'Verwaltung');
INSERT INTO abteilg VALUES (3, 'Steuerung');
INSERT INTO abteilg VALUES (4, 'Transport');
```

```
CREATE TABLE vorg
  (persnr     SMALLINT NOT NULL,
   vpersnr    SMALLINT);
INSERT INTO vorg VALUES (1,10);
INSERT INTO vorg VALUES (3,1);
INSERT INTO vorg VALUES (4,9);
INSERT INTO vorg VALUES (5,10);
INSERT INTO vorg VALUES (7,5);
INSERT INTO vorg VALUES (8,5);
INSERT INTO vorg VALUES (9,10);
INSERT INTO vorg VALUES (10,0);
```

```
CREATE TABLE ableiter
  (abtnr   SMALLINT NOT NULL,
   persnr  SMALLINT);
INSERT INTO ableiter VALUES (1,10);
INSERT INTO ableiter VALUES (2,9);
INSERT INTO ableiter VALUES (3,5);
INSERT INTO ableiter VALUES (4,1);
```

```
CREATE TABLE fmitglieder
  (persnr   SMALLINT NOT NULL,
```

```
  fmnr      SMALLINT,
  vorname   CHAR(12),
  vwgrad    CHAR(1),
  zuschlag  DECIMAL(8,2));
INSERT INTO fmitglieder VALUES (10,3,'Else','t',60.00);
INSERT INTO fmitglieder VALUES (10,2,'Theo','s',40.00);
INSERT INTO fmitglieder VALUES (10,1,'Hanna','f',60.00);
INSERT INTO fmitglieder VALUES (8,1,'Christa','t',40.00);
INSERT INTO fmitglieder VALUES (5,2,'Heinz','s',40.00);
INSERT INTO fmitglieder VALUES (5,1,'Beate','f',60.00);
INSERT INTO fmitglieder VALUES (3,1,'Heinrich','m',60.00);
```

```
CREATE TABLE vwgrade
  (vwgrad      CHAR(1) NOT NULL,
   vwname      CHAR(7));
INSERT INTO vwgrade VALUES ('m','Ehemann');
INSERT INTO vwgrade VALUES ('f','Ehefrau');
INSERT INTO vwgrade VALUES ('s','Sohn');
INSERT INTO vwgrade VALUES ('t','Tochter');
```

```
CREATE TABLE mgehalt
  (persnr  SMALLINT NOT NULL,
   jahr    DECIMAL(2),
   monat   SMALLINT,
   mgehalt DECIMAL(8,2));
INSERT INTO mgehalt VALUES (10,94,2,6001.74);
INSERT INTO mgehalt VALUES (1,94,2,4482.40);
INSERT INTO mgehalt VALUES (3,94,2,3428.28);
INSERT INTO mgehalt VALUES (4,94,2,3800.00);
INSERT INTO mgehalt VALUES (5,94,2,6063.63);
INSERT INTO mgehalt VALUES (9,94,2,4000.00);
INSERT INTO mgehalt VALUES (8,94,2,4240.00);
INSERT INTO mgehalt VALUES (7,94,2,2929.65);
INSERT INTO mgehalt VALUES (10,94,1,5900.00);
INSERT INTO mgehalt VALUES (9,94,1,4250.00);
INSERT INTO mgehalt VALUES (8,94,1,4760.00);
INSERT INTO mgehalt VALUES (7,94,1,2700.00);
INSERT INTO mgehalt VALUES (5,94,1,5000.00);
```

```
INSERT INTO mgehalt VALUES (4,94,1,3820.10);
INSERT INTO mgehalt VALUES (3,94,1,3200.00);
INSERT INTO mgehalt VALUES (1,94,1,4100.00);
```

```
CREATE TABLE tarten
  (tartnr    CHAR(1),
   tbez      CHAR(15),
   tpreis    DECIMAL(6,2));
INSERT INTO tarten  VALUES ('1','Akquisition',90.00);
INSERT INTO tarten  VALUES ('2','Vorbesprechung',100.00);
INSERT INTO tarten  VALUES ('3','Beratung',130.00);
INSERT INTO tarten  VALUES ('4','Projektentwurf',120.00);
INSERT INTO tarten  VALUES ('5','Kalkulation',110.00);
INSERT INTO tarten  VALUES ('6','Zeichnen',90.00);
INSERT INTO tarten  VALUES ('7','Schreibarbeiten',80.00);
```

```
CREATE TABLE tposten
  (tbnr        INTEGER,
   persnr      SMALLINT,
   aufnr       SMALLINT,
   tartnr      CHAR(1),
   tstd        DECIMAL(8,2));
INSERT INTO tposten VALUES (940301,10,2222,'4',3.0);
INSERT INTO tposten VALUES (940301,10,2222,'2',4.0);
INSERT INTO tposten VALUES (940228,1,3333,'5',9.0);
INSERT INTO tposten VALUES (940228,1,3333,'3',5.0);
INSERT INTO tposten VALUES (940228,5,1111,'3',18.0);
INSERT INTO tposten VALUES (940301,5,2222,'6',6.0);
INSERT INTO tposten VALUES (940301,7,2222,'7',6.5);
INSERT INTO tposten VALUES (940301,8,4444,'2',8.0);
INSERT INTO tposten VALUES (940301,3,4444,'6',4.0);
INSERT INTO tposten VALUES (940301,3,4444,'7',3.0);
INSERT INTO tposten VALUES (940301,1,4444,'2',8.0);
INSERT INTO tposten VALUES (940228,5,1111,'2',24.0);
INSERT INTO tposten VALUES (940228,5,1111,'1',18.0);
INSERT INTO tposten VALUES (940228,3,2222,'7',38.0);
INSERT INTO tposten VALUES (940228,3,2222,'6',12.0);
INSERT INTO tposten VALUES (940228,3,1111,'7',24.0);
```

```
INSERT INTO tposten VALUES (940228,3,1111,'6',70.0);
INSERT INTO tposten VALUES (940228,1,2222,'6',24.0);
INSERT INTO tposten VALUES (940228,1,2222,'5',7.0);
INSERT INTO tposten VALUES (940228,1,2222,'3',4.0);
INSERT INTO tposten VALUES (940228,1,1111,'6',32.0);
INSERT INTO tposten VALUES (940228,1,1111,'5',18.0);
INSERT INTO tposten VALUES (940228,1,1111,'3',12.0);
INSERT INTO tposten VALUES (940228,5,1111,'4',42.0);
INSERT INTO tposten VALUES (940228,5,1111,'5',12.0);
INSERT INTO tposten VALUES (940228,5,2222,'5',17.0);
INSERT INTO tposten VALUES (940228,5,2222,'6',32.0);
INSERT INTO tposten VALUES (940228,7,1111,'7',58.0);
INSERT INTO tposten VALUES (940228,7,2222,'7',35.0);
INSERT INTO tposten VALUES (940228,8,1111,'5',4.0);
INSERT INTO tposten VALUES (940228,8,1111,'6',62.0);
INSERT INTO tposten VALUES (940228,8,2222,'5',7.0);
INSERT INTO tposten VALUES (940228,8,2222,'6',42.0);
INSERT INTO tposten VALUES (940228,10,1111,'1',38.0);
INSERT INTO tposten VALUES (940228,10,1111,'2',42.0);
INSERT INTO tposten VALUES (940228,10,1111,'3',38.0);
INSERT INTO tposten VALUES (940228,1,3333,'6',39.0);
INSERT INTO tposten VALUES (940228,3,3333,'6',12.0);
INSERT INTO tposten VALUES (940228,3,3333,'7',18.0);
INSERT INTO tposten VALUES (940228,7,3333,'7',62.0);
INSERT INTO tposten VALUES (940228,8,3333,'6',39.0);
INSERT INTO tposten VALUES (940228,10,3333,'1',17.0);
INSERT INTO tposten VALUES (940228,10,3333,'2',18.0);
INSERT INTO tposten VALUES (940228,10,3333,'3',12.0);
```

```
CREATE TABLE auftrag
  (aufnr     SMALLINT,
   aufwert   DECIMAL(8,2),
   abdatum   DATE);
INSERT INTO auftrag VALUES(1111,56400.00,'28.02.1994');
INSERT INTO auftrag (aufnr, aufwert)
➪       VALUES(2222,52700.00);
INSERT INTO auftrag VALUES(3333,20800.0,'28.02.1994');
INSERT INTO auftrag (aufnr) VALUES(4444);
```

3.4.2 Tabellen unter ORACLE erzeugen

CRINSTAB.ORA aufrufen und starten: In ORACLE rufen Sie die Kommandodatei CRINSTAB in SQL*Plus mit dem Datenbankbefehl START auf und starten sie gleichzeitig.

SQL> START A:\KAP3\crinstab.ora

Die Datenbankbefehle GET und RUN zum Aufruf von Kommandodateien können Sie für Anweisungsfolgen nicht einsetzen.

CRINSTAB.ORA:
Die Datei CRINSTAB.ORA entspricht im Inhalt der oben ausgedruckten Datei CRINSTAB.SQL. Jedoch müssen die Datumswerte im ORACLE-Format eingegeben werden. Beispiel für eine Datenzeile mit ORACLE-Datumsformat:

```
INSERT INTO persdat VALUES
    (9,'BIND','Gisela','W',2,'15-may-85',4000.00);
```

Alle Einzelanweisungen werden mit einem Semikolon beendet.

3.4.3 Tabellen unter DB2/2 erzeugen

CRINSTAB.CMD aufrufen und starten: Sie rufen die CMD-Batchdatei am OS/2-Bereitschaftszeichen auf.

Fenster/Menü	**Eingabe/Auswahlpunkt**	**Aktion**
OS/2-Arbeitsoberfläche	System	links-doppelklicken
System-Symbolanzeige	Befehlszeilen	links-doppelklicken
Befehlszeilen-Symbolanzeige	OS/2 Gesamtbildschirm	links-doppelklicken
[c:\]	cd sqllib	eingeben
[c:\sqllib]	a:\kap3\crinstab	eingeben

CRINSTAB.CMD: In DB2/2 müssen Sie Anweisungsfolgen in CMD-Kommandodateien mit dem Befehl CALL eingeben. CALL ruft in OS/2-Stapeldateien andere Stapeldateien auf. Da die Befehle am OS/2-Bereitschaftszeichen gestartet werden sollen, müssen sie mit dem

Schnittstellenbefehl DBM (DB2 in Version 2 ab 1996) beginnen. Zu beachten ist weiterhin, daß die einzelnen Anweisungen innerhalb der Stapeldatei nicht durch Semikolon getrennt werden dürfen.

Beispiel für Anweisungszeilen:

```
CALL DBM CREATE TABLE persdat
  (persnr SMALLINT NOT NULL,pname CHAR(12),
➪      pvname CHAR(12),
   geschlecht CHAR(1),abtnr SMALLINT,eintritt DATE,
➪      gehalt DECIMAL(8,2))
CALL DBM INSERT INTO persdat
   VALUES (9,'BIND','Gisela','W',2,'15.05.1985',4000.00)
CALL DBM INSERT INTO persdat
   VALUES (8,'Volt','Gerda','W',3,'01.02.1980',4200.00)
  ...
```

Jede Einzelanweisung ist als Befehlsstring ohne Absatz gespeichert und weicht insofern von der obigen Befehlsdarstellung ab.

3.4.4 Tabellen in EXCEL erstellen und in ACCESS-Datenbank übertragen

Da im JET-Datenbanksystem keine Anweisungsfolgen vereinbart werden können, zeigen wir, wie Sie in EXCEL-Mappen gespeicherte Tabellen komfortabel in die ACCESS-Datenbank *Testdb* importieren können. Bei der Übertragung aus EXCEL-Mappen werden immer nur die Daten eines einzigen Blattes in eine ACCESS-Tabelle gespeichert: zum Beispiel die Daten aus dem Blatt *Tabelle1* einer Mappe. Die ACCESS-Tabelle erhält dabei den Namen des EXCEL-Blattes. Wenn Sie EXCEL-Mappen in eine Datenbank importieren wollen, müssen Sie deshalb dafür sorgen, daß die zu importierenden Blätter die Namen der gewünschten ACCESS-Tabellen haben und nicht *Tabelle1* heißen.

Beispiel: Es sollen die Daten aus den EXCEL-Mappen *Persdat.XLS* und *Abteilg.XLS* in die Datenbank *Testdb.mdb* importiert werden. In beiden EXCEL-Mappen stehen die Daten der Dateien mit Überschriften in dem Blatt mit Namen *Tabelle1*.

1. Benennen Sie die Tabellenblätter um:

1.1 Benennen Sie in der Mappe *Persdat.XLS* das Blatt *Tabelle1* um in PERSDAT:

In der geöffneten Mappe *Persdat.XLS*		In EXCEL 97
-> Blatt *Tabelle1*	doppelklicken.	-> *Tabelle 1* doppelklicken
In *Blatt umbenennen*		In Blattregister
-> Persdat	eingeben,	-> *Tabelle 1* löschen,
-> *OK*		-> Persdat eingeben

Speichern Sie die Mappe.

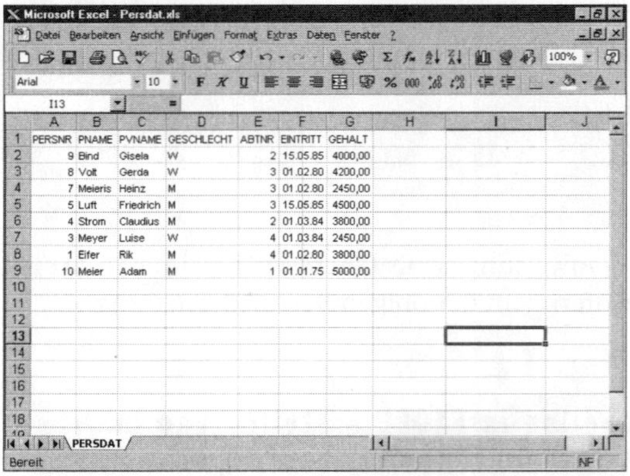

PERSNR	PNAME	PVNAME	GESCHLECHT	ABTNR	EINTRITT	GEHALT
9	Bind	Gisela	W	2	15.05.85	4000,00
8	Volt	Gerda	W	3	01.02.80	4200,00
7	Meieris	Heinz	M	3	01.02.80	2450,00
5	Luft	Friedrich	M	3	15.05.85	4500,00
4	Strom	Claudius	M	2	01.03.84	3800,00
3	Meyer	Luise	W	4	01.03.84	2450,00
1	Eifer	Rik	M	4	01.02.80	3800,00
10	Meier	Adam	M	1	01.01.75	5000,00

1.2 Benennen Sie in der Mappe *Abteilg.XLS* das Blatt *Tabelle1* um in ABTEILG.

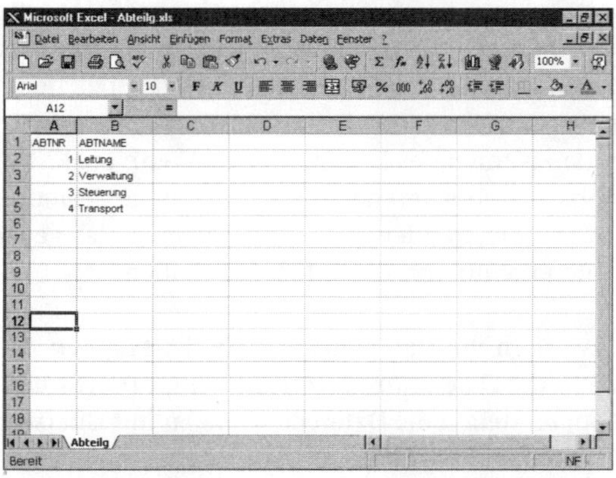

ABTNR	ABTNAME
1	Leitung
2	Verwaltung
3	Steuerung
4	Transport

1.3 Schließen Sie die Anwendung EXCEL.

2. Öffnen Sie die Anwendung ACCESS.
   Öffnen Sie in ACCESS die Datenbank *Testdb.*
3. Importieren Sie die Dateien *Persdat.XLS* und *Abteilg.XLS* aus EXCEL:

3.1 Bei geöffnetem Fenster *Testdb : Datenbank* in Menüzeile
-> *Datei*
-> *Externe Daten*
-> *Importieren*
In *Importieren*
-> Speicherverzeichnis (z. B. *3,5-Diskette (A:))* hinter *Suchen in:*
-> *Microsoft Excel (*.xls)* als Dateityp einstellen,
-> Persdat.XLS
-> *Importieren*

In *Importassistent für Kalkulationstabellen*
-> Kontrollkästchen *Erste Zeile enthält Spaltenüberschriften* aktivieren
-> *Fertigstellen*
In *Importassistent für Kalkulationstabellen* nach Importmeldung
-> *OK*

3.2 Bei geöffnetem Fenster *Testdb : Datenbank* in Menüzeile auf gleiche Weise *Abteilg.XLS* importieren:
-> *Datei*
-> *Externe Daten*
-> *Importieren*
usw.
Die Datenbank enthält jetzt die Tabellen *Persdat* und *Abteilg.*

4. Gehen Sie entsprechend vor, um die anderen Dateien zu importieren.

4 Daten in einer Tabelle suchen und anzeigen

Sind die erforderlichen Daten in der Datenbank gespeichert, so können Sie auf verhältnismäßig einfache Weise die gewünschten Informationen aus der Datenbank gewinnen. Denn das Suchen und Anzeigen gespeicherter Werte gehört zu den wichtigsten Fähigkeiten eines Datenbanksystems. Damit werden wir uns in den folgenden Kapiteln beschäftigen. In diesem Kapitel befassen wir uns mit Abfragen, die in nur einer Tabelle durchgeführt werden, und besprechen die vielfältigen Möglichkeiten, die SQL zur Spalten- und Zeilenauswahl bereitstellt.

Es ist Ihnen bereits bekannt, daß die einzelnen Datenbanksysteme die Datumswerte in unterschiedlicher Form ausgeben. In den nachfolgenden Darstellungen zeigen wir Datumswerte jedoch nur in der Form tt.mm.jjjj oder tt.mm.jj an.

Öffnen Sie für die nachfolgenden Beispiele in Ihrer Anwendung die Datenbank *Testdb* und den Eingabeort für die SQL-Anweisungen. Für die Eingabe der SQL-Befehle bei der JET-Datenbank öffnen Sie die Anwendung MS-QUERY so, wie dies nachfolgend beschrieben ist:

1.	Starten Sie MS-QUERY im EXCEL-Tabellenblatt:	
	In Menüzeile -> *Daten* -> *Daten importieren…*	Ab EXCEL 97: -> *Daten* -> *Externe Daten* -> *Neue Abfrage erstellen…*
2.	In *Datenquelle auswählen* -> *Abbrechen*	In *Datenquelle auswählen* -> *testdb* -> OK In *Tabellen hinzufügen* -> *Schließen*

3. In Menüzeile
   -> *Datei*
   -> *SQL ausführen...*
   In *SQL ausführen*
   -> *Datenquellen...*
   In *Datenquelle auswählen*
   -> *Testdb*
   -> *Verwenden*
   Ergebnis: Das Fenster *SQL ausführen* wird geöffnet.

   In Menüzeile
   -> *Datei*
   -> *SQL ausführen...*
4. In *SQL ausführen* eingeben:
   SELECT-Anweisung eingeben
   -> *Ausführen*
   Ergebnis: Im Fenster *Abfrg1* werden die Ergebnisse ausgegeben.

4.1 Exkurs: So können Sie Daten nach EXCEL übernehmen:
   In Menüzeile
   -> *Datei*
   -> *Daten an Microsoft Excel zurückgeben*

4.2 EXCEL wird geöffnet und darin das Fenster *Daten importieren...*
   In *Daten importieren*
   -> *OK*
   Hinweis: Bestätigen Sie die Voreinstellungen, wonach die Daten mit Feldnamen ab Zelle A1 in der Tabelle angezeigt werden.

5. Schließen Sie das Fenster mit der Ergebnisanzeige:
   In Menüzeile
   -> *Datei*
   -> *Abfrage schließen / Schließen*
   In *Änderungen in "Abfrn" speichern?*
   -> *Nein*
6. Rufen Sie für die nächste SQL-Anweisung wieder das SQL-Fenster auf:
   In Menüzeile
   -> *Datei*
   -> *SQL ausführen...*

4.1 Alle Zeilen einer Tabelle anzeigen

In einer Abfrage muß stets angegeben werden, aus welchen Spalten und aus welcher Tabelle Daten abgerufen werden sollen. Das können Sie aus dem folgenden Beispiel erkennen, das eine Übersicht über alle in der Tabelle *persdat* gespeicherten Mitarbeiterdaten bietet.

```
SELECT *                                  ( A4101)
  FROM persdat
```

Ergebnisliste:

PERSNR	PNAME	PVNAME	G	ABTNR	EINTRITT	GEHALT
1	Eifer	Rik	M	4	01.02.1980	3800.00
3	Meyer	Luise	W	4	01.03.1984	2750.00
4	Strom	Claudius	M	2	01.03.1984	3800.00
5	Luft	Friedrich	M	3	15.05.1985	4500.00
7	Meieris	Heinz	M	3	01.02.1980	2450.00
8	Volt	Gerda	W	3	01.02.1980	4200.00
9	Bind	Gisela	W	2	15.05.1985	4000.00
10	Meier	Adam	M	1	01.01.1975	5000.00

SELECT leitet die Anweisung ein, mit der Daten in der Datenbank gesucht und angezeigt werden. Hinter SELECT werden die Namen der auszuwählenden Spalten angegeben. Der Stern * hinter dem Schlüsselwort veranlaßt die Anzeige **aller Tabellenspalten** in der Reihenfolge, in der die Spalten mit CREATE TABLE angelegt worden sind. Hinter dem Zusatz FROM wird der Name der Tabellen genannt, aus der die Daten gewonnen werden sollen.

4.2 Spalten auswählen

In vielen Fällen werden nur die Daten bestimmter Spalten benötigt.

Problem: Für eine Statistik braucht der Personalleiter eine Liste, die den Namen des Mitarbeiters und das Eintrittsdatum aufweist.

```
SELECT pname, eintritt                    (A4201)
  FROM persdat
```

Ergebnisliste:

PNAME	EINTRITT
Eifer	01.02.1980
Meyer	01.03.1984
Strom	01.03.1984
Luft	15.05.1985
Meieris	01.02.1980
Volt	01.02.1980
Bind	15.05.1985
Meier	01.01.1975

Mit der Auflistung der gewünschten Spaltennamen hinter dem Schlüsselwort SELECT wird die Anzeige auf die namentlich genannten Spalten beschränkt. Die Ausgabe erfolgt dabei in der Reihenfolge, in der Sie die Spaltennamen hinter SELECT angeordnet haben.

4.3 Inhaltlich gleiche Zeilen von der Ausgabe ausschließen

In der Tabelle *persdat* gibt es Spalten, in denen ein Wert mehrfach vorkommt. Das ist in den Spalten *geschlecht, abtnr, eintritt* und *gehalt* der Fall. Manchmal möchte man lediglich wissen, welche Werte überhaupt in einer Spalte stehen, nicht aber, wie oft sie vorhanden sind. Dazu ergänzt man die SELECT-Anweisung um den Zusatz DISTINCT. Mit DISTINCT wird die Mehrfachausgabe inhaltlich gleicher Ausgaben unterdrückt.

Problem: Der Personalleiter will wissen, an welchen Terminen Einstellungen erfolgt sind.

```
SELECT DISTINCT eintritt                  (A4301)
  FROM persdat
```

Ergebnisliste: EINTRITT
01.02.1980
01.03.1984
15.05.1985
01.01.1975

Ohne den Zusatz DISTINCT wären acht Eintrittsdaten angezeigt worden, weil das System standardmäßig auf den Parameter ALL eingestellt ist. Bei DB2/2 werden mit DISTINCT aufgerufene Spaltenwerte zusätzlich aufsteigend sortiert ausgegeben.
DISTINCT kann nur dann eingesetzt werden, wenn sich die Abfrage auf nur eine Spalte bezieht. Wenn Sie in der Anweisung außer der DISTINCT-Spalte eine weitere Spalte angeben, erhalten Sie eine Fehlermeldung. Das liegt an der Arbeitsweise des DBMS. Es wertet eine Tabelle zeilenweise aus. Bei der SQL-Anweisung

```
SELECT pname, DISTINCT eintritt
  FROM persdat
```

beispielsweise sollen einerseits die Namen sämtlicher Zeilen angezeigt, andererseits soll die mehrfache Ausgabe der Eintrittsdaten unterdrückt werden. Diesen Widerspruch kann das DBMS nicht lösen und weist deshalb die Anweisung mit einer Fehlermeldung zurück.

4.4 Zeilen mit einer Bedingung auswählen

Bei den meisten Abfragen sollen aus der Gesamtzahl der in einer Tabelle vorhandenen Zeilen nur ganz bestimmte Zeilen gesucht und angezeigt werden.

Problem: Der Personalleiter benötigt eine Liste der Mitarbeiter, die in der Abteilung 2 arbeiten.

Bei dieser Informationsanforderung werden nur die Datenzeilen benötigt, in denen in der Spalte *abtnr* der Wert 2 enthalten ist. Zur Auswahl solcher Zeilen wird hinter dem Zusatz WHERE eine Suchbedingung vereinbart.

```
SELECT * FROM persdat                                    (A4401)
  WHERE abtnr = 2
```

Die Bedingung wird eingeleitet durch die Klausel WHERE. Darauf folgt der Bedingungsausdruck, der sich wie folgt aufbaut:

Spaltennamen   Vergleichsoperator   Vergleichswert

Operatoren sind Symbole für eine auszuführende Operation. Mit SQL können verschiedene Arten von Operatoren eingesetzt werden. In diesem Abschnitt verwenden wir nur Basisoperatoren, die auch Vergleichsoperatoren oder relationale Operatoren genannt werden:

Operator	Bedeutung
=	gleich
<	kleiner als
>	größer als
<>	ungleich
<=	kleiner gleich
>=	größer gleich

Die Reihenfolge innerhalb des Bedingungsausdrucks ist unerheblich. Er kann auch wie folgt formuliert werden:

Vergleichswert   Vergleichsoperator   Spaltennamen

Besteht der Vergleichswert aus einer Zeichenkette oder einem Datum, so muß er in Hochkommata eingeschlossen werden. Enthält eine Zeichenkette ein Hochkomma, muß es doppelt eingegeben werden: 'D''Albert'. In ORACLE müssen die Monatswerte im Datum mit den Bezeichnungen JAN, FEB, MAR, APR, MAY, JUN, JUL, AUG, SEP, OCT, NOV und DEC eingesetzt werden.

Beispiele für Bedingungsvereinbarungen bei Textwerten, Zahlen und Datumswerten.

'Meier' = pname	in allen Datenbanksystemen
pname = 'D"Albert'	in INFORMIX, DB2/2, JET
gehalt > 4000.00	in INFORMIX, ORACLE, DB2/2
eintritt = '1.1.75'	in INFORMIX
eintritt = '01.01.1975'	in INFORMIX, DB2/2, JET
eintritt = '1.jan.75'	in ORACLE
eintritt = '01.jan.1975'	in ORACLE
eintritt = '1-jan-75'	in ORACLE
eintritt = #1975-01-01#	in JET
eintritt = #75-01-01#	in JET
eintritt = DATEVALUE('1.1.1975')	in JET
eintritt = DATEVALUE('1.1.75')	in JET

Bei Zeichenketten genügt bereits ein Buchstabe, um die Zeilenauswahl zu definieren.

Problem: Welche Mitarbeiternamen beginnen mit den Buchstaben A bis L?

```
SELECT pname                                    (A4402)
FROM persdat
WHERE pname < 'M'
```

Ergebnisliste:

PNAME
Eifer
Luft
Bind

In dieser Abfrage wird der erste Buchstabe des Hausnamens mit der Textkonstanten verglichen. Der Vergleichswert gibt somit an, wie viele Stellen des Hausnamens zum Vergleich herangezogen werden.
Ein stellenweises Abfragen ist bei numerischen Spalten und Spalten mit Datumswerten nicht möglich. Hier wird jeweils der gesamte Wert eines Spalteneintrages in den Vergleich einbezogen. Das verdeutlichen die folgenden zwei Beispiele:

Beispiel: Welche Mitarbeiter beziehen ein Gehalt über 4500 DM?

```
SELECT pname, gehalt                                  (A4403)
 FROM persdat
 WHERE gehalt > 4500
```

Ergebnisliste:	PNAME	GEHALT
	Meier	5000.00

Beispiel: Wie heißen die Mitarbeiter, die bereits beim Gründungsdatum am 1.1.75 Mitarbeiter waren?

```
SELECT pname, eintritt                                (A4404)
  FROM persdat
  WHERE eintritt = '01.01.1975'
```

Ergebnisliste:	PNAME	EINTRITT
	Meier	01.01.1975

Bei ORACLE lautet die Bedingung hinter WHERE:

```
WHERE eintritt = '1.jan.75'
```

ORACLE

Bei JET lautet die Bedingung:

```
WHERE eintritt = #75-1-1#
```

JET

Lokale Variablen im SELECT-Befehl bei ORACLE und DB2/2

Bei den bisherigen Abfragen wurden die auszuwertenden Spalten direkt formuliert. In DB2/2 und ORACLE gibt es die Möglichkeit, lokale Variablen in Abfragen zu verwenden. Bei der Bearbeitung einer solchen Abfrage fordert das System den Benutzer auf, einen Wert in die Variable einzugeben. Dabei kann ein Spaltenname, aber auch eine Vergleichskonstante eingegeben werden.

Beispiel: Der Benutzer will in einer Abfrage zwei Spalten und eine Tabelle abfragen können. Für die vorher nicht bekannten Spaltennamen werden in die Anweisung als lokale Variablen die Bezeichner *&spalte1* sowie *&spalte2* eingesetzt, für die Tabelle *&tab*.

```
D.0:    SELECT &spalte1, &spalte2                    (A4407)
               FROM &tab
```

Bei der Ausführung des Befehls können dann zum Beispiel folgende Werte den Variablen zugeordnet werden:

Wert für SPALTE1: pname
Wert für SPALTE2: eintritt
Wert für TAB: persdat

Das System gibt dann alle Zeilen der Datei *persdat* mit den Spalten *pname* und *eintritt* aus.
Mit lokalen Variablen werden Abfragen vielfach verwendbar. Lokale Variablen, auch Austauschvariablen oder Ersatzparameter genannt, können Sie in ORACLE und im Abfragemanager, jedoch nicht mit dem Befehlszeilenprozessor von DB2/2 einsetzen. Sie werden in diesen Systemen mit dem vorangestellten Zeichen & definiert.
Das nächste Beispiel zeigt, daß auch konstante Werte in Variablen eingegeben werden können.

Beispiel: Für die Auswahl bestimmter Zeilen in der Tabelle *persdat* soll der Suchwert in eine lokale Variable geschrieben werden.

```
SELECT * FROM persdat                              (A4408)
  WHERE pname = '&name'
```

Bei dem Aufruf dieser Anweisung wird der Benutzer aufgefordert, den Namen einzugeben.

Wert für name: Meier

Handelt es sich bei dem Suchwert um eine Zeichenkette, sollte die lokale Variable in Hochkommata eingeschlossen werden, damit der Benutzer den Wert ohne diese Zeichen eingeben kann.
In ORACLE können Sie mit dem Datenbankbefehl DEF (define: definieren) den lokalen Variablen auch vor dem Aufruf des Befehls Werte zuweisen:

DEF spalte1 = pname
DEF spalte2 = eintritt
DEF tab = persdat
DEF name = Meier

4.5 Spalten mit NULL-Werten abfragen

Tabellenspalten, in denen keine Werte gespeichert sind, haben den Wert NULL. Der Wert NULL entspricht weder der Zahl 0 noch einer Zeichenfolge mit Leerzeichen. Der Wert NULL kann abgefragt werden.

Beispiel: Der für die Auftragsabwicklung zuständige Mitarbeiter möchte überprüfen, ob in der Tabelle TPOSTEN bei jeder Tätigkeit auch die angefallenen Stunden eingetragen worden sind.

```
SELECT *                                        (A4501)
  FROM tposten
  WHERE tstd IS NULL
```

4.6 Zeilen mit verbundenen Bedingungen suchen und anzeigen

Eine Bedingung kann sich aus mehreren Teilbedingungen zusammensetzen. Wie sie zu verbinden sind, zeigt das nachstehende Beispiel.

Problem: Der Geschäftsführer möchte wissen, welche Mitarbeiter der Abteilung 3 mehr als 4000 DM verdienen.

Zur Definition der Zeilenauswahl reicht der bislang verwendete einfache Bedingungsausdruck nicht aus, weil hier zwei Bedingungen zu berücksichtigen sind:

1. Bedingung: abtnr = 3
2. Bedingung: gehalt > 4000

Die Bedingungen können durch UND- oder durch ODER zu einem

komplexen Bedingungsausdruck verknüpft werden. Da hier beide Teilbedingungen erfüllt sein müssen, sind sie durch UND zu verbinden. UND wird in SQL durch AND, ODER durch OR ausgedrückt. Dann lautet die Abfrage:

```
SELECT pname, abtnr, gehalt                    (A4601)
  FROM persdat
  WHERE abtnr = 3 AND
       gehalt > 4000
```

Ergebnis:	PNAME	ABTNR	GEHALT
	Luft	3	4500.00
	Volt	3	4200.00

Es werden von den Mitarbeitern in der Abteilung 3 nur jene ausgegeben, die mehr als 4000 DM verdienen.
AND (UND), OR (ODER) sowie NOT bezeichnet man als logische Operatoren. Welche Wirkung sie haben, erläutert die folgende Übersicht:

Logischer Operator	**Beispiel**	**Auswirkung**
AND	geschlecht = 'W' AND abtnr = 3	Es werden die Datenzeilen angezeigt, in denen beide Einzelbedingungen erfüllt sind: Angezeigt werden die Mitarbeiterinnen in Abteilung 3.
OR	geschlecht = 'W' OR abtnr = 3	Es werden die Datenzeilen ausgegeben, die entweder die erste oder die zweite Bedingung erfüllen: Angezeigt werden alle weiblichen Mitarbeiter sowie alle, die in der Abteilung 3 beschäftigt sind.
NOT	NOT abtnr = 2	Es werden die Datenzeilen ausgegeben, die die Bedingung nicht erfüllen. Hier werden alle Mitarbeiter angezeigt, die nicht in der Abteilung 2 arbeiten.

Die Verknüpfung erfolgt nach folgenden Regeln:

AND-Verbindung		
Teilbedingung 1	**Teilbedingung 2**	**Gesamtbedingung**
erfüllt	erfüllt	erfüllt
nicht erfüllt	nicht erfüllt	nicht erfüllt
erfüllt	nicht erfüllt	nicht erfüllt
nicht erfüllt	erfüllt	nicht erfüllt

OR-Verbindung		
Teilbedingung 1	**Teilbedingung 2**	**Gesamtbedingung**
erfüllt	erfüllt	erfüllt
nicht erfüllt	nicht erfüllt	nicht erfüllt
erfüllt	nicht erfüllt	erfüllt
nicht erfüllt	erfüllt	erfüllt

Folgendes Beispiel zeigt eine ODER-Verknüpfung.

Beispiel: Welche Mitarbeiter arbeiten in der Abteilung 3 beziehungsweise verdienen über 4000 DM?

```
SELECT pname, abtnr, gehalt            (A4602)
 FROM persdat
 WHERE abtnr = 3 OR
  gehalt > 4000
```

Ergebnisliste:	PNAME	ABTNR	GEHALT
	Volt	3	4200.00
	Meieris	3	2450.00
	Luft	3	4500.00
	Meier	1	5000.00

Es werden alle drei Mitarbeiter aus Abteilung 3 genannt und der Mitarbeiter Meier, der zwar in einer anderen Abteilung arbeitet, aber mehr als 4000 DM verdient.
Den Einsatz des Operators NOT zeigt das folgende Beispiel, in dem die Mitarbeiter in der Abteilung 3 gesucht sind, die 4000 DM oder weniger verdienen:

```
SELECT pname, abtnr, gehalt                     (A4603)
  FROM persdat
  WHERE abtnr = 3 AND
   NOT gehalt > 4000
```

Ergebnisliste:	PNAME	ABTNR	GEHALT
	Meieris	3	2450.00

Nur der Mitarbeiter Meieris verdient in Abteilung 3 weniger als 4000 DM. Sie können anstelle des Verneinungsoperators NOT auch den entsprechenden Vergleichsoperator verwenden. Die Abfrage für unser Beispiel lautet dann:

```
SELECT pname, abtnr, gehalt                     (A4604)
  FROM persdat
  WHERE abtnr = 3 AND
       gehalt <= 4000
```

Anstelle von NOT können Sie immer die anderen verneinenden Vergleichsoperatoren einsetzen:

Vergleichsoperator	**verneinender Operator**
=	<> bzw. !=
<>	=
>	<=
<	>=
>=	<
<=	>

Der verneinende Operator != kann nicht in der JET-Datenbank eingesetzt werden.

Bedeutung von Klammern

Bei zusammengesetzten Bedingungsausdrücken kann die Reihenfolge der Auswertung durch Klammern beeinflußt werden. Klammerinhalte werden immer zuerst bearbeitet.

Problem: Welche männlichen Mitarbeiter verdienen über 4000 DM oder sind vor dem 1.1.84 eingetreten?

Hier sind drei Bedingungen zu beachten:

1. Bedingung: Das Geschlecht des Mitarbeiters muß männlich sein.
2. Bedingung: Er verdient über 4000 DM.
3. Bedingung: Das Eintrittsdatum liegt vor dem 01.01.84.

Das Bedingungsgefüge ist so zu formulieren, daß die erste Bedingung unbedingt erfüllt sein muß. Von der zweiten und dritten Bedingung braucht dagegen nur eine Bedingung erfüllt zu sein. Die beiden letzteren Bedingungen sind also durch OR zu verknüpfen und in ihrer Gesamtheit durch AND mit der Geschlechtsbedingung zu verbinden. Die SQL-Anweisung lautet dann:

```
SELECT pname, geschlecht, gehalt, eintritt   (A4605)
  FROM persdat
  WHERE  geschlecht = 'M'  AND
        (gehalt > 4000  OR eintritt < '1.1.1984')
```

Ergebnisliste:

PNAME	GESCHLECHT	GEHALT	EINTRITT
Eifer	M	3800.00	01.02.1980
Luft	M	4500.00	15.05.1985
Meieris	M	2450.00	01.02.1980
Meier	M	5000.00	01.01.1975

Bei der Bearbeitung dieser Anweisung wird zunächst der Klammerausdruck ausgewertet. Danach wird eine interne Zwischenliste angelegt, die nur die Datenzeilen enthält, die eine oder beide Bedingungen

Gehalt > 4000 oder

Eintrittsdatum vor dem 01.01.84

erfüllen. Anschließend werden diejenigen Datenzeilen in die Ergebnisliste übernommen, bei denen in der Spalte *geschlecht* ein M eingetragen ist.

Geben Sie zum Vergleich die Anweisung A4605 ohne Klammern ein:

```
SELECT pname, geschlecht, gehalt, eintritt   (A4606)
  FROM persdat
  WHERE  geschlecht = 'M'  AND
         gehalt > 4000  OR eintritt < '1.1.1984'
```

Ergebnisliste:

PNAME	GESCHLECHT	GEHALT	EINTRITT
Eifer	M	3800.00	01.02.1980
Luft	M	4500.00	15.05.1985
Meieris	M	2450.00	01.02.1980
Volt	W	4200.00	01.02.1980
Meier	M	5000.00	01.01.1975

Ohne Klammerung zeigt die Abfrage die Daten aller Mitarbeiter an, die vor dem 01.01.1984 in das Unternehmen eingetreten sind. Ebenso werden die Daten der männlichen Mitarbeiter mit einem Gehalt von mehr als 4000 DM ausgegeben.

4.7 Aggregatfunktionen einsetzen

4.7.1 Wirkung von Aggregatfunktionen

Problemstellung: In der Personalabteilung möchte man wissen, wie hoch das durchschnittliche Grundgehalt ist.
Zur Lösung dieses Problems müssen die Werte in der Spalte *mgehalt* der Tabelle *persdat* summiert und durch die Anzahl der Posten dividiert werden. Zur Lösung solcher Problemstellungen bietet SQL Funktionen an, die Aggregatfunktionen genannt werden.
Aggregatfunktionen (aggregate, deutsch: gesamt), auch Spaltenfunktionen genannt, ermitteln für eine einzelne Tabellenspalte aus einer Gesamtmenge die Summe, den Minimal- oder Maximalwert, den Mittelwert oder die Anzahl.
Nachstehende Tabelle gibt eine Übersicht über Aggregatfunktionen und deren Ergebnisse:

Funktion:	**Ergebnis:**
MIN(spaltenname)	Minimalwert
MAX(spaltenname)	Maximalwert
COUNT(*)	Anzahl aller vorhandenen Zeilen
COUNT(DISTINCT spaltenname)	Anzahl der Zeilen mit unterschiedlichen Werten
SUM(spaltenname)	Summe
AVG(spaltenname)	Mittelwert

Die Funktion COUNT (DISTINCT spaltenname) kann nicht in der JET-Datenbank eingesetzt werden.

Das durchschnittliche Gehalt ermittelt die SQL-Anweisung:

```
SELECT AVG(gehalt)                              (A4809)
 FROM persdat
```

Ergebnisliste: avg(gehalt)
3775,00

> In einer SELECT-Anweisung mit Aggregatfunktion können keine weiteren Spaltenwerte angezeigt werden.

Folgende Anweisung macht somit keinen Sinn:

```
SELECT pname, MAX(mghalt)                       (A4701)
 FROM persdat
```

Die Funktionen SUM() und AVG() werden nur bei numerischen Spalten eingesetzt. Die Funktionen MIN(), MAX() und COUNT() können nicht nur bei numerischen Spalten, sondern auch bei Zeichen- und Datumsspalten verwendet werden.

4.7.2 Aggregatfunktionen in Zeichen- und Datumsspalten

Beispiel: Welcher Mitarbeiter steht in einer alphabetisch sortierten Liste an letzter Stelle?

```
SELECT MAX(pname) FROM persdat                  (A4701)
```

Ergebnisliste: max(pname)
Volt

Bei Zeichenketteninhalten wird der höchste Buchstabe nach dem ASCII-Code ermittelt. Das bedeutet, daß das «a» «größer» ist als das «Z» und Sonderzeichen «größer» sind als Kleinbuchstaben. Weitere Informationen über die ASCII-Sortierung erfahren Sie in Kapitel 7.
Wenn außer dem «größten» Namen auch dessen Personalnummer angezeigt werden soll, wird die Formulierung der Lösung schon ein wenig

kompliziert. Auf den ersten Blick mag dies die nachstehende Anweisung veranschaulichen:

```
SELECT persnr, MAX(pname) FROM persdat        (A4702)
```

Diese Anweisung verstößt jedoch gegen die obige Regel! Wird eine Aggregatfunktion eingesetzt, können keine Spalten ohne Aggregatfunktion zur Ausgabe vorgesehen werden. Um die Personalnummer zu finden, müssen Sie eine zweite Abfrage, eine Unterabfrage, einbeziehen. Die Technik und die Wirkungen von Unterabfragen besprechen wir in Kapitel 6. An dieser Stelle zeigen wir Ihnen im Vorgriff die Anweisung mit Unterabfrage:

```
SELECT persnr, pname                                  (A4704)
  FROM persdat
  WHERE pname =
    (SELECT MAX(pname) FROM persdat)
```

Ergebnisliste:

PERSNR	PNAME
8	Volt

Die Aggregatfunktionen sind auch bei Datumsspalten einsetzbar. Das zeigt folgender Fall.

Problemstellung: Der Geschäftsführer will wissen, zu welchem Termin das Unternehmen zum ersten Mal Einstellungen vorgenommen hat.

```
SELECT MIN(eintritt) FROM persdat     (A4705)
```

Ergebnisliste: min(eintritt)
01.01.1975

4.7.3 Anzahl bestimmen

Mit der Funktion COUNT() wird festgestellt, wie viele Einträge vorliegen. Wenn Sie die Funktion COUNT() mit dem Stern als Klammerinhalt benutzen, werden alle in der Tabelle enthaltenen Zeilen gezählt. Das zeigt das nachstehende Beispiel:

```
SELECT COUNT(*) FROM persdat                    (A4706)
```

Ergebnisliste: Anzahl
8

Wenn Sie die Anzahl von Zeilen mit unterschiedlichen Spaltenwerten suchen, müssen Sie in der Klammer die DISTINCT-Klausel einsetzen und die gewünschte Spalte nennen.

Beispiel: Der Personalleiter möchte wissen, zu wie vielen Terminen Einstellungen vorgenommen worden sind.

```
I,O,D     SELECT COUNT (DISTINCT eintritt)      (A4707)
            FROM persdat
```

Ergebnisliste: Anzahl
4

In den acht Zeilen der Tabelle *persdat* gibt es nur vier Zeilen mit unterschiedlichen Datumswerten.

In einer einzigen Abfrage können auch mehrere Aggregatfunktionen eingesetzt werden. Das zeigt das nachstehende Beispiel, in dem ermittelt wird, wie viele Mitarbeiterinnen es gibt und wie hoch ihr Durchschnittsverdienst ist.

```
SELECT COUNT(*), AVG(gehalt) FROM persdat    (A4813)
  WHERE geschlecht = 'W'
```

Ergebnisliste:	Anzahl	Durchschnittsgehalt
	3	3550.00

4.8 Rechenoperationen durchführen

Im SELECT-Befehl kann man Ausdrücke für arithmetische Operationen vereinbaren. Die Ausdrücke werden mit den Rechenoperatoren +, -, *, / und mit den Aggregatfunktionen SUM() und AVG() gebildet.

In der JET-Datenbank potenziert der Operator ^ mit einer Zahl. Für die Division stehen mehrere Operatoren bereit: Der Operator \ dividiert und gibt einen gerundeten, ganzzahligen Wert zurück; der Operator / dividiert und gibt eine Dezimalzahl zurück. MOD gibt den ganzzahlig gerundeten Divisionrest zurück. Allgemeine Beispiele:

Addition	+	5 + 2	<- 7
Subtraktion	–	5 – 2	<- 3
Multiplikation	*	5 * 2	<- 10
Division mit ganzzahligem Ergebnis	\	5 \ 2	<- 2
mit Dezimalzahlergebnis	/	5 / 2	<- 2,5
mit Ergebnisrest	MOD	5 MOD 2	<- 1
Potenzierung	^	5 ^ 2	<- 25

Ausdrücke können hinter der SELECT-Klausel, in der WHERE-Klausel und/oder in der noch zu behandelnden HAVING-Klausel stehen. Gerechnet wird mit Zahlenkonstanten sowie mit den Werten in numerischen Variablen und Datumsspalten. Beispiele:

Zahlenkonstanten: 15, 123.50
Variablen: NUMFELD1, RFELD2

4.8.1 Tabellenunabhängige Rechenoperationen

Sie können mit SQL-Anweisungen Rechenoperationen wie mit einem Taschenrechner durchführen. Sie müssen dabei jedoch immer eine in der Datenbank vorhandene Tabelle ansprechen. Wenn Sie die Ergebnisausgabe auf eine Zeile beschränken wollen, müssen Sie auch eine WHERE-Bedingung vereinbaren.

Beispiel: Multiplikation.

```
SELECT 4.9 * 1.9 FROM persdat                    (A4801)
  WHERE persnr = 1
```

Ergebnis: Produkt
9.31

4.8.2 Mit Werten aus numerischen Spalten rechnen

Mit den Werten aus numerischen Tabellenspalten können auch Additionen, Subtraktionen, Divisionen und Multiplikationen durchgeführt werden.

Beispiel: Wie hoch wären die Grundgehälter aller Mitarbeiter, wenn die Gehälter um 4.5 % erhöht würden?

```
SELECT pname, gehalt * 1.045                    (A4806)
  FROM persdat
```

Ergebnisliste:

Name	GEHALT_NEU
Eifer	4180.00
Meyer	4389.00
Strom	2560.25
Luft	4702.50
Meieris	3971.00
Volt	2560.25
Bind	3971.00
Meier	5225.00

Es können aber auch die Ergebnisse von Aggregatfunktionen in Rechenoperationen einbezogen werden. Folgende Anweisungen ermitteln das durchschnittliche Monatsgehalt.

```
SELECT AVG(gehalt)                              (A4809)
 FROM persdat
```

bzw.

```
SELECT SUM(gehalt) / COUNT(*)                   (A4810)
  FROM persdat
```

Beide Anweisungen führen zu demselben Ergebnis, wenn alle Zeilen einen Wert in der Spalte *gehalt* aufweisen. Wenn dort NULL-Werte stehen, werden bei der Funktion COUNT(*) die Zeilen mit NULL-Werten in die Anzahl der Zeilen einbezogen. Bei der Funktion AVG() werden NULL-Werte nicht berücksichtigt.
In Version 2 von DB2 (ab 1996) und in der JET-Datenbank können Sie

mit der AS-Klausel Rechenausdrücken einen aussagefähigen Namen zuordnen:

SELECT pname, gehalt * 1,045 AS neugehalt FROM persdat

4.9 Mit Datumsoperatoren und Datumsfunktionen arbeiten

Die Rechenoperatoren + und - können auch mit Datumsspalten zum Addieren und Subtrahieren eingesetzt werden. Sie heißen dann Datumsoperatoren. Datumsfunktionen gehören nicht zum SQL-Standard. In jedem Datenbanksystem finden Sie deshalb andere Funktionen. Wir beschränken uns darauf, einige wichtige Funktionen beispielhaft einzusetzen.
Wie bisher zeigen wir alle Datumsanzeigen nachfolgend in der Form tt.mm.jjjj an.

4.9.1 Datumsfunktionen in INFORMIX und JET

In INFORMIX können die Funktionen DATE(), DAY(), MONTH() und YEAR() verwendet werden.

Datumsfunktion:	Die Funktion zeigt an:
DATE()	Tag, Monat und Jahr
DAY()	den Tag als Zahl zwischen 1 und 31
MONTH()	den Monat als Zahl zwischen 1 und 12
YEAR()	das Jahr als Zahl
WEEKDAY()	den Wochentag als Zahl zwischen 0 und 6: 0 = Sonntag

Im JET-Datenbanksystem sind folgende Datum/Zeit-Funktionen verfügbar:

Funktion:	**Die Funktion zeigt an:**
DateSerial (jahr, monat, tag)	liefert Datum für Jahres-, Monats-, Tageszahl DateSerial(1990,8,1) <- 1980-08-01
DateValue(datum)	liefert Datum
	DateValue(now) <- aktuelles Datum DateValue('1.2.80') <- 1980-02-01
Day(datum)	nennt Tag im Datum Day(#1997-01-15#) <- 15 Day('15.1.97') <- 15
Month(datum)	nennt Monat in Datum
Now	nennt aktuelles Datum
WeekDay(datum)	nennt Wochentag als Ganzzahl 1 = Sonntag, 7 = Samstag WeekDay(#1997-07-04#) <- 6 (für Freitag) WeekDay('4.7.97') <- 6 (für Freitag)
Year(datum)	nennt Jahr in Datum
Isdate(datum)	prüft, ob Datumsangabe korrekt ist ISDATE(#2000-02-29#) <- -1 (für Wahr) ISDATE(#1999-02-29#) <- Fehlermeldung!
Hour(zeit)	nennt Stunde in Zeitangabe HOUR(#21:45:10#) <- 21 HOUR('21:45:10') <- 21
Minute(zeit)	nennt Minute in Zeitangabe
Second(zeit)	nennt Sekunde in Zeitangabe
TimeSerial (stunde,minute,sekunde)	liefert Zeit für Stunde, Minute, Sekunde TIMESERIAL(15,22,50) <- 1899-12-30 15:22:50
TimeValue(zeit)	liefert Zeitangabe <- 1899-12-30 TIMEVALUE(#15:22:50#) 15:22:50 TIMEVALUE('15:22:50') <- 1899-12-30 15:22:50

Datums- und Zeitformate:		
Format(ausdruck, 'format')	formatiert nach Vorgabe FORMAT (#1996-11-29#, 'dddd dd.mmmm yyyy') <- Freitag 29. November 1996	
Formatsymbole *Datum*:		
D, DD	Tageszahl	<- 29
DDD, DDDD	Wochentag	<- Fr, Freitag
M, MM	Monatszahl	<- 11
MMM, MMMM	Monatsname	<- Nov, November
YY, YYYY	Jahreszahl	<- 96, 1996
	Beispiele: SELECT FORMAT(eintritt,'dd.mmm.yy') FROM persdat WHERE persnr = 1 <- 01. Feb. 80 FORMAT(eintritt,'d.m.yyyy') <- 1.2.1980	
Formatsymbole *Zeit*:		
h, hh	Stunden	<- 12
m, mm	Minuten	<- 25
s, ss	Sekunden	<- 50
AM/PM	12 Stunden	<- AM oder PM
	Beispiele: SELECT FORMAT(#12:25:50#,'h.m.s') FROM persdat WHERE persnr = 1 <- 12.25.50 FORMAT(#16:25:50#,'h.m.s AM/PM') <- 4.25.50 PM	

Datumsfunktion DATE()

Mit der Funktion DATE() können Datumsberechnungen vorgenommen, aber auch Zeitdifferenzen berechnet werden. Das verdeutlichen die nächsten Beispiele.

Problem: Sie wollen wissen, ob das System bei dem Hinzufügen und Abziehen von Tagen das Schaltjahr berücksichtigt. Schaltjahre sind alle durch 4 teilbaren Jahre. Jahrhundertjahre sind nur dann Schaltjahre, wenn sie durch 400 teilbar sind. Das Jahr 1992 war ein Schaltjahr, das Jahr 2000 wird ein Schaltjahr sein, das Jahr 1900 war kein Schaltjahr.

```
I:  SELECT DATE('01.03.1992') - 1                 (A4901)
    FROM persdat WHERE persnr = 1
J:  SELECT #1992-3-1# - 1                         (A4901)
    FROM persdat WHERE persnr = 1
J:  SELECT DATEVALUE('1.3.92') - 1               (A4901A)
    FROM persdat WHERE persnr = 1
```

Ergebnis: DATUM
29.02.1992

In der JET-Datenbank werden Datumsergebnisse in der Form YYYY-MM-DD hh:mm:ss angezeigt. Wenn Sie das Ergebnis in der Form 29.02.1992 wünschen, formatieren Sie das Ausgabefeld mit der FORMAT()-Funktion:

```
J:  SELECT                                       (A4901B)
      FORMAT(#1992-3-1# - 1,'DD.MM.YYYY')
      FROM persdat WHERE persnr = 1
```

```
I: SELECT DATE('01.03.1900') - 1                  (A4902)
    FROM persdat WHERE persnr = 1
J: SELECT #1990-3-1# - 1                          (A4902)
     FROM persdat WHERE persnr = 1
```

Ergebnis: DATUM
28.02.1900

Problem: Wie viele Tage liegen zwischen dem 3.3.92 und 29.2.92?

```
I: SELECT                                         (A4903)
   DATE('03.03.1992') - DATE('29.02.1992')
     FROM persdat WHERE persnr = 1
J: SELECT #1992-3-3# - #1992-2-29#                (A4903)
     FROM persdat WHERE persnr = 1
```

Ergebnis: DIFFERENZ
3

Die Datumsangaben in Datumsspalten können in die Zeitberechnung einbezogen werden.

Beispiel: Der Mitarbeiter Luft mit der Personalnummer 5 will wissen, wieviel Tage er vor dem Mitarbeiter Eifer mit der Personalnummer 1 in das Unternehmen eingetreten ist. Luft weiß, daß er am 15.5.1985 eingetreten ist. Hinweis: Eifer ist am 1.2.1980 eingetreten.

```
I:   SELECT DATE('15.05.1985') - eintritt          (A4904)
       FROM persdat WHERE persnr = 1
J:   SELECT #1985-5-5# - eintritt                  (A4904)
      FROM persdat WHERE persnr = 1
```

Ergebnis: DIFFERENZ
1930

Funktion DATE(numwert)
In INFORMIX können Sie in der Klammer der Funktion DATE() auch numerische Werte oder numerische Ausdrücke einsetzen. Dann errechnet INFORMIX das Datum, das um so viele Tage nach dem 31.12.1899 liegt, wie der numerische Wert oder das Ergebnis des Ausdruckes angibt.

Beispiel: Wer ist 31025 Tage nach dem 31.12.1899 in das Unternehmen eingetreten?

```
I:  SELECT pname, eintritt                         (A4905)
      FROM persdat
      WHERE eintritt > DATE(31025)
```

Ergebnis:

PNAME	EINTRITT
Luft	15.05.85
Bind	15.05.85

Funktion DAY()

Die Datumsfunktionen DAY(), MONTH() und YEAR() gestatten es, auf einzelne Elemente eines Datums zuzugreifen.

Beispiel: Der Personalleiter möchte wissen, welche Mitarbeiter zum 15. eines Monats eingestellt worden sind.

```
J,I: SELECT pname, eintritt                              (A4906)
     FROM persdat WHERE DAY(eintritt) = '15'
```

Ergebnis:	PNAME	EINTRITT
	Luft	15.05.1985
	Bind	15.05.1985

Entsprechend werden die Funktionen MONTH() und YEAR() eingesetzt.

```
J: SELECT pname, eintritt FROM persdat
   WHERE month(eintritt) = 1                            (A4906A)
```

Ergebnis:	PNAME	EINTRITT
	Meier	1975-01-01 00:00:00

Beispiel: Welche Mitarbeiter wurden im Januar 1984 eingestellt?

```
J: SELECT pname, FORMAT(eintritt,'DD.MM.YY')         (A4906B)
    FROM persdat
    WHERE month(eintritt) = 3 AND
    year(eintritt) = 1984
```

Ergebnis:	PNAME	EINTRITT
	Meier	01.03.84
	Strom	01.03.84

Funktion WEEKDAY()

Sind einzelne Wochentage zu bestimmen, ist die Funktion WEEKDAY() anzuwenden.

Beispiel: An welchem Wochentag ist der Mitarbeiter Luft in das Unternehmen eingetreten?

```
I,J:  SELECT WEEKDAY(eintritt) FROM persdat          (A4907)
      WHERE pname = 'Luft'
```

Ergebnis:	Wochentag (INFORMIX)	Wochentag (JET)
	3	4

Die Zählweise der Wochentage ist bei INFORMIX und JET unterschiedlich. Bei INFORMIX hat der Sonntag die Ziffer 0, bei JET die Ziffer 1.

Weitere Datumsfunktionen in INFORMIX
In INFORMIX gibt es außer den obengenannten noch weitere Datumsfunktionen:

Datumsfunktion:	Die Funktion zeigt aus dem DATE-Feld an:
MDY	Monat, Tag und Jahr
DAY(tage)	addiert Tageszahl zum Datum 31.12.1899 und nennt den neuen Tag
MONTH(tage)	addiert Tageszahl und nennt neuen Monat
YEAR(tage)	addiert Tageszahl und nennt neues Jahr

Mit der Funktion MDY() können der Monat(M = Month), der Tag (D = Day) und das Jahr (Y = Year) einzeln definiert werden.

Beispiel: Welche Mitarbeiter wurden im Januar eingestellt?

```
SELECT pname, eintritt FROM persdat               (A4908)
WHERE eintritt =
      MDY(1,DAY(eintritt),YEAR(eintritt))
```

Ergebnis:	PNAME	EINTRITT
	Meier	01.01.1975

Wenn Sie in der Spalte *eintritt* den Monat März und das Jahr 1984 suchen wollen, lautet die Bedingung

```
WHERE eintritt = MDY(3,DAY(eintritt),1984)
```

Beispiel: Welcher Wochentag ergibt sich, wenn auf den 31.12.1899 370 Tage hinzuaddiert werden?

```
SELECT DAY(370)                                    (A4909)
  FROM persdat WHERE persnr = 1
```

Ergebnis: NEUER_TAG
5

Entsprechend werden die Funktionen MONTH(zahl) und YEAR(zahl) verwendet.

4.9.2 Datumsfunktionen in ORACLE

In ORACLE gibt es folgende Datumsfunktionen:

Datumsfunktion:	**Die Funktion**
SYSDATE	nennt das heutige Datum
ADD_MONTHS(datumsspalte,zahl)	addiert Monate
LAST_DAY(datumsspalte)	nennt letzten Monatstag
MONTHS_BETWEEN(datumsspalte, datumsspalte)	nennt Anzahl Monate zwischen erstem und zweitem Datum
NEXT_DAY (datumsspalte, 'wochentagsstring')	nennt nächstes Datum für den im String definierten Tag
ROUND (datumsspalte)	rundet das Datum

Wie die Funktionen einzusetzen sind, zeigen die folgenden Beispiele.

Beispiel: Am 26.01.1994 nachmittags (SYSDATE) wollen wir feststellen, wieviel Tage seit dem Eintritt des Mitarbeiters Eifer vergangen sind. Eifer ist am 1.2.1980 eingetreten. Unter Berücksichtigung der Tageszeit sind dies 5108.66 Tage.

```
SELECT pname, SYSDATE - eintritt                   (A4910)
  FROM persdat WHERE persnr = 1
```

Ergebnis:

PNAME	SYSDATE-EINTRITT
Eifer	5108.66

Beispiel: Das Ergebnis soll ohne Nachkommastellen aufgerundet angezeigt werden.

```
SELECT pname, ROUND(SYSDATE - eintritt)        (A4910A)
  FROM persdat WHERE persnr = 1
```

Ergebnis: PNAME SYSDATE-EINTRITT
Eifer 5109

Beispiel: Das Ergebnis soll ohne Berücksichtigung der Tageszeit angezeigt werden.

```
SELECT pname, TRUNC(SYSDATE - eintritt)        (A4910B)
  FROM persdat WHERE persnr = 1
```

Ergebnis: PNAME SYSDATE-EINTRITT
Eifer 5108

Beispiel: Wann feiert der Mitarbeiter Eifer das 25jährige Jubiläum?

```
SELECT pname, ADD_MONTHS(eintritt,300)          (A4911)
  FROM persdat WHERE persnr = 1
```

Ergebnis: PNAME ADD_MONTH
Eifer 01-FEB-05

Beispiel: Welches Datum definiert den letzten Tag im Februar 2000?

```
SELECT LAST_DAY('01-FEB-00')                    (A4912)
  FROM persdat WHERE persnr = 1
```

Ergebnis: LAST_DAY
29-FEB-00

Beispiel: Wieviel Monate liegen zwischen dem Eintritt des ersten und des letzten Mitarbeiters? Der erste Mitarbeiter ist am 1.1.1975 eingetreten, der letzte am 15.5.1985.

```
SELECT                                          (A4913)
  MONTHS_BETWEEN (MIN(eintritt), MAX(eintritt))
  FROM persdat
```

Ergebnis: MONTHS_BETWEEN
-124.45

Die Differenz in Monaten beträgt also 124. Dazu kommen 14 Tage, das sind 45 % eines Monats.

Beispiel: Am Mittwoch, dem 26.1.1994, wollen wir feststellen, welches Datum der nächste Montag hat.

```
SELECT NEXT_DAY (SYSDATE,'mon')                 (A4914)
  FROM persdat
```

Ergebnis: NEXT_DAY
31-JAN-94

Anstelle von mon (Montag), können Sie die Namen Tue (Dienstag), Wed (Mittwoch), Thu (Donnerstag), Fri (Freitag), Sat (Samstag) oder Sun (Sonntag) einsetzen.

4.9.3 Datumsfunktionen in DB2/2

In DB2/2 stehen folgende Datumsfunktionen zur Verfügung:

Datumsfunktion:	**Die Funktion**
CHAR()	beeinflußt die Ausgabeform des Datums.
CURRENT DATE	zeigt das aktuelle Datum an.
DAYS()	rechnet ein Datum in Tage um ab dem 1.1.0001.
DATE()	gibt einen Datumswert aus.
DAY()	nennt den Tagesteil eines Datums.
MONTH()	nennt den Monatsteil eines Datums.
YEAR()	nennt den Jahresteil eines Datums.

Wie diese Datumsfunktionen eingesetzt werden, zeigen die nachstehenden Beispiele.

Frage: Welches Datum haben wir heute? Wir unterstellen bei dieser Abfrage, daß das aktuelle Datum der 10.11.1993 ist.

```
SELECT CURRENT DATE FROM persdat        (A4915)
 WHERE persnr = 1
```

Ergebnis:	AKTUELLES DATUM			
	10.11.1993			

Frage: Wie lange ist der Mitarbeiter mit der Personalnummer 1 bereits im Unternehmen tätig? Mitarbeiter Eifer mit der Personalnummer 1 ist am 1.2.80 eingetreten. Wir unterstellen, daß das aktuelle Datum der 10.11.93 ist.

```
SELECT pname, CURRENT DATE - eintritt  (A4916)
 FROM persdat
 WHERE persnr = 1
```

Ergebnis:	PNAME	DIFFERENZ		
		Jahre	Monate	Tage
	Eifer	13	09	09

Frage: Wieviel Jahre ist der Mitarbeiter Eifer in dem Unternehmen tätig?

```
SELECT pname, YEAR(CURRENT DATE -
                eintritt)           (A4917)
 FROM persdat
 WHERE persnr = 1
```

Ergebnis:	PNAME	JAHRE
	Eifer	13

Frage: Wieviel Tage sind am 15.5.1985 seit dem 1.1.01 vergangen?

```
SELECT DAYS('15.05.1985')                (A4918)
 FROM persdat WHERE persnr = 1
```

Ergebnis: TAGE
724776

Frage: Wie viele Tage ist der Mitarbeiter Eifer mit der Personalnummer 1 nach dem Mitarbeiter Meier mit der Personalnummer 10 in das Unternehmen eingetreten? Dazu ermitteln wir zunächst die Tage zwischen dem 1.1.01 und dem Eintrittsdatum von Meier:

```
SELECT DAYS(eintritt)                    (A4919)
FROM persdat WHERE persnr = 1
```

Zwischenergebnis: TAGE
722846

Dann subtrahieren wir von dem Ergebnis die Tage von Meier:

```
SELECT 722846 - DAYS(eintritt)           (A4920)
  FROM persdat WHERE persnr = 10
```

Ergebnis: TAGE
1857

Der Mitarbeiter Meier ist 1857 Tage vor Eifer eingetreten.

Problem: Der Mitarbeiter Luft mit der Personalnummer 5 will wissen, wieviel Tage er nach dem Mitarbeiter Eifer mit der Personalnummer 1 in das Unternehmen eingetreten ist. Luft weiß, daß er am 15.5.1985 eingetreten ist. Hinweis: Eifer ist am 1.2.1980 eingetreten.

```
SELECT DAYS('15.05.1985') -
        DAYS(eintritt)                   (A4921)
 FROM persdat WHERE persnr = 1
```

Ergebnis DIFFERENZ
1930

Beispiel: Wieviel Tage liegen zwischen dem 3.03.92 und dem 28.02.92?

```
SELECT DATE('03.03.1992') - DATE('28.02.1992') (A4922)
  FROM persdat WHERE persnr = 1
```

Ergebnis: DIFFERENZ
4

4.10 Zeichenketten-, Umwandlungs- und andere Funktionen

4.10.1 Zeichenkettenfunktionen

Die Inhalte von Textfeldern sind Zeichenketten (englisch: strings). Mit Zeichenkettenfunktionen werden Strings bearbeitet.

Zeichenkettenfunktionen in ORACLE:

Zeichenketten-funktion:	**Die Funktion**
ASCII()	nennt die Codenummer eines ASCII-Zeichens.
CHR()	wandelt die Codenummer in ASCII-Zeichen um.
INITCAP()	wandelt den ersten Buchstaben eines Wortes in Großbuchstaben um.
INSTR()	nennt die Position eines Zeichens im String.
LENGTH()	gibt die Zeichenanzahl an.
LOWER()	wandelt in Kleinbuchstaben um.
LPAD()	setzt Zeichen vor Zeichenkette.
LTRIM()	löscht linksstehende Zeichen.
RPAD()	setzt Zeichen hinter eine Zeichenkette.
RTRIM()	löscht rechtsstehende Zeichen.
SOUNDEX()	liefert den Code für Vergleiche.
SUBSTR()	definiert eine Teilzeichenkette.
TRANSLATE()	tauscht Zeichen aus.
UPPER()	wandelt in Großbuchstaben um.

Zeichenkettenfunktionen in DB2/2:

Zeichenketten-funktion:	Die Funktion
LENGTH()	gibt die Zeichenanzahl an.
SUBSTR()	ermittelt eine Teilzeichenkette.
TRANSLATE()	tauscht Zeichen aus.

Zeichenkettenfunktionen in JET-Datenbank:

Zeichenketten-funktion:	Die Funktion
ASC(string)	liefert ASCII-Codenummer des 1. Zeichens ASC('Hans') <- 72
CHR(code)	wandelt Codenummer in ASCII-Zeichen um CHR(65) <- A
CSTR(ausdruck)	wandelt Ausdruck um in String CSTR(34.67) <- '34,67'
INSTR ([anf]string,suchz[,1/0])	nennt Position eines Zeichens im String INSTR('Hans','a') <- 2 INSTR(1,'HANS','a',1) <- 2 1: ohne Beachtung von Groß-/Kleinschreibung
LCASE(string)	wandelt um in Kleinbuchstaben LCASE('O.KURZ') <- o.kurz
LEFT(string, länge)	nennt linksbündige Teilzeichenkette LEFT('Meyer',2) <- Me
LEN(string)	gibt Zeichenanzahl an LEN('Meyer') <- 5
LTRIM(string)	schneidet vorlaufende Leerzeichen ab LTRIM(' Meyer') <- Meyer
MID(string,anfang,länge)	nennt mittige Teilzeichenkette MID('Meyer',2,2) <- ey
RIGHT(string, länge)	nennt rechtsbündige Teilzeichenkette RIGHT('Meyer',2,2) <- er
RTRIM(string)	schneidet nachfolgende Leerzeichen ab LTRIM('Meyer ') <- Meyer
SPACE(anzahl)	gibt Leerzeichen aus SPACE(10) <- 10 Leerzeichen

Zeichenketten-funktion:	Die Funktion
STRING(anzahl, zeichen)	gibt eine Anzahl von Zeichen aus G(10, 'e') <- eeeeeeeeee STRING(10, '*') <- ********** STRING(10, 42) <- **********
TRIM(string)	wie LTRIM
UCASE(String)	wandelt um in Großbuchstaben UCASE('meier') <- MEIER
&	Operator zur Verkettung 'Hans' & ' ' & 'Mey' <- Hans Mey

In den nachfolgenden Ausführungen wird die Wirkungsweise einiger Funktionen anhand von Fragestellungen und Beispielen aufgezeigt.

Beispiel: Welchen ASCII-Code hat das erste Zeichen in der Zeichenkette *pname* des Mitarbeiters Eifer?

```
O: SELECT pname, ASCII(pname)                          (A41001)
     FROM persdat WHERE persnr = 1
J: SELECT pname, ASC(pname) FROM persdat
   WHERE persnr = 1                                    (A41001)
```

Ergebnis: PNAME ASCII-Nr(pname)
Eifer 69

Frage: Welche ASCII-Codenummer hat «A»?

```
O:  SELECT ASCII('A')                                  (A41002)
      FROM persdat WHERE persnr = 1
J:  SELECT ASC('A') FROM persdat
    WHERE persnr = 1                                   (A41002)
```

Ergebnis: ASCII-Nr('A')
65

Beispiel: Es sollen die ersten Buchstaben der Wörter «h. o. kurz» in Großbuchstaben umgewandelt werden.

```
O:  SELECT INITCAP ('h. o. kurz')                    (A41004)
     FROM persdat WHERE persnr = 1
```

Ergebnis: INITCAP
H. O. Kurz

Beispiel: Der Name des Mitarbeiters mit der Personalnummer 1 soll in Großbuchstaben angezeigt werden.

```
O:  SELECT UPPER(pname)                              (A41005)
    FROM persdat WHERE persnr = 1
J:  SELECT UCASE(pname) FROM persdat
    WHERE persnr = 1                                 (A41005)
```

Ergebnis: UPPER(pname)
EIFER

Beispiel: Es soll festgestellt werden, an welcher Stelle das Zeichen e im Namen des Mitarbeiters mit der Personalnummer 3 zum ersten Mal vorkommt.

```
O:  SELECT
     pname, INSTR(pname, 'e', 1, 1)                  (A41007)
     FROM persdat WHERE persnr = 3
J:  SELECT pname, INSTR(pname, 'e') FROM persdat
     WHERE persnr = 3                                (A41007)
oder: SELECT pname, INSTR(1,pname, 'e',1) FROM persdat
       WHERE persnr = 3                              (A41007)
```

Ergebnis:

PNAME	INSTR(pname, 'e',1,1)
Meyer	2

Bei ORACLE gibt die erste Zahl hinter ‹e› an, ab welcher Stelle in der Zeichenfolge gesucht werden soll; die zweite Zahl, das wievielte ‹e› es sein soll. Bei JET gibt die erste Zahl an, das wievielte ‹e› gesucht werden soll; die zweite Zahl, ab welcher Stelle die Suche beginnen soll.

Frage: An welcher Stelle kommt e zum zweiten Mal vor?

```
O:  SELECT pname, INSTR(pname, 'e', 1, 2)          (A41008)
      FROM persdat WHERE persnr = 3
I:  SELECT INSTR(2,pname, 'e',1) FROM persdat
    WHERE persnr = 3                               (A41008)
```

Ergebnis:	PNAME	INSTR(pname, 'e',1,2)
	Meyer	4

Anstelle eines Zeichens kann auch eine Teilzeichenkette als Suchbegriff genannt werden: INSTR(pname, 'ei',1, 1).

Frage: Aus wieviel Zeichen besteht der Name des Mitarbeiters mit der Personalnummer 1?

```
D,O: SELECT pname, LENGTH(pname)                   (A41009)
      FROM persdat WHERE persnr = 1
J:   SELECT LEN(pname) FROM persdat
      WHERE persnr = 1                             (A41009)
```

Ergebnis:	PNAME	LENGTH(pname)
	Eifer	5

Frage: Welcher Wert klingt wie «L ft»?

```
O: SELECT pname FROM persdat                       (A41015)
     WHERE SOUNDEX(pname) = SOUNDEX('L ft')
```

Ergebnis:	PNAME
	Luft

Beispiel: In der Zeichenkette «2,375.80» soll das Komma durch einen Punkt und der Punkt durch ein Komma ersetzt werden.

```
O:  SELECT
     TRANSLATE('2,375.80', ',.', '.,')             (A41016)
     FROM persdat WHERE persnr = 1
```

Ergebnis: TRANSLATE
2.375,80

Hinter der Zeichenkette «2,375.80» werden, in Hochkommata eingeschlossen, zuerst die Zeichen genannt, die ausgetauscht werden, und dann die Zeichen, durch die sie ersetzt werden sollen. Wenn in der Zeichenkette «Handekachen» das «a» durch ein «u» ersetzt werden soll, lautet die Funktion:

```
TRANSLATE ('Handekachen', 'aa', 'uu')
```

Wie die Funktion TRANSLATE in DB2/2 anzuwenden ist, zeigt das nächste Beispiel. In der Zeichenkette «Hans» soll das «a» in ein «e» umgewandelt werden.

```
D:  SELECT TRANSLATE('Hans', 'e', 'a')             (A41019)
    FROM persdat WHERE persnr = 1
```

Ergebnis: TRANSLATE
Hens

4.10.2 Umwandlungsfunktionen

Umwandlungsfunktionen in ORACLE

ORACLE-Funktionen	Die Funktion
TO_NUMBER()	wandelt Zahl in Zeichenkette um in numerischen Wert.
TO_DATE()	wandelt Zeichenkette in Datum um.
TO_CHAR()	wandelt Zahl oder Datum in Zeichenkette um.

Aufgabe: Umwandlung einer Zeichenkette in eine Zahl.

```
SELECT TO_NUMBER('2389.75')                     (A41024)
FROM persdat WHERE persnr = 1
```

Ergebnis: TO_NUMBER('2389.75')
2389.75

Aufgabe: Umwandlung eines Datums in eine Zeichenkette.

```
SELECT TO_CHAR                                    (A41026)
(eintritt, 'DAY, dd.MONTH, SYEAR')
FROM persdat WHERE persnr = 1
```

Ergebnis: TO_CHAR(EINTRITT,'DAY,DD.MONTH, SYEAR')
FRIDAY, 01.FEBRUARY , NINETEEN-EIGHTY

Umwandlungsfunktionen in DB2/2

Funktionen	Die Funktion
DECIMAL()	gibt eine Dezimalzahl zurück.
FLOAT()	gibt eine Gleitkommazahl zurück.
INTEGER()	gibt den Ganzzahlwert an.

Aufgabe: Die Personalnummer *persnr* vom Typ SMALLINT in der Tabelle PERSDAT soll in eine Dezimalzahl umgewandelt werden.

```
SELECT persnr, DECIMAL(persnr,1)       (A41028)
  FROM persdat WHERE persnr = 1
```

Ergebnis:

PERSNR	2
1	1.

Aufgabe: Die Ganzzahlwerte des Gehaltes sind anzuzeigen.

```
SELECT INTEGER(gehalt)                 (A41030)
FROM persdat WHERE persnr = 1
```

Ergebnis: 1
3800

Umwandlungsfunktionen in der JET-Datenbank:

Funktionen	Die Funktion wandelt um:	
CDATE('datum')	eine Zeichenkette in den Typ DATE CDATE('12.02.1996')	 <- 1996-02-12
HEX(zahl)	in Hexadezimaldarstellung HEX(10) HEX(10.5) HEX(10.6) HEX(459)	 <- A <- A <- B <- 1CB
OCT(zahl)	in Oktaldarstellung OCT(10)	 <- 12
STR(zahl)	in Zeichenkette STR(35)	 <- '35'
CSTR(zahl)	in Typ String CSTR(35.25)	 <- '35,25'
VAL(string)	in Zahl VAL('35')	 <- 35
INT(zahl)	in Datentyp INTEGER, entfernt Dezimalstellen INT(10.99) INT(-99.2)	 <- 10,0 <- -100,0
FIX(zahl)	in ganzzahligen Wert FIX(10.99) FIX(-99.2)	 <- 10,0 <- -99,0
CINT(zahl)	in Datentyp INTEGER, rundet CINT(10.55) CINT(10,49')	 <- 11 <- 10

4.10.3 Mathematische Funktionen

Mathematische Funktionen in ORACLE

ORACLE-Funktionen:	Die Funktion
GREATEST()	gibt den größten Wert einer Liste aus.
LEAST()	gibt den kleinsten Wert einer Liste aus.
NVL()	ermöglicht das Rechnen mit NULL-Werten.

Beispiel: Welcher String hat den größten Wert?

```
0:          SELECT GREATEST('Hans', 'Adolf',
➪                   'Reinhard')                 (A41020)
              FROM persdat WHERE persnr = 1
```

Ergebnis: GREATEST( )
Reinhard

Entsprechend wird LEAST() eingesetzt, wenn der kleinste Wert zu bestimmen ist.
Eine Rechenoperation auf einem Feld, das NULL beinhaltet, hat NULL zum Ergebnis. Mit NVL() wird eine Addition bzw. Subtraktion ermöglicht. Es wird angenommen, daß die Tabelle *persdat* eine weitere Zeile mit der Personalnummer 88 und dem Wert NULL in der Spalte *gehalt* enthält. Es soll der Wert 99 für Gehalt eingetragen werden.

```
            SELECT persnr, NVL(gehalt,0) + 99     (A41023)
             FROM persdat WHERE persnr = 88
```

Ergebnis:

PERSNR	GEHALT
88	99

Mathematische Funktionen in der JET-Datenbank

Funktion	Die Funktion gibt an:	
ABS(zahl)	Absoluter Wert	
	ABS(23.55)	<- 23,55
SQR(zahl)	Quadratwurzel	
	SQR(16)	<- 4
RANDOMIZE() / RND()	Zufallszahl	
	RND()	<- 0,17...
	Zufallszahl zwischen 0 und 100	
	RND() * 100	<- 40,33...
	Ganzzahl zwischen 10 und 60	
	INT((60-10+1) * RND + 10)	<- 14
ATN(zahl)	Arkustangens	
	ATN(1) * 4	<- 3,14159265 (=Pi)

Funktion	Die Funktion gibt an:
COS(bogenmaß)	Cosinus
SIN(bogenmaß)	Sinus
TAN(bogenmaß)	Tangens
EXP(zahl)	liefert Basis des natürlichen Logarithmus potenziert mit einer Zahl EXP(1) <- 2.7182818
LOG()	berechnet natürlichen Logarithmus LOG(2,7182818) <- 1

Einige Beispiele für den Einsatz trigonometrischer Formeln:

Umrechnung von 30 Grad in das Bogenmaß mit Formel *Grad * Pi / 180:*

```
J: SELECT 30 * 3,14159265 / 180
    FROM persdat WHERE persnr = 1            <- 0.5235987
```

Umrechnung von 60 Grad in das Bogenmaß mit Formel *Grad * Pi / 180:*

```
J: SELECT 60 * 3,14159265 / 180
    FROM persdat WHERE persnr = 1            <- 1.0471975
```

Sinus des Bogenmaßes 0,5235987:

```
J: SELECT SIN(0.5235987)
    FROM persdat WHERE persnr = 1                  <- 0,5
```

Cosinus des Bogenmaßes 1.0471975:

```
J: SELECT COS(1.0471975)
    FROM persdat WHERE persnr = 1                  <- 0,5
```

Der Sinus des Winkels von 90° ist 1, der Cosinus 0. Der Argustangens dieser beiden Werte beträgt:

```
J: SELECT ATN(1.00 + 0.00)
    FROM persdat WHERE persnr = 1                  <- 0,5
```

4.10.4 Logische Funktionen in der JET-Datenbank

Funktion	Funktion prüft, ob Ausdruck
ISNULL(ausdruck)	NULL enthält ISNULL('') <- 0 (für falsch) ISNULL(Null) <- -1 (für wahr)
ISNUMERIC(ausdruck)	als Zahl ausgewertet werden kann ISNUMERIC('24') <- 0 (für falsch)
SGN(zahl)	Vorzeichen besitzt SGN(34.33) <- 1 (für positiv) SGN(-34.33) <- -1 (für negativ) SGN(0) <- 0 (kein Vorzeichen)

4.11 SQL-Operatoren LIKE, BETWEEN, IN und MATCHES verwenden

Die Operatoren LIKE, BETWEEN und IN können Sie in allen Datenbanksystemen in der WHERE-Klausel einsetzen. Der Operator MATCHES steht nur in INFORMIX zur Verfügung.

4.11.1 Operator LIKE

Beim Vergleich eines Textfeldes mit einem Textmuster darf nicht der Operator = verwendet werden. Wollte man alle Namen, die mit M anfangen, mittels

```
WHERE pname = "M"
```

abfragen, würde kein Name angezeigt. Vielmehr muß der Operator LIKE verwendet werden. Außerdem ist dem System mitzuteilen, daß die übrigen Buchstaben des Textfeldes keine Bedeutung für den Suchvorgang haben. Es sind also Platzhalter bzw. Jokerzeichen für unbekannte oder unerhebliche Zeichen in das Textmuster einzubeziehen. Man unterscheidet folgende Jokerzeichen:

% steht für eine beliebige Anzahl beliebiger Zeichen,
_ steht für ein einziges Zeichen.

Somit ist die Suche nach den Namen der Mitarbeiter, die mit M beginnen, wie folgt zu formulieren:

```
SELECT pname FROM persdat            (A41101)
 WHERE pname LIKE 'M%'
```

Ergebnis: PNAME
Meier
Meieris
Meyer

Der Platzhalter % hinter M steht für eine beliebige Anzahl von Zeichen unterschiedlicher Art.
An einem weiteren Beispiel sei die Wirkung des Platzhalters _ aufgezeigt. Gesucht werden die Namen, die der Zeichenkette «Me er» entsprechen. An der dritten Stelle darf in den gesuchten Namen ein beliebiger Buchstabe stehen.

```
SELECT pname FROM persdat            (A41102)
 WHERE pname LIKE 'Me_er'
```

Ergebnis: PNAME
Meyer
Meier

Die Namen Meyer und Meier werden in INFORMIX, ORACLE und JET ausgegeben. In DB2/2 ist bei dem Datentyp CHAR zu beachten, daß bei dem LIKE die gesamte Spaltenbreite in den Vergleich einbezogen wird. In DB2/2 werden deshalb keine Daten ausgegeben, weil in dem Suchbegriff «Me er» die in der CHAR-Spalte vorhandenen Leerstellen nicht berücksichtigt worden sind. Da die Spalte *pname* insgesamt 12 Stellen groß ist, hätte das Textmuster mit 7 weiteren Leerstellen eingegeben werden müssen:

LIKE 'Me_er ˽˽˽˽˽˽˽'

Wenn Sie jedoch in DB2/2 den Datentyp VARCHAR statt CHAR verwenden, kann es bei der üblichen Abfrage bleiben.

4.11.2 Operator BETWEEN

Der Operator BETWEEN wird zur Formulierung von Bereichsabfragen eingesetzt. Er kann bei Textspalten, Datumsspalten und bei numerischen Spalten verwendet werden. BETWEEN wählt die Daten aus, die sich zwischen einem unteren und oberen Grenzwert befinden. Die definierten Grenzwerte werden in die Ausgabe einbezogen. Die folgenden Problemlösungen zeigen die Wirkungsweise von BETWEEN.

Abfrage einer Zeichenspalte
Welche Namen beginnen mit Großbuchstaben, die zwischen S und Z einschließlich liegen?

```
              SELECT pname FROM persdat            (A41104)
               WHERE pname BETWEEN 'S' AND 'Z'
```

Ergebnis:

PNAME
Strom
Volt

Da der Operator BETWEEN die Werte ab dem unteren Grenzwert ausgibt, wird der Name «Strom» einbezogen.

Abfrage einer Datumsspalte
Welche Mitarbeiter sind zwischen dem 1.1.84 und dem 31.12.85 in das Unternehmen eingetreten?

```
  I,O:        SELECT pname, eintritt FROM persdat  (A41105)
               WHERE eintritt BETWEEN
                 DATE('01.01.1984') AND DATE('31.12.1985')
```

Ergebnis:

PNAME	EINTRITT
Meier	01.03.1984
Strom	01.03.1984
Luft	15.05.1985
Bind	15.05.1985

In DB2/2 und JET wird die Abfrage ohne die Funktion DATE() verwirklicht:

```
D:      SELECT pname, eintritt FROM persdat          (A41105)
         WHERE eintritt BETWEEN
               ('01.01.1984') AND ('31.12.1985')
J:      SELECT pname, eintritt FROM persdat          (A41105)
         WHERE eintritt BETWEEN
         #1984-1-1# AND #1985-12-31#
oder:   SELECT pname, eintritt FROM persdat         (A41105A)
         WHERE eintritt BETWEEN
         DATEVALUE('1.1.84') AND
         DATEVALUE('31.12.85')
```

Die Abfrage könnte auch so lauten:

```
      SELECT pname, eintritt FROM persdat         (A41105B)
        WHERE YEAR(eintritt) BETWEEN 1984 AND 1985
```

Abfrage einer numerischen Spalte
Welche Mitarbeiter verdienen zwischen 4000 und 5000 DM?

```
             SELECT pname, gehalt FROM persdat    (A41106)
              WHERE gehalt BETWEEN 4000 AND 5000
```

Ergebnis:

PNAME	GEHALT
Luft	4500.00
Volt	4200.00
Bind	4000.00
Meier	5000.00

4.11.3 Operator IN

Der Operator IN ist vergleichbar mit der Elementabfrage in der Mengenlehre. Er stellt fest, ob der Inhalt der befragten Spalte in einer der angegebenen Mengen enthalten ist. Der Operator IN kann auf Zeichenspalten, Datumsspalten und numerische Spalten angewendet werden. Zur Beantwortung der Frage, welche Mitarbeiter Söhne bzw. Töchter haben, kann man folgende Anweisung einsetzen:

```
SELECT DISTINCT persnr FROM fmitglieder (A41107B)
WHERE vwgrad IN ('s','t')
```

Ergebnis:

PERSNR
10
8
5

Hinter dem Schlüsselwort IN werden in runden Klammern die Suchbegriffe einfach hintereinander aufgelistet.
Gleiche Ergebnisse erzielt man, wenn die Bedingung mit den Operatoren OR und = gebildet wird. So lautet die Anweisung unter Verwendung von OR und =:

```
SELECT DISTINCT persnr FROM fmitglieder         (A41107A)
 WHERE vwgrad = 's' OR
       vwgrad = 't'
```

Aus dem Vergleich der beiden SQL-Anweisungen ist zu erkennen, daß IN die Abfrage vereinfacht.
Das folgende Beispiel zeigt die Anwendung des IN-Operators auf eine Datumsspalte. Es sollen die Namen der Mitarbeiter ausgegeben werden, die in dem Jahr 1975 oder 1984 eingetreten sind?

```
SELECT                                (A41108)
 pname, eintritt FROM persdat
 WHERE YEAR(eintritt) IN (1975,1984)
```

Ergebnis:

PNAME	EINTRITT
Meyer	01.03.1984
Strom	01.03.1984
Meier	01.01.1975

Die Anwendung von IN auf eine numerische Spalte zeigt das nächste Beispiel. Es ist die Frage zu beantworten, welche Mitarbeiter in den Abteilungen 2 bzw. 4 arbeiten.

```
SELECT pname FROM persdat                (A41109)
  WHERE abtnr IN (2,4)
```

Ergebnis: PNAME
Eifer
Meier
Strom
Bind

4.11.4 Operator MATCHES in INFORMIX

Der Operator MATCHES steht nur in INFORMIX zur Verfügung. Er wird ähnlich wie LIKE verwendet. Mit MATCHES werden in dem Abfragewert von Zeichenketten jedoch andere Platzhalter verwendet:

- * steht für eine beliebige Anzahl unterschiedlicher Zeichen.
- ? steht für ein einziges Zeichen.
- [ ] In eckigen Klammern werden Werte zum Suchen oder zum Nichtsuchen definiert:
  - [A-D] Alle Werte, die mit den Buchstaben A, B ,C oder D beginnen, werden gesucht.
  - [^BELM] Alle Werte, die mit B, E, L oder M beginnen, werden von der Suche ausgeschlossen.

Aufgabe: Welche Mitarbeiternamen beginnen mit den Buchstaben B, C, D, E?

```
SELECT pname FROM persdat                (A41110A)
  WHERE pname MATCHES '[B-E]*'
```

Ergebnis: PNAME
Eifer
Bind

Aufgabe: Welche Mitarbeiternamen beginnen nicht mit B, E, L, M?

```
SELECT pname FROM persdat          (A41110B)
 WHERE pname MATCHES '[^BELM]*'
```

Ergebnis:

PNAME
Strom
Volt

Aufgabe: Welche Gehälter beziehen Mitarbeiter, die entweder Meier oder Meyer heißen?

```
SELECT pname, gehalt FROM persdat   (A41111)
 WHERE pname MATCHES 'Me[iy]er'
```

Ergebnis:

PNAME	GEHALT
Meyer	2450.00
Meier	5000.00

4.11.5 Operator & in der JET-Datenbank

Mit dem Operator & werden Zeichenketten in Ausgabefelder eingefügt.

Aufgabe: In welcher Abteilung arbeitet der Mitarbeiter mit der Personalnummer 1?

```
J: SELECT pname & ' arbeitet in Abteilung ',
    abtnr                                        (A41112)
   FROM persdat WHERE persnr = 1
```

Ergebnis: Eifer arbeitet in Abteilung 4,0.

4.12 Daten in Zwischentabellen speichern

Aufgabe: Der Personalleiter möchte wissen, welcher Mitarbeiter das niedrigste Gehalt hat.

Diese Abfrage ist in zwei Schritten zu lösen. In einem Schritt wird festgestellt, wie hoch das niedrigste Gehalt ist. Im zweiten Schritt wird ermittelt, wer das niedrigste Gehalt bekommt. In DB2/2, ORACLE und

JET ist dieses Problem mit Hilfe einer Unterabfrage zu lösen. INFORMIX bietet hier die Möglichkeit, die Ergebnisse von Abfragen in Zwischentabellen zu speichern. Dazu fügen Sie an die SQL-Anweisung die Klausel

INTO TEMP zwischentabellenname

an.

Diese Tabellen sind temporär. Sie sind nur während der Arbeitssitzung verfügbar. Am Ende werden sie automatisch gelöscht. Möchten Sie diese bereits während der Arbeitssitzung löschen, erreichen Sie das durch die Anweisung

DROP TABLE zwischentabellenname

Zur Lösung der obigen Problemstellung wird zunächst das Minimum der Gehaltsspalte der Tabelle *persdat* in die Zwischentabelle *zwidat* geschrieben:

```
I:        SELECT MIN(gehalt) mingehalt              (A41201)
            FROM persdat
            INTO TEMP zwidat
```

Hinter MIN(gehalt) wurde ein **Alias** vereinbart. Alias ist zu übersetzen mit «anderer Name». Alias können Sie einsetzen, um Ausgabespalten einen anderen Namen zu geben. Er steht durch eine Leerstelle getrennt hinter dem Ausdruck, den er bezeichnen soll. Wollen Sie berechnete Spalten in eine Zwischentabelle speichern, so müssen Sie für diese Spalten Namen vergeben. Hier wurde die Spalte in der temporären Tabelle *zwidat* mit *mingehalt* bezeichnet.
Die temporäre Tabelle *zwidat* können Sie genau wie jede andere Tabelle in Abfragen einbeziehen. Das zeigt die nächste Abfrage, in der nun der Mitarbeiter herausgesucht wird, der das niedrigste Gehalt bekommt.

```
I:  SELECT pname, mingehalt                         (A42102)
     FROM persdat, zwidat
     WHERE gehalt = mingehalt
```

Ergebnis:	PNAME	MINGEHALT
	Meieris	2450.00

Da bei dieser Abfrage die Werte aus zwei Tabellen miteinander kombiniert werden, müssen hinter FROM die Namen der beiden betreffenden Tabellen angegeben werden.

4.13 Transaktionsorientiert arbeiten

Eine Datenbank muß sich stets in einem konsistenten Zustand befinden. Eine Datenbank ist konsistent, wenn die Daten inhaltlich richtig sind (semantische Integrität). Bei Änderungen im Datenbestand kann es jedoch zu Inkonsistenzen kommen, wenn eine Aktion nicht ordnungsgemäß abgeschlossen werden konnte.

Beispiel: Die Abteilungsleiter wechseln ihre Abteilungen. Die SQL-Anweisungen lauten dazu:

```
UPDATE persdat SET persnr = 1 WHERE abtnr = 2
UPDATE persdat SET persnr = 9 WHERE abtnr = 3
UPDATE persdat SET persnr = 5 WHERE abtnr = 4
```

Tritt bei dieser Änderungsaktion zum Beispiel nach der Ausführung der ersten UPDATE-Anweisung eine Störung infolge eines Plattenfehlers oder durch eine Fehlbedienung auf, befindet sich die Datenbank in einem inkonsistenten Zustand. Der Mitarbeiter Eifer ist dann nämlich Leiter von zwei Abteilungen, während Mitarbeiterin Bind keine Abteilung mehr leitet.

Um sicherzustellen, daß Änderungen im Datenbestand nicht zu Inkonsistenzen führen, können die Änderungsanweisungen in Form einer Transaktion ausgeführt werden. Unter einer **Transaktion** versteht man eine Folge von SQL-Anweisungen, die logisch zusammengehören. Bei einer transaktionsorientierten Verarbeitung wird nach dem Alles-oder-nichts-Prinzip dafür Sorge getragen, daß die Anweisungsfolge komplett oder gar nicht ausgeführt wird. Eine Ausführung nur einzelner Anweisungen wird verhindert.

Bezogen auf das obige Beispiel der Job-rotation müßte der Datenbanknutzer dem System mitteilen, daß die SQL-Anweisungsfolge transaktionsorientiert verarbeitet werden soll. Nach der Eingabe der Anweisungen prüft er deren Korrektheit. Findet er Fehler, nimmt er alle vorgesehenen Änderungen mit dem ROLLBACK-Befehl zurück. Sind die Eingaben korrekt, startet er mit dem COMMIT-Kommando die Ausführung.

4.13.1 Transaktionsverarbeitung bei INFORMIX

Voraussetzung für die Transaktionsverarbeitung ist, daß eine Transaktions-Protokolldatei eingerichtet ist. Das kann bei der Erstellung der Datenbank vereinbart werden:

```
CREATE DATABASE testdb WITH LOG IN 'protdatl.log'
```

Ein Benutzer kann die Transaktionsdatei auch nachträglich mit dem Befehl START DATABASE anlegen.

Beispiel: Die aktuelle Datenbank wird geschlossen und anschließend mit dem Befehl START DATABASE geöffnet.

```
CLOSE DATABASE;                                    (A41301)
START DATABASE testdb
  WITH LOG IN 'C:\INFORMIX\protdatl.log';
```

Die Transaktionsverarbeitung wird bei INFORMIX mit der Anweisung BEGIN WORK eingeleitet.

Beispiel: In die Datei PERSDAT soll transaktionsorientiert eine neue Zeile eingefügt und geändert werden. Beide Eingaben sollen wieder storniert werden.

```
BEGIN WORK;                                        (A41302)
INSERT INTO persdat (persnr, pname)
  VALUES (55, 'Jung');
UPDATE persdat SET pname = 'Alt'
  WHERE persnr = 55;
ROLLBACK WORK;

SELECT * FROM persdat WHERE persnr = 55          (A41306)
```

Ergebnis: Fehlermeldung

Beispiel: Die Eingaben sollen ausgeführt werden.

```
BEGIN WORK;                                         (A41303)
INSERT INTO persdat (persnr, pname)
  VALUES (55, 'Jung');
UPDATE persdat SET pname = 'Alt'
  WHERE persnr = 55;
COMMIT WORK;

SELECT * FROM persdat WHERE persnr = 55            (A41306)
```

Ergebnis:	PERSNR	PNAME
	55	Alt

Beispiel: Die Zeile mit der Personalnummer 55 soll gelöscht werden. Der Löschbefehl wird storniert.

```
BEGIN WORK;                                         (A41304)
DELETE FROM persdat WHERE persnr = 55;
ROLLBACK WORK;
```

```
SELECT * FROM persdat WHERE persnr = 55            (A41306)
```

Ergebnis:	PERSNR	PNAME
	55	Alt

Beispiel: Die Löschanweisung wird ausgeführt.

```
BEGIN WORK;                                         (A41305)
DELETE FROM persdat WHERE persnr = 55;
COMMIT WORK;
```

```
SELECT * FROM persdat WHERE persnr = 55            (A41306)
```

Ergebnis: Fehlermeldung

4.13.2 Transaktionsverarbeitung in ORACLE

In ORACLE gibt es den SQLPlus-Konfigurierungsbefehl

SET AUTOCOMMIT OFF/ON/IMMediate

Wenn AUTOCOMMIT auf OFF steht (Voreinstellung), so können Änderungen mit ROLLBACK rückgängig gemacht werden. Mit COMMIT oder dem Verlassen von SQLPlus mit EXIT werden die Änderungen in den Tabellen festgeschrieben, die seit dem Beginn einer Sitzung oder nach dem letzten COMMIT-Befehl eingegeben worden sind. Wenn AUTOCOMMIT auf ON oder IMM steht, werden die Änderungen unmittelbar ausgeführt.

Beispiel: In die Datei PERSDAT soll transaktionsorientiert eine neue Zeile eingefügt und geändert werden. Beide Eingaben sollen wieder storniert werden.

```
SET AUTOCOMMIT OFF;                                (A41302)
INSERT INTO persdat (persnr, pname)
  VALUES (55, 'Jung');
UPDATE persdat SET pname = 'Alt'
  WHERE persnr = 55;
ROLLBACK WORK;
```

```
SELECT * FROM persdat WHERE persnr = 55            (A41306)
```

Ergebnis: Fehlermeldung

4.13.3 Transaktionsverarbeitung in DB2/2

In DB2/2 können die Befehle COMMIT und ROLLBACK dann eingesetzt werden, wenn in der OS/2-Datei CONFIG.SYS die Umgebungsvariable DBMCOMMIT auf NO gesetzt ist.

Beispiel: Schreiben Sie mit Ihrem ASCII-Editor in die OS/2-Konfigurationsdatei CONFIG.SYS

```
SET DBMCOMMIT=NO
```

Starten Sie anschließend OS/2 nochmals. Danach werden die Daten nicht mehr automatisch mit der Befehlseingabe gesichert, sondern erst mit der Eingabe von COMMIT oder der Eingabe des nächsten Befehls. Mit ROLLBACK wird die Festschreibung unterdrückt.

Beispiel: In die Datei *persdat* soll transaktionsorientiert eine neue Zeile eingefügt und geändert werden. Beide Eingaben sollen wieder storniert werden.

```
INSERT INTO persdat (persnr, pname)          (A41302)
  VALUES (55, 'Jung')
UPDATE persdat SET pname = 'Alt'
  WHERE persnr = 55
ROLLBACK WORK
```

```
SELECT * FROM persdat WHERE persnr = 55     (A41306)
```

4.13.4 Transaktionsverarbeitung in der JET-Datenbank

Für die Transaktionsverarbeitung stehen die Methoden *BeginTrans, CommitTrans* und *Rollback* über die DAO-Schnittstelle zur Verfügung. Entsprechende Anweisungen im SQL-Code fehlen.

4.14 Erläuternde Kommentare einfügen

Erläuternde Texte erleichtern zuweilen die Interpretation der Ergebnisse, die das Datenbanksystem liefert. In INFORMIX, ORACLE und JET sind solche Texte innerhalb einer Anweisung zugelassen. Sie werden in Hochkommata eingeschlossen.

Beispiel: Die Personalnummer und der Name des Mitarbeiters mit der Personalnummer 10 sollen in der Zeichenkette

Der Mitarbeiter mit der Personalnummer 10
heißt Meier

angezeigt werden.

```
SELECT                                              (A41401)
'Der Mitarbeiter mit der Personalnummer ', persnr,
'heißt ', pname
FROM persdat WHERE persnr = 10
```

In DB2/2 werden erläuternde Textkonstanten in Anweisungen nicht in der Ergebnisausgabe angezeigt. Sie können aber Kommentare in die Anweisungen einfügen. Kommentare in den Kommandodateien werden mit zwei aufeinanderfolgenden Bindestrichen eingeleitet. Der Kommentar endet am Zeilenende.

```
SELECT pname -- Mitarbeitername
  FROM persdat
-- SQL-Anweisung mit Kommentar
```

4.15 Übungen

UE41501: Alle Zeilen der Tabelle *abteilg* sollen angezeigt werden.

UE41502: Name und Vorname aller Mitarbeiter sind auszugeben.

UE41503: Welche Aufträge werden in der Tabelle *tposten* aufgeführt?

UE41504: Welche Mitarbeiter verdienen weniger als 4000 DM Grundgehalt?

UE41505: In welchen Zeilen der Tabelle *auftrag* stehen in der Spalte *abdatum* NULL-Werte?

UE41506: Wieviel Stunden hat der Mitarbeiter mit der Personalnummer 1 an dem Auftrag 3333 gearbeitet?

UE41507: Wieviel Stunden hat der Mitarbeiter mit der Personalnummer 1 im Februar 1994 an dem Auftrag 3333 gearbeitet?

UE41508: Welche Mitarbeiterinnen verdienen weniger als 4000 DM oder sind vor dem 1.1.85 eingetreten?

UE41509: Für welche Aufträge hat der Mitarbeiter mit der Personalnummer 3 gezeichnet (*tartnr* = 6)? Auch der Tag und die Stundenzahl sind anzuzeigen.

UE41510: Geben Sie an, wie oft und mit wieviel Stunden insgesamt der Mitarbeiter mit der Personalnummer 3 im Februar 1994 für Aufträge gezeichnet hat.

UE41511: Zeigen Sie das höchste, das kleinste, das durchschnittliche Gehalt und die Summe der Gehaltszahlungen im Januar 1994 an.

UE41512: Errechnen Sie das Ergebnis des Ausdrucks ((3+5)*(5-2))/8.

UE41513: Welche Vornamen der Mitarbeiter enden mit a? In DB2/2 können Sie diese Abfrage nicht lösen, weil *pvname* als CHAR-Spalte und nicht als VARCHAR-Spalte in der Tabelle *persdat* definiert ist.

UE41514: Welche Mitarbeiter sind im Februar für den Auftrag 2222 eingesetzt worden?

UE41515: Welche Mitarbeiter haben im Februar an den Aufträgen 1111 und 2222 gearbeitet?

4.16 Lösungen

UE41501:

```
SELECT * FROM abteilg
```

UE41502:

```
SELECT pname, pvname FROM persdat
```

UE41503:

```
SELECT DISTINCT aufnr FROM tposten
```

UE41504:

```
SELECT * FROM persdat WHERE gehalt < 4000
```

UE41505:

```
SELECT * FROM auftrag WHERE abdatum IS NULL
```

UE41506:

```
SELECT persnr, tstd FROM tposten
  WHERE persnr = 1 AND
           aufnr = 3333
```

UE41507:

```
SELECT persnr, tbnr, tstd FROM tposten
  WHERE persnr = 1    AND
           aufnr = 3333 AND
         tbnr BETWEEN 940201 AND 940228
```

UE41508:

```
SELECT pname, geschlecht, eintritt, gehalt
  FROM persdat
  WHERE geschlecht = 'W'  AND
   (gehalt < 4000 OR eintritt < '01.01.1985')
```

UE41509:

```
SELECT aufnr, tbnr, tstd FROM tposten
  WHERE persnr = 3 AND tartnr = '6'
```

UE41510:

```
SELECT COUNT(*), SUM(tstd) FROM tposten
  WHERE persnr = 3 AND
        tartnr = '6' AND
        tbnr BETWEEN 940201 AND 940228
```

UE41511:

```
SELECT MAX(mgehalt), MIN(mgehalt),
       AVG(mgehalt), SUM(mgehalt)
  FROM mgehalt
  WHERE jahr = 94 AND monat = 1
```

UE41512:

```
SELECT ((3+5)*(5-2))/8
  FROM persdat WHERE persnr = 1
```

UE41513:

```
SELECT pvname FROM persdat
  WHERE pvname LIKE '%a'
```

UE41514:

```
SELECT DISTINCT persnr FROM tposten
  WHERE tbnr BETWEEN 940201 AND 940228 AND
    aufnr = 2222
```

UE41515:

```
SELECT DISTINCT persnr FROM tposten
  WHERE tbnr BETWEEN 940201 AND 940228 AND
    aufnr IN (1111,2222)
```

5 Daten aus mehreren Tabellen abfragen (Joins)

5.1 Kartesisches Produkt aus zwei Tabellen bilden

Bei normalisierten Datenbanken müssen häufig zwei und mehr Tabellen abgefragt werden, um die gewünschten Informationen zu erhalten. Dabei tritt das Problem auf, die an der Abfrage beteiligten Tabellen logisch in der richtigen Weise miteinander zu verknüpfen. Werden Tabellen ohne eine Verknüpfungsvorschrift in einer Abfrage verbunden, so wird bei der Ausführung der Abfrage das kartesische Produkt gebildet. Dabei wird jede Reihe der einen Tabelle mit jeder Reihe der anderen Tabellen kombiniert. Das zeigt das nachstehende Beispiel, in dem die Tabellen *persdat* und *fmitglieder* beziehungslos miteinander verbunden werden. Der Einfachheit halber sollen nur die Nummer und der Name des Mitarbeiters aus der Tabelle *persdat* sowie der Vorname des Familienmitgliedes aus der Tabelle *fmitglieder* in die Abfrage einbezogen werden.

```
SELECT persdat.persnr, persdat.pname, fmitglieder.vorname
FROM persdat, fmitglieder
```

Ergebnis:

PERSNR	PNAME	VORNAME
1	Eifer	Else
1	Eifer	Theo
1	Eifer	Hanna
1	Eifer	Christa
1	Eifer	Heinz
1	Eifer	Beate
1	Eifer	Heinrich
3	Meyer	Else
usw.		

Die obige Ergebnisanzeige ist unvollständig. Da die Tabelle *persdat* 8 Reihen enthält, die Tabelle *fmitglieder* aus 7 Reihen besteht, werden insgesamt 7 × 8 = 56 Zeilen ausgegeben. Es wird aber dennoch deutlich, daß ohne eine logische Verbindung zwischen den Tabellen keine sinnvollen Ergebnisse gewonnen werden können.

5.2 Logische Verbindungen mit Equi-Join herstellen

Eine Verknüpfung von Tabellen kann nur dann gelingen, wenn bereits beim Entwurf darauf geachtet wurde, daß sie sich über Schlüsselspalten miteinander verbinden lassen.

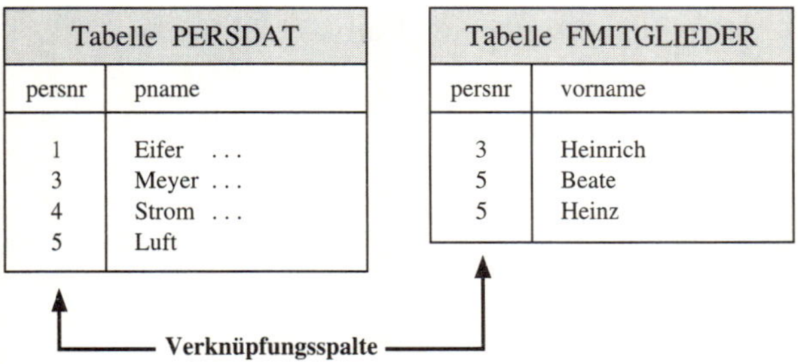

Die logische Zuordnung einer Tabellenzeile aus Tabelle 1 zu der richtigen Tabellenzeile aus Tabelle 2 wird über identische Werte in Schlüsselspalten hergestellt:

tabellenname1.schlüsselspalte = tabellenname2.schlüsselspalte

Man bezeichnet diese Verbindung auch als Equi-Join. Die Abkürzung Equi steht für «Gleichheit». Join ist mit «Verknüpfung» zu übersetzen. Sind die Namen der Schlüsselspalten in den beiden Tabellen verschieden, kann auf eine Qualifizierung des Spaltennamens verzichtet werden. Qualifiziert wird ein Spaltenname, indem ihm der Tabellenname vorangestellt wird.
Die korrekte Verbindung der Tabelle *persdat* mit der Tabelle *fmitglieder* sei an folgender Problemstellung aufgezeigt: Es sollen die Personal-

nummer, der Name sowie die Vornamen vorhandener Familienmitglieder des Mitarbeiters mit der Personalnummer 10 angezeigt werden.

Lösungsansatz: Für diese Abfrage müssen die beiden Tabellen *persdat* und *fmitglieder* miteinander verknüpft werden. Die Verbindung erfolgt über die Spalte *persnr*, die in beiden Tabellen geführt wird.

```
SELECT persdat.persnr, pname, vorname              (A5101)
FROM  persdat, fmitglieder
WHERE persdat.persnr = fmitglieder.persnr AND
      persdat.persnr = 10
```

Ergebnis:

PERSNR	PNAME	VORNAME
10	Meier	Else
10	Meier	Theo
10	Meier	Hanna

Als Bindeglied wird die Spalte *persnr* verwendet, die in beiden Tabellen vorkommt. Da das System bei nicht eindeutigen Spaltennamen nicht feststellen kann, in welcher Tabelle der Wert gesucht werden soll, muß die Redundanz des Spaltennamens durch Hinzufügen des Tabellennamens aufgehoben werden; der Spaltenname *persnr* muß qualifiziert werden:

```
persdat.persnr, fmitglieder.persnr
```

Die Tabellennamen der zu verknüpfenden Tabellen werden hinter der FROM-Klausel aufgelistet.
Die Equi-Bedingung in der WHERE-Klausel besagt, daß jene Zeilen zu suchen sind, deren Personalnummern gleich sind. Davon soll jedoch nur jene Zeile ausgegeben werden, die die Personalnummer 10 hat. Bei der Bedingung persnr = 10 wurde in der Abfrage A5101 dem Spaltennamen die Tabelle *persdat* zugeordnet. Es hätte aber auch die Tabelle *fmitglieder* sein können:

```
fmitglieder.persnr = 10
```

5.3 Andersnamen für Tabellen vereinbaren

Bei der Eingabe einer Abfrage kann es lästig werden, wenn man immer wieder lange Tabellennamen wie «fmitglieder» eintasten muß. Deshalb arbeitet man in Joins gern mit Tabellen-Kurznamen, Andersnamen oder Alternativnamen. Alternativnamen werden benötigt, wenn Tabellen auf sich selbst zu beziehen sind. Sie können synonyme Namen oder Alias-Namen sein.

5.3.1 Synonyme Bezeichner

Synonym vereinbaren
Andersbezeichnungen (synonyme Namen) werden mit der SQL-Anweisung CREATE SYNONYM vereinbart. In DB2 kann die Anweisung erst in Version 2 (ab 1996) verwendet werden. In JET-Datenbanken läuft diese Anweisung nicht.

Beispiel: Die Tabelle *persdat* soll alternativ auch mit dem Kurznamen *p* angesprochen werden können.

```
CREATE SYNONYM p FOR persdat                    (A5201)
```

Nach erfolgreicher Eingabe des SYNONYM-Befehls können Sie die Daten der Tabelle *persdat* alternativ ansprechen:

```
SELECT * FROM p                                 (A5201A)

SELECT * FROM persdat                           (A5201B)
```

In der Anweisung kann alternativ der Zusatz PUBLIC eingesetzt werden: CREATE PUBLIC synonym FOR tabelle. Auf die damit verbundenen Möglichkeiten gehen wir in Kapitel 11 ein.

Synonym löschen
Die Löschung von Synonymen erfolgt durch die Anweisung

DROP SYNONYM andersname

5.3.2 Alias-Bezeichner definieren

Es gibt auch noch die Möglichkeit, Kurzbezeichnungen nur für die Dauer einer Befehlsausführung zu definieren. Wir nennen diese Bezeichner Alias-Bezeichner.
Alias-Namen werden in dem FROM-Zusatz des SELECT-Befehls vereinbart. Zwischen dem Tabellennamen und der nachgestellten Alias-Bezeichnung steht nur ein Leerzeichen. Sie können in allen Datenbanksystemen eingesetzt werden. Wir arbeiten in den Beispielen dieses Buches deshalb ausschließlich mit Alias-Bezeichnern.

Beispiel: Die obige SQL-Anweisung A5101 lautet bei Verwendung von Alias-Bezeichnern:

```
SELECT p.persnr, pname, vorname                    (A5202)
FROM   persdat p, fmitglieder f
WHERE  p.persnr = f.persnr AND
       p.persnr = 10
```

Für die Dauer der aktuellen Befehlsausführung wird der Tabelle *persdat* die Alias-Bezeichnung *p* und der Tabelle *fmitglieder* der Alias *f* zugewiesen. Die Eindeutigkeit der Spalte *persnr* wird jetzt mit *p.persnr* und *f.persnr* hergestellt.

5.4 Join-Analysen für Inner-Equi-Joins durchführen

Die korrekte Verbindung zwischen den Tabellen, die in einer Abfrage angesprochen werden, ist Voraussetzung für ein korrektes Ergebnis. Um unsinnige und unrichtige Anzeigen zu vermeiden, führt man bei Abfragen mit mehreren Tabellen eine Join-Analyse durch, aus der dann die Verknüpfungsfunktion entwickelt wird.

Beispiel: Der Personalleiter will wissen, welche Mitarbeiter Familienmitglieder haben, wie diese mit Vornamen heißen und ob es sich dabei um den Ehemann oder die Ehefrau, um einen Sohn oder um eine Tochter handelt.
Mit der Join-Analyse stellen wir fest, welche Tabellen und welche Verknüpfungsspalten angesprochen werden.

Angesprochene Tabellen und Alias-Namen	Angesprochene Tabellenspalten	Verknüpfungs-spalten
persdat p	persnr, pname	p.persnr
fmitglieder f	fmnr, vorname	f.persnr f.vwgrad
vwgrade v	vwname	v.vwgrad

In den Tabellen *persdat* und *fmitglieder* müssen die Zeilen mit übereinstimmender Personalnummer logisch verknüpft werden, in den Tabellen *fmitglieder* und *vwgrade* die Zeilen mit übereinstimmendem Schlüssel des Verwandtschaftsgrades.

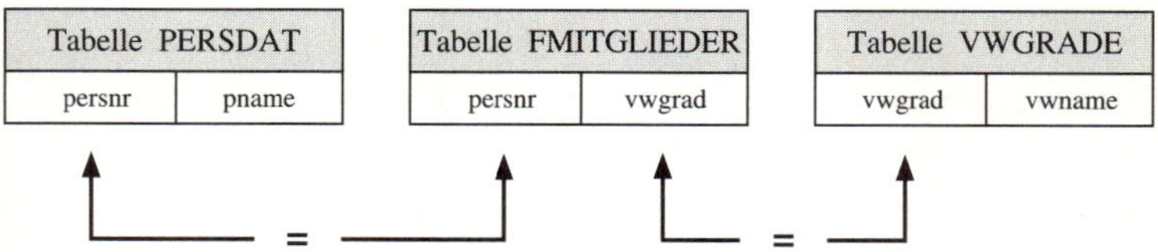

Die Verknüpfungsvorschrift lautet deshalb:

p.persnr = f.persnr AND
f.vwgrad = v.vwgrad

Sie wird in der WHERE-Klausel notiert. Die Anweisung lautet dann:

```
SELECT p.persnr, pname, fmnr, vwname, vorname (A5401)
FROM  persdat p, fmitglieder f, vwgrade v
WHERE p.persnr = f.persnr AND
      f.vwgrad = v.vwgrad
```

Ergebnis:

PERSNR	PNAME	FMNR	VWNAME	VORNAME
3	Meyer	1	Ehemann	Heinrich
5	Luft	2	Sohn	Heinz
5	Luft	1	Ehefrau	Beate
8	Volt	1	Tochter	Christa
10	Meier	3	Tochter	Else
10	Meier	2	Sohn	Theo
10	Meier	1	Ehefrau	Hanna

In der Bildschirmanzeige werden nur die Namen der Belegschaftsmitglieder genannt, die Familienmitglieder besitzen. Die Tabellenzeilen aus der Tabelle *persdat* mit den Personalnummern 1, 4, 7 und 9 werden nicht ausgegeben, weil für diese Zeilen die Bedingung p.persnr = f.persnr nicht zutrifft. Abfragen, bei denen ausschließlich die innerhalb beider Tabellen vorhandenen Zeilen mit gleichem Schlüsselwert berücksichtigt werden, nennt man auch **Inner-Equi-Joins**.

An einem weiteren Beispiel sei der Inner-Equi-Join dargestellt. Es sind die Mitarbeiter zu ermitteln, die im Februar 1994 mehr als 4000 DM verdient haben.

Join-Analyse:

Angesprochene Tabellen und Alias-Namen	**Angesprochene Tabellenspalten**	**Verknüpfungs-spalten**
persdat p	pname	p.persnr
mgehalt m	mgehalt	m.persnr

Verknüpfungsbedingungen: jahr = 94
monat = 2
mgehalt > 4000 oder
4000 < mgehalt

```
SELECT pname, mgehalt                                 (A5402)
FROM persdat p, mgehalt m
WHERE p.persnr = m.persnr AND
         jahr = 94       AND
        monat = 2        AND
         4000 < mgehalt
```

Ergebnis:

PNAME	MGEHALT
Meier	6001.74
Volt	4240.00
Luft	4600.00
Eifer	6063.63

5.5 OUTER-, LEFT-, RIGHT-Join vereinbaren

Mit einem Inner-Equi-Join sind nicht alle Informationswünsche zu erfüllen. Das zeigt das folgende Beispiel. In ihm werden aus einer Tabelle sämtliche Reihen ausgegeben, denen aus einer anderen Tabelle Reihen aufgrund übereinstimmender Schlüsselwerte zugeordnet werden.

Beispiel: Der Personalleiter will wissen, welche Mitarbeiter Familienmitglieder haben, wie diese mit Vornamen heißen und welchen Verwandtschaftsgrad sie haben. Zusätzlich sollen die Mitarbeiter ohne Familienangehörige genannt werden.

Das Abfrageergebnis sollte wie folgt gestaltet sein:

PERSNR	PNAME	FMNR	VWGRAD	VORNAME
9	Bind			
8	Volt	1	t	Christa
7	Meieris			
5	Luft	2	s	Heinz
5	Luft	1	f	Beate
4	Strom			
3	Meyer	1	m	Heinrich
1	Eifer			
10	Meier	3	t	Else
10	Meier	2	s	Theo
10	Meier	1	f	Hanna

Aus der Tabelle *persdat* werden sämtliche Reihen ausgegeben, die im Falle der Entsprechung mit Reihen aus der Tabelle *fmitglieder* verbunden werden. Eine solche Verbindung nennen wir nachfolgend **OUTER-Join.**

Beim OUTER-Join ist zwischen der Haupttabelle und der nachgeordneten Tabelle zu unterscheiden. Jene ist die Haupttabelle, aus der sämtliche Reihen in die Ausgabe übernommen werden sollen. In dem obigen Beispiel ist *persdat* die Haupttabelle. *fmitglieder* ist die nachgeordnete Tabelle, weil aus ihr nur die Reihen in die Ausgabe gelangen, bei denen eine Gleichheit in der Join-Spalte vorliegt. In der Abfrage muß die nachgeordnete Tabelle kenntlich gemacht werden. In INFORMIX wird in der FROM-Klausel die Tabelle durch ein vorangestelltes OUTER als nachgeordnete Tabelle gekennzeichnet. In ORACLE wird in der WHERE-Klausel die Join-Spalte der nachgeordneten Tabelle durch ein nachgestelltes (+) markiert. Der Outer-Equi-Join-Operator darf in einer Anweisung nur einmal eingesetzt werden.

In der JET-Datenbank können Sie JOIN-Operationen mit den Operatoren **INNER JOIN, LEFT JOIN** und **RIGHT JOIN** erstellen. LEFT JOIN bewirkt, daß aus der links vor LEFT JOIN genannten Tabelle auch jene Datensätze angezeigt werden, denen kein Schlüsselwert aus der rechts genannten Tabelle entspricht. Bei RIGHT JOIN werden alle Datensätze aus der rechts genannten Tabelle ausgegeben. Mit LEFT JOIN und RIGHT JOIN verwirklicht man eine Inklusionsverknüpfung. Bei INNER JOIN werden nur jene Datensätze aus den Tabellen verknüpft, die in einem gemeinsamen Feld gleiche Werte besitzen. In JET können Sie LEFT JOIN und RIGHT JOIN innerhalb von INNER JOIN verschachteln, nicht aber INNER JOIN innerhalb von LEFT JOIN oder RIGHT JOIN. **Beachten Sie:** Die Bedingungsvereinbarung wird beim Einsatz dieser Zusätze nicht hinter WHERE, sondern hinter **ON** vereinbart.

DB2/2 kennt keine OUTER-Verbindung. Hier muß man den UNION-Operator in Verbindung mit einer Unterabfrage anwenden. Die Unterabfrage behandeln wir in Kapitel 6, den Operator UNION in Kapitel 8.

In INFORMIX lautet die SQL-Anweisung:

```
SELECT p.persnr, pname, fmnr, vwgrad, vorname  (A5501)
  FROM persdat p, OUTER fmitglieder f
  WHERE p.persnr = f.persnr
```

In ORACLE ist die Anweisung wie folgt zu formulieren:

```
SELECT p.persnr, pname, fmnr, vwgrad, vorname  (A5501)
 FROM  persdat p, fmitglieder f
 WHERE p.persnr = f.persnr(+)
```

In der JET-Datenbank wird die Aufgabenstellung mit LEFT JOIN gelöst.

```
J: SELECT p.persnr, pname, fmnr, vwgrad, vorname  (A5501)
    FROM persdat p LEFT JOIN fmitglieder f
    ON p.persnr = f.persnr
```

Möchte man auch noch die Tabelle *vwgrade* in die Abfrage A5501 einbeziehen, so liefert INFORMIX bei der SQL-Anweisung

```
SELECT p.persnr, pname, fmnr, vwname, vorname  (A5502)
FROM  persdat p, OUTER fmitglieder f, vwgrade v
WHERE p.persnr = f.persnr AND
      f.vwgrad = v.vwgrad
```

ein kartesisches Produkt zwischen *persdat* und *vwgrade*. Zwischen *persdat* und *vwgrade* gibt es keine logische Verknüpfung.

Bei ORACLE wird mit A5502 ein korrektes Ergebnis ausgegeben:

```
SELECT p.persnr, pname, fmnr, vwname, vorname  (A5502)
FROM  persdat p, fmitglieder f, vwgrade v
WHERE p.persnr = f.persnr (+) AND
      f.vwgrad = v.vwgrad
```

In der JET-Datenbank setzen Sie LEFT JOIN ein. Beachten Sie in der Anweisung (A5502) die Reihenfolge der ON-Abfragen und die Klammersetzung: Zuerst wird die Bedingung definiert, die auf die innen genannten Tabellen *fmitglieder* und *vwgrade* zutreffen, dann die Bedingung für die Tabellen *persdat* und *fmitglieder*.

```
J: SELECT p.persnr, pname, fmnr, vwname, vorname  (A5502)
    FROM persdat p LEFT JOIN
     (fmitglieder f LEFT JOIN(vwgrade v)
    ON f.vwgrad = v.vwgrad)
    ON p.persnr = f.persnr
```

An einem weiteren Beispiel sei der Aufbau eines OUTER-Joins dargelegt. Der Personalleiter will wissen, welche Mitarbeiter Familienmitglieder haben, wie diese mit Vornamen heißen, in welcher Abteilung sie arbeiten und wie diese Abteilung bezeichnet ist. Auch die Mitglieder ohne Familienangehörige sollen genannt werden.

Join-Analyse:

Angesprochene Tabellen und Alias-Namen	**Angesprochene Tabellenspalten**	**Verknüpfungs-spalten**	
persdat p	persnr, pname, abtnr	p.persnr	p.abtnr
fmitglieder f	fmnr, vorname	f.persnr	
abteilg a	abtname		a.abtnr

```
I:   SELECT p.persnr, pname, vorname, p.abtnr, abtname
      FROM persdat p, OUTER fmitglieder f, abteilg a
      WHERE p.persnr = f.persnr AND
            p.abtnr = a.abtnr                        (A5503)
```

```
O:     SELECT p.persnr, pname, vorname, p.abtnr, abtname
        FROM persdat p, fmitglieder f, abteilg a
        WHERE p.persnr = f.persnr (+) AND
              p.abtnr = a.abtnr                      (A5503)
```

Ergebnis:

PERSNR	PNAME	VORNAME	ABTNR	ABTNAME
1	Eifer		4	Transport
3	Meyer	Heinrich	4	Transport
4	Strom		2	Verwaltung
PERSNR	PNAME	VORNAME	ABTNR	ABTNAME
5	Luft	Heinz	3	Steuerung
5	Luft	Beate	3	Steuerung
7	Meieris		3	Steuerung
8	Volt	Christa	3	Steuerung
9	Bind		2	Verwaltung
10	Meier	Else	1	Leitung
10	Meier	Theo	1	Leitung
10	Meier	Hanna	1	Leitung

Auch bei INFORMIX wird bei drei Tabellen im OUTER-Join ein sinnvolles Ergebnis ausgegeben, wenn die dritte eingesetzte Tabelle mit der Tabelle *persdat* verknüpft werden kann.

Hinweis: Der besseren Übersicht wegen wurde die Ausgabe nach der Personalnummer sortiert. Die Sortierung wird durch die Klausel ORDER BY persnr im Anschluß an die WHERE-Bedingungen erzielt. Näheres über die Sortierung erfahren Sie in Kapitel 7.

In der JET-Datenbank läuft die entsprechende Anweisung nur, wenn Sie die Tabellen in anderer Reihenfolge verknüpfen und RIGHT JOIN einsetzen: Nur so gibt es gleiche Schlüsselwerte zwischen den Tabellen *fmitglieder / persdat* und *persdat / abteilg.*

```
J: SELECT p.persnr, pname, vorname, p.abtnr, abtname
                                                  (A5503)
     FROM fmitglieder f RIGHT JOIN (persdat p LEFT JOIN
                                        (abteilg a)
     ON p.abtnr = a.abtnr)
     ON p.persnr = f.persnr
```

Die Benutzer des Datenbanksystems DB2/2 besitzen nicht die Möglichkeit, einen Outer-Join-Operator einzusetzen. Das bedeutet aber nicht, daß Sie deshalb auf vergleichbare Ergebnisausgaben verzichten müssen. Sie müssen nur anders vorgehen. Im Vorgriff auf die Kapitel 6 und 8 zeigen wir Ihnen ohne weiteren Kommentar hier die «Outer-Join»-Lösung der Aufgabenstellung A5502 mit UNION und Subselect:

```
I,D: SELECT p.persnr, pname, fmnr, vwname, vorname (A5504)
     FROM persdat p, fmitglieder f, vwgrade v
     WHERE p.persnr = f.persnr AND
           f.vwgrad = v.vwgrad
     UNION
     SELECT persnr, pname, persnr, '       ', '          '
     FROM persdat
     WHERE persnr NOT IN
      (SELECT persnr FROM fmitglieder)
     ORDER BY 1
```

Ergebnis:

PERSNR	PNAME	FMNR	VWNAME	VORNAME
1	Eifer	1		
3	Meyer	1	Ehemann	Heinrich
4	Strom	4		
5	Luft	1	Ehefrau	Beate
5	Luft	2	Sohn	Heinz
7	Meieris	7		
8	Volt	1	Tochter	Christa
9	Bind	9		
10	Meier	1	Ehefrau	Hanna
10	Meier	2	Sohn	Theo
10	Meier	3	Tochter	Else

Diese Anweisung läuft natürlich auch in den anderen Datenbanken.

Aufgrund der obigen Ausführungen kann man bei der Abfrage aller Schlüsselwerte aus zwei Tabellen folgende Fälle unterscheiden:

1. Alle Schlüsselwerte sind in beiden Tabellen gleicherweise vorhanden. In diesem Fall bereitet es keine Schwierigkeiten, alle Reihen jeder Tabelle mit dem Equi-Join anzusprechen.
2. Eine Tabelle enthält mehr Schlüsselwerte als die andere. In diesem Fall enthält die Equi-Join-Ausgabe nur solche Zeilen, deren Schlüsselwerte in den anderen Tabellen stehen.
3. Eine Tabelle enthält mehr Schlüsselwerte als die andere, und das Datenbanksystem gestattet den Einsatz von Join-Operatoren. In diesem Fall ist mit dem Einsatz des Operators die Ausgabe aller Zeilen möglich.
4. Eine Tabelle enthält mehr Schlüsselwerte als die andere, und das Datenbanksystem gestattet nicht den Einsatz des Outer-Join-Operators. In diesem Fall müssen Sie mit dem Operator UNION und Unterabfragen arbeiten.

5.6 Daten in mehreren Tabellen auswählen

Im vorigen Abschnitt wurden stets sämtliche Reihen der angesprochenen Tabellen ausgegeben. Bei vielen Problemstellungen kommt es jedoch darauf an, daß nur die Informationen angezeigt werden, auf die es dem Fragenden ankommt.

Beispiel: Der Personalleiter will wissen, ob und welche Familienmitglieder der Mitarbeiter Meyer mit der Personalnummer 3 hat.

Join-Analyse:

Angesprochene Tabellen und Alias-Namen	**Angesprochene Tabellenspalten**	**Verknüpfungs-spalten**
persdat p	pname	p.persnr
fmitglieder f	f.persnr, fmnr, vwgrad, vorname	f.persnr f.persnr = 3

Die logische Verknüpfung lautet dann:

p.persnr = f.persnr AND
f.persnr = 3

```
SELECT f.persnr, pname, fmnr, vwgrad, vorname   (A5601)
FROM persdat p, fmitglieder f
WHERE p.persnr = f.persnr AND
      f.persnr = 3
```

Ergebnis:	PERSNR	PNAME	FMNR	VWGRAD	VORNAME
	3	Meyer	1	m	Heinrich

Die Einschränkung der Suche auf den Mitarbeiter mit der Personalnummer 3 wird in der WHERE-Klausel definiert. In der WHERE-Klausel sind also nicht nur die Verknüpfungsregeln, sondern auch die Bedingungen für die Zeilenauswahl anzugeben.
Wie sich das Datenbanksystem verhält, wenn es keine zutreffende Verknüpfung vornehmen kann, zeigt das nächste Beispiel.

Beispiel: Der Personalleiter will wissen, ob und welche Familienmitglieder der Mitarbeiter Eifer mit der Personalnummer 1 hat.

```
SELECT f.persnr, pname, fmnr, vwgrad, vorname   (A5602)
FROM persdat p, fmitglieder f
WHERE p.persnr = f.persnr AND
      f.persnr = 1
```

Ergebnis: PERSNR PNAME FMNR VWGRAD VORNAME
Meldung: Keine Zeilen gefunden

Das System meldet, daß es keine Zeile gefunden hat, auf die die hinter WHERE angegebene Bedingung zutrifft. In der Tabelle *fmitglieder* gibt es keine Reihe mit der Personalnummer 1. Um den Aussagewert zu erhöhen, sollte man die Join-Operatoren einsetzen:

FROM persdat p, OUTER fmitglieder f
FROM persdat p LEFT JOIN fmitglieder f ON p.persnr = f.persnr

Es können eine Vielzahl von Tabellen und Bedingungen in einer Abfrage angegeben werden. Es ist jedoch darauf zu achten, daß die Bedingungen in der richtigen Weise miteinander verknüpft werden. Die Join-Bedingungen müssen stets durch AND verbunden werden. Die Verbindung der Auswahlbedingungen richtet sich nach der Aufgabenstellung. Bedingungen, die sich aus Teilbedingungen zusammensetzen, sind zu klammern. Das zeigt das nächste Beispiel.

Beispiel: Die Geschäftsleitung wünscht eine Liste mit den Namen der verheirateten Mitarbeiter und deren Abteilungszugehörigkeit. Der Verwandtschaftsgrad und der Vorname der Ehefrau oder des Ehemannes sollen ebenfalls angezeigt werden.

Angesprochene Tabellen und Alias-Namen	**Angesprochene Tabellenspalten**	**Verknüpfungs-spalten**
persdat p	pname, pvname	p.persnr, p.abtnr
fmitglieder f	vwgrad, vorname	f.persnr
abteilg a	abtname	a.abtnr

Die Verknüpfungsfunktion verbindet über den Schlüssel *persnr* die Tabellen *persdat* und *fmitglieder* und über den Schlüssel *abtnr* die Tabellen *persdat* und *abteilg*.

```
SELECT                                              (A5603)
  pname, pvname, abtname, vwgrad, ':', vorname
FROM persdat p, fmitglieder f, abteilg a
WHERE p.persnr = f.persnr      AND
      p.abtnr = a.abtnr        AND
      (f.vwgrad = 'm'   OR
      f.vwgrad = 'f')
```

Ergebnis:

PNAME	PVNAME	ABTNAME	VWGRAD		VORNAME
Meier	Adam	Leitung	f	:	Hanna
Luft	Friedrich	Steuerung	f	:	Beate
Meyer	Luise	Transport	m	:	Heinrich

Die Auswahlbedingungen können sich auf mehrere Spalten beziehen. Auch können Spaltenwerte aus mehreren Tabellen in Rechenoperationen eingebunden werden. Das können Sie anhand des nachstehenden Beispiels nachvollziehen.

Beispiel: Der Geschäftsleiter läßt sich anzeigen, welche Leistungen mit wieviel Stunden am 1.3.94 für den Auftrag 2222 erbracht worden sind. Join-Analyse:

Angesprochene Tabellen und Alias-Namen	**Angesprochene Tabellenspalten**	**Verknüpfungs-spalten**
tposten tp	aufnr, tartnr, tstd	tp.tartnr
tarten ta	tbez, tpreis	ta.tartnr

```
SELECT aufnr, tp.tartnr, tbez, tstd * tpreis  (A5604)
FROM tposten tp, tarten ta
WHERE tp.tbnr   = 940301    AND
      tp.aufnr  = 2222      AND
      tp.tartnr = ta.tartnr
```

Ergebnis:

AUFNR	TARTNR	TBEZ	TSTD*TPREIS
2222	4	Projektentwurf	360.0000
2222	2	Vorbesprechung	400.0000
2222	6	Zeichnen	540.0000
2222	7	Schreibarbeiten	520.0000

Durch die Möglichkeit, Auswahlbedingungen festzulegen und Bedingungen zu verknüpfen, kann der Nutzer der Datenbank exakt die Informationen aus der Datenbank gewinnen, die er benötigt.

5.7 Verknüpfungen innerhalb der gleichen Tabelle (Self-Joins)

Logische Verknüpfungen von Zeilen innerhalb der gleichen Tabelle nennt man Self-Joins oder Auto-Joins. Vor der Verknüpfung spaltet man die Tabelle mit Alias-Bezeichnern auf. Self-Joins laufen nicht in der JET-Datenbank.

Beispiel: Die Geschäftsleitung will wissen, welche männlichen Mitarbeiter das gleiche Gehalt beziehen wie weibliche Mitarbeiter.

Die Join-Analyse zeigt, daß alle Informationen in der Tabelle *persdat* stehen. Deshalb wird die Tabelle durch folgende Angabe in der FROM-Klausel in zwei Untertabellen aufgeteilt:

```
FROM persdat mann, persdat frau
```

Die logische Zuordnung der Tabellenzeilen zu den Untertabellen erfolgt mit Zuordnungsbedingungen:

```
mann.geschlecht = "M"
frau.geschlecht = "W"
```

Join-Analyse:

Angesprochene Tabellen und Alias-Namen	Angesprochene Tabellenspalten	Verknüpfungs-spalten
persdat mann	mann.gehalt, mann.pname	mann.geschlecht = 'M'
persdat frau	frau.pname	frau.geschlecht = 'W'

```
    SELECT mann.gehalt, mann.pname,                 (A5701)
➪            mann.geschlecht, frau.pname, frau.geschlecht
    FROM persdat mann, persdat frau
    WHERE mann.geschlecht = "M" AND
          frau.geschlecht = "W" AND
              mann.gehalt = frau.gehalt
```

Ergebnis:

GEHALT	PNAME	GESCHLECHT	PNAME	GESCHLECHT
2450.00	Meieris	M	Meyer	W

Nur der Mitarbeiter Meieris verdient dasselbe Gehalt wie die Mitarbeiterin Meyer.

5.8 Übungen

UE5801: Aus den Tabellen *tposten, tarten* und *auftrag* sollen die Auftragsnummern, die Auftragshöhe, die Personalnummern, die Tätigkeitsarten und die Leistungen der Mitarbeiter für den Auftrag 1111 angezeigt werden.

UE5802: Die Personalnummern und Namen jener Mitarbeiter, die Familienangehörige besitzen, sind mit Anzahl und Zuschlag anzuzeigen (Inner-Equi-Join).

UE5803: Die Personalnummern und Namen aller Mitarbeiter sind anzuzeigen. Bei den Mitarbeitern mit Familienangehörigen sind ebenfalls die Familienmitgliedsnummer und der Zuschlag auszugeben (Outer-Equi-Join in INFORMIX, ORACLE und GUPTA).

UE5804: Welche Mitarbeiter haben am 1.3.1994 am Auftrag 4444 gearbeitet? Personalnummern, Namen, Tätigkeitsarten und Tätigkeitsstunden sind auszugeben.

UE5805: Alle Mitarbeiter der Abteilung 3, die mehr verdienen als der Mitarbeiter der Abteilung 4 mit dem höchsten Gehalt, sind mit der Personalnummer anzuzeigen (Self-Join).

5.9 Lösungen

UE5801:

```
SELECT a.aufnr, aufwert, persnr, tbez,
➪       tstd * tpreis
  FROM auftrag a, tposten tp, tarten ta
  WHERE tp.tartnr = ta.tartnr    AND
         tp.aufnr = a.aufnr      AND
          a.aufnr = 1111
```

UE5802:

```
SELECT p.persnr, pname, fmnr, zuschlag
  FROM persdat p, fmitglieder f
  WHERE p.persnr = f.persnr
```

UE5803:
(Lösung I)

```
SELECT p.persnr, pname, fmnr, zuschlag
  FROM persdat p, OUTER fmitglieder f
  WHERE p.persnr = f.persnr
```

UE5803:
(Lösung O)

```
SELECT p.persnr, pname, fmnr, zuschlag
  FROM persdat p, fmitglieder f
  WHERE p.persnr = f.persnr (+)
```

(Lösung J)

```
SELECT p.persnr, pname, fmnr, zuschlag
  FROM persdat p LEFT JOIN fmitglieder f
  ON p.persnr = f.persnr
```

UE5804:

```
SELECT p.persnr, pname, aufnr, tp.tartnr, tstd
  FROM persdat p, tposten tp, tarten ta
  WHERE p.persnr = tp.persnr     AND
       tp.tartnr = ta.tartnr     AND
           aufnr = 4444          AND
            tbnr = 940301
```

UE5805:

```
SELECT DISTINCT abt3.persnr, abt3.gehalt
  FROM persdat abt3, persdat abt4
  WHERE abt3.abtnr = 3       AND
        abt4.abtnr = 4       AND
      abt3.gehalt > abt4.gehalt
```

6 Bedingungen in SELECT-Unterabfragen formulieren (Subqueries)

6.1 Unterabfragen mit relationalen Operatoren

Die Unterabfrage ist eine in Klammern eingeschlossene SELECT-Anweisung innerhalb der WHERE-Klausel einer anderen SELECT-Anweisung. Da die Unterabfragen innerhalb einer SELECT-Abfrage angeordnet werden, nennt man sie auch nested queries. Man benötigt sie in den Fällen, in denen die Suchbedingung vom Ergebnis einer anderen Abfrage abhängt.

Beispiel: Die Geschäftsleitung will wissen, welche Mitarbeiter weniger als das durchschnittliche Gehalt beziehen.

Um diese Frage beantworten zu können, sind zwei Schritte erforderlich. Im ersten Schritt muß das Durchschnittsgehalt festgestellt werden:

```
SELECT AVG(gehalt) FROM persdat                    (A6100A)
```

Ergebnis: Durchschnittsgehalt
3775.00

Das Durchschnittsgehalt beträgt 3775 DM. Im zweiten Schritt ist zu ermitteln, wessen Gehalt kleiner ist als das berechnete Durchschnittsgehalt.

```
SELECT pname, gehalt FROM persdat                  (A6100B)
WHERE gehalt < 3775.00
```

Ergebnis:

PNAME	GEHALT
Meyer	2450.00
Meieris	2450.00

Nur die Mitarbeiter Meyer und Meieris verdienen weniger als 3775.00 DM.

Unter Verwendung einer SELECT-Unterabfrage lautet die SQL-Anweisung:

```
SELECT pname, gehalt FROM persdat                  (A6101)
WHERE gehalt <
  (
  SELECT AVG(gehalt) FROM persdat
  )
```

Ergebnis:

PNAME	GEHALT
Meyer	2450.00
Meieris	2450.00

In der obigen Abfrage A6101 wird der Vergleichswert nicht mehr unmittelbar angegeben. Vielmehr wird er durch die eingeschachtelte Unterabfrage geliefert.

Unterabfragen können in mehreren Ebenen geschachtelt sein. Sie werden in umgekehrter Reihenfolge der Ebenen abgearbeitet, die Unterabfrage auf der untersten Ebene immer zuerst. In Unterabfragen können alle im Zugriff befindlichen Tabellen angesprochen werden, also auch die Tabelle der Hauptabfrage. Außer beim Einsatz des Operators EXISTS bezieht sich eine Unterabfrage stets nur auf eine Spalte.

Liefert die Unterabfrage genau einen Wert, so kann wie im obigen Beispiel die Unterabfrage mit einem relationalen Operator eingeleitet werden. Dieser Fall liegt immer dann vor, wenn in ihr Aggregatfunktionen eingesetzt werden.

Die Anweisung A6101 setzt sich aus zwei selbständigen Abfragen A6100A und A6100B zusammen. Man bezeichnet sie deshalb auch als **unabhängige Unterabfrage**.

Ein weiteres Beispiel mag die Konstruktion einer unabhängigen Unterabfrage verdeutlichen. Die Mitarbeiter der Abteilung 4 sind der Meinung, daß sie zuwenig verdienen. Sie wollen feststellen, welche anderen Mitarbeiter mehr verdienen als das höchste Gehalt in ihrer Abteilung.

```
SELECT pname, gehalt FROM persdat              (A6102)
WHERE gehalt >
  (
  SELECT MAX(gehalt) FROM persdat
    WHERE abtnr = 4
  )
```

Ergebnis:	PNAME	GEHALT
	Luft	4500.00
	Volt	4200.00
	Bind	4000.00
	Meier	5000.00

Da bei Eingabe der Anweisung das höchste Gehalt mit 3800 DM aus Abteilung 4 nicht bekannt ist, wurde hinter dem Operator > anstelle des unbekannten Betrages die SELECT-Unterabfrage formuliert, die das höchste Gehalt ermittelt. Die Unterabfrage konnte mit einem relationalen Operator eingeleitet werden, weil die Aggregatfunktion genau einen Wert als Ergebnis hat.

6.2 Unterabfragen mit ALL und ANY

Ist eine Unterabfrage einzuleiten, die einen oder mehrere Werte liefert, so sind die Operatoren ALL und ANY zusammen mit den relationalen Operatoren <, >, <=, >= zu verwenden. Die Abfrage mit Unterabfrage baut sich dann wie folgt auf:

```
WHERE vergleichsspaltenname relationaler_operator ALL/ANY
    (
    SELECT vergleichsspaltenname
    FROM tabellenname
    [WHERE bedingung]
    )
```

Der hinter der WHERE-Bedingung des Haupt-SELECTs eingesetzte Vergleichsspaltenname muß auch in der Unterabfrage als Vergleichsspaltenname verwendet werden. Vergleichsspaltennamen können vom Typ Zahl, Zeichenfeld oder Datum sein.

6.2.1 Operator ALL

Numerischer Vergleich
Mit ALL wird in der Unterabfrage ein Vergleichswert aus einer Gruppe abgefragt. Eine Gruppe innerhalb der Tabelle *persdat* können zum Beispiel die Mitarbeiter der Abteilung 3 bilden; ein Vergleichswert kann das Gehalt sein.

Beispiel: Der Personalleiter will erfahren, wer gleich viel oder mehr verdient als der Mitarbeiter mit dem höchsten Gehalt in Abteilung 3. Name, Abteilung und Gehalt sind anzuzeigen.

```
SELECT pname, abtnr, gehalt                          (A6201)
FROM persdat
WHERE gehalt >= ALL
(
SELECT gehalt
FROM persdat
WHERE abtnr = 3
)
```

Ergebnis:

PNAME	ABTNR	GEHALT
Luft	3	4500.00
Meier	1	5000.00

Gleich viel oder mehr als 4500 DM verdienen Luft und Meier.
Wenn Sie für die Gehälter der Abteilung 3 eine Unterabfrage mit **>= ALL** einleiten, ermittelt der Operator ALL (englisch: alle) aus allen in der Abteilung 3 vorhandenen Gehältern das höchste und gibt in der Hauptabfrage solche Zeilen aus, in denen das Gehalt größer ist. Das höchste Gehalt in Abteilung 3 beträgt 4500 DM.
Eine Unterabfrage darf sich auch auf eine Spalte beziehen, die in der Hauptabfrage angesprochen wird. Diese Form der Unterabfrage nennt man **abhängige, korrelierte Unterabfrage.** Folgendes Beispiel zeigt eine solche Unterabfrage.

Beispiel: Welche Mitarbeiter haben im Februar 1994 mehr als 4000 DM verdient?

```
SELECT persnr, pname FROM persdat p            (A6202)
WHERE 4000 < All
(
SELECT mgehalt FROM mgehalt
WHERE p.persnr = persnr AND
          jahr = 94     AND
         monat = 2
)
```

Ergebnisliste:	PERSNR	PNAME
	8	Volt
	5	Luft
	1	Eifer
	10	Meier

In der Unterabfrage wird auf die Spalte *p.persnr* der Hauptabfrage Bezug genommen.

Die folgende Übersicht zeigt die Wirkungsweise der relationalen Operatoren mit ALL allgemein an:

Operatoren:	**Auswahl in der Vergleichsgruppe:**	**Anzeige mit der Hauptabfrage: Alle Zeilen mit ...**
> ALL	höchster Wert	größeren Vergleichswerten
>= ALL	höchster Wert	größeren und gleichen Vergleichswerten
< ALL	kleinster Wert	geringeren Vergleichswerten
<= ALL	kleinster Wert	geringeren und gleichen Vergleichswerten

Zeichenfeld als Vergleichsspalte

Bei Zeichenfeldern tritt an die Stelle größerer und kleinerer numerischer Werte die Sortierordnung im ASCII-Code.

Beispiel: Welche Mitarbeiter haben «kleinere» Namen als der Mitarbeiter mit dem «kleinsten» Namen in Abteilung 3? Name, Abteilung und Gehalt sind auszugeben.

```
SELECT pname, abtnr, gehalt                                  (A6203)
FROM persdat
WHERE pname < ALL
(
SELECT pname
FROM persdat
WHERE abtnr = 3
)
```

Ergebnisliste:

PNAME	ABTNR	GEHALT
Eifer	4	3800.00
Bind	2	4000.00

Der Name Luft ist der Name mit dem «kleinsten» Wert in der Vergleichsgruppe Abteilung 3. Eifer und Bind sind «kleinere» Namen.

Datumsfeld als Vergleichsspalte
Bei Datumsfeldern wird das größere oder kleinere Datum verglichen.

Beispiel: Welche Mitarbeiter sind noch früher als der Mitarbeiter mit dem niedrigsten Eintrittsdatum in der Abteilung 3 in das Unternehmen eingetreten?

```
SELECT pname, eintritt                                       (A6204)
FROM persdat
WHERE eintritt < ALL
(
SELECT eintritt
FROM persdat
WHERE abtnr = 3
)
```

Ergebnisliste:

PNAME	EINTRITT
Meier	01.01.1975

Das niedrigste Eintrittsdatum in Abteilung 3 ist der 1.2.80. Nur Meier ist davor eingetreten.

6.2.2 Operator ANY

Der Operator ANY (englisch: irgendeiner) fragt bei **> ANY** in der Unterabfrage ab, welcher Wert größer ist als irgendein Wert in der Vergleichsgruppe. Das ist jeder Wert, der größer ist als der kleinste Gruppenwert. Bei **< ANY** lautet die Frage: Welcher Wert ist kleiner als irgendein Wert in der Vergleichsgruppe? Das ist jeder Wert, der kleiner ist als der größte Gruppenwert.

Beispiel: Wer erhält ein Gehalt, das größer ist als irgendein Gehalt (also das kleinste Gehalt) in der Gruppe Abteilung 3? Hinweis: In Abteilung 3 verdient Meieris am wenigsten, nämlich 2450 DM. Außer Meyer verdienen alle anderen mehr.

```
SELECT pname, abtnr, gehalt                        (A6206)
  FROM persdat
  WHERE gehalt > ANY
(
SELECT gehalt
  FROM persdat
  WHERE abtnr = 3
)
```

Ergebnis:

PNAME	ABTNR	GEHALT
Eifer	4	3800.00
Strom	2	3800.00
Luft	3	4500.00
Volt	3	4200.00
Bind	2	4000.00
Meier	1	5000.00

Auch der ANY-Operator kann mit Zeichen- und Datumsfeldern kombiniert werden. Wir beschränken die Darstellung jedoch auf die Abfrage eines numerischen Feldes. Die folgende Übersicht zeigt die Wirkungsweise der relationalen Operatoren mit ANY allgemein an:

Operatoren:	Auswahl in der Vergleichsgruppe:	Anzeige mit der Hauptabfrage: Alle Zeilen mit ...
> ANY	kleinster Wert	größeren Vergleichswerten
>= ANY	kleinster Wert	größeren und gleichen Vergleichswerten
< ANY	größter Wert	geringeren Vergleichswerten
<= ANY	größter Wert	geringeren und gleichen Vergleichswerten

6.3 Unterabfragen mit IN und EXISTS

Die Operatoren IN und EXISTS prüfen in der Unterabfrage, ob eine in der Hauptabfrage gestellte Bedingung erfüllt wird.

6.3.1 Operator IN

Eine SQL-Anweisung mit einer IN-Unterabfrage baut sich wie folgt auf:

```
SELECT spaltenauswahl [,spaltenname, ...]
FROM haupttabellenname [, haupttabellenname, ...]
WHERE vergleichsspaltenname [NOT] IN
(
SELECT vergleichsspaltenname
FROM untertabellenname
[WHERE haupttabelle.vergleichsspalte =
            untertabelle.vergleichsspalte]
)
```

Der Operator IN wird in der Regel zur Suche in anderen Tabellen eingesetzt. Er prüft nacheinander für jeden Wert aus der Vergleichsspalte der Haupttabelle, ob dieser Wert in der Vergleichsspalte der Untertabelle steht, bei NOT IN, ob er nicht darin steht. Die Namen der Vergleichsspalten in der Hauptabfrage und in der Unterabfrage müssen gleich sein.

Die Hauptabfrage kann sich auf mehrere Spalten und Tabellen beziehen. In der Unterabfrage ist auch eine WHERE-Klausel zulässig.

Beispiel: Welche Mitarbeiter haben keine Familienmitglieder?

```
SELECT persnr, pname, pvname                              (A6302)
FROM  persdatp
WHERE persnr NOT IN
(
SELECT persnr
  FROM fmitgliederf
  WHERE p.persnr = f.persnr
)
```

Ergebnis:

PERSNR	PNAME	PVNAME	
9	Bind	Gisela	
7	Meieris	Heinz	
4	Strom	Claudius	
1	Eifer	Rik	

Das folgende Beispiel zeigt eine Anwendung des Operators NOT IN. Es ist die Frage zu beantworten, welcher Mitarbeiter aus welcher Abteilung am 1.3.94 keine Tätigkeit für einen Auftrag ausgeführt hat.

Join-Analyse:

Angesprochene Tabellen und Alias-Namen	Angesprochene Tabellenspalten	Verknüpfungs-spalten
persdat p	persnr, pname	p.abtnr
abteilg a	abtname	a.abtnr

```
SELECT p.persnr, pname, abtname                    (A6303)
  FROM persdat p, abteilg a
  WHERE p.abtnr = a.abtnr AND
        p.persnr NOT IN
(
SELECT persnr
  FROM tposten
  WHERE tbnr = 940301
)
```

Ergebnis:	PERSNR	PNAME	ABTNAME
	9	Bind	Verwaltung
	4	Strom	Verwaltung

Der Unterabfragen-Operator IN erzeugt ein Abfrageergebnis, das auch mit dem Operator = **ANY** oder bei Unterabfragen mit einer einzigen Ergebnisreihe mit dem Operator = erreicht wird.

6.3.2 Operator EXISTS

Wenn in der Unterabfrage nur geprüft werden soll, ob darin gültige Vergleichswerte zum aktuellen Wert der Hauptabfrage existieren, so wird der Operator EXISTS verwendet. Eine SQL-Anweisung unter Verwendung von EXISTS baut sich wie folgt auf:

```
SELECT spaltenauswahl
   FROM haupttabellenname
   WHERE [NOT] EXISTS
(
SELECT *
FROM untertabellenname
[WHERE haupttabelle.vergleichsspalte =
            untertabelle.vergleichsspalte]
)
```

Hinter FROM darf nur eine einzige Tabelle aufgeführt werden, weil der EXISTS-Operator keine Join-Bedingungen zuläßt. Vor dem EXISTS-Operator wird kein definitiver Spaltenname eingesetzt.

Mit NOT EXISTS wird die Komplementärmenge der Tabelle angezeigt. Die Unterabfrage mit EXISTS wird in der Regel mit SELECT * eingeleitet. An die Stelle des Sterns kann auch irgendein Spaltenname aus der Haupttabelle treten.

Da bei EXISTS keine Vergleichsspalte die Verbindung zwischen Haupt- und Unterabfrage herstellt, **muß die Verknüpfung in der WHERE-Bedingung der Unterabfrage** vereinbart werden.

Beispiel: Welche in der Tabelle *persdat* genannten Mitarbeiter stehen auch in der Tabelle *fmitglieder*?

```
SELECT persnr, pname FROM persdat p          (A6304)
WHERE EXISTS
(
SELECT * FROM fmitglieder f
WHERE p.persnr = f.persnr
)
```

Ergebnis:

PNAME	PERSNR
Meyer	3
Luft	5
Volt	8
Meier	10

Anstelle des Sterns in der Unterabfrage kann jede in der Tabelle *persdat* vorhandene Spalte genannt werden. Ohne die Bedingung p.persnr = f.persnr in der Unterabfrage würden alle Zeilen aus *persdat* angezeigt, ein nicht gewolltes Ergebnis. Eine EXISTS-Unterabfrage ohne die Verknüpfung mit der Hauptabfrage in der WHERE-Klausel führt zu unrichtigen Ergebnissen. Aufgrund dieser notwendigen Verbindung zwischen Hauptabfrage und Unterabfrage gehören EXISTS-Unterabfragen zu den abhängigen Unterabfragen.
EXISTS-Abfragen beanspruchen mehr Rechnerzeit als IN-Abfragen. Es

ist daher zweckmäßig, sie durch IN-Abfragen oder möglicherweise durch Joins zu ersetzen, wie die nachstehenden Anweisungen zeigen.

```
SELECT persnr, pname FROM persdat p              (A6305)
  WHERE persnr IN
(SELECT persnr FROM fmitglieder f
   WHERE p.persnr = f.persnr)

SELECT DISTINCT p.persnr, pname                  (A6306)
  FROM persdat p, fmitglieder f
  WHERE p.persnr = f.persnr
```

Das folgende Beispiel zeigt die Anwendung des Operators NOT EXISTS.

Beispiel: Welche in der Tabelle *persdat* genannten Mitarbeiter stehen nicht in der Tabelle *fmitglieder*?

```
SELECT persnr, pname FROM persdat p              (A6307)
WHERE NOT EXISTS
(
SELECT * FROM fmitglieder f
WHERE p.persnr = f.persnr
)
```

Ergebnis:

PNAME	PERSNR
Eifer	1
Strom	4
Meieris	7
Bind	9

Regeln für den Einsatz von Unterabfragen

Aus den obigen Beispielen zu den Unterabfragen, die mit relationalen Operatoren oder mit den Operatoren ALL, ANY, IN, EXISTS eingeleitet werden, lassen sich folgende Regeln ableiten:

1. Wenn das Ergebnis einer Unterabfrage eine einzige Ergebnisreihe ist, kann die Unterabfrage mit relationalen Operatoren eingeleitet werden.

2. Führt die Unterabfrage zu mehr als einer Ergebnisreihe, dann müssen die Operatoren ALL, ANY, IN, EXISTS eingesetzt werden.
3. Wenn in der Unterabfrage nur geprüft werden soll, ob eine Tabellenzeile die gewünschte Bedingung erfüllt, wird der Operator EXISTS verwendet.
4. Unterabfragen werden in der Regel im Befehl SELECT eingesetzt. Sie können auch mit den Befehlen INSERT und UPDATE verwendet werden.

6.4 Synchronisierte Unterabfragen

In synchronisierten Unterabfragen wird in der Unterabfrage dieselbe Tabelle wie in der Hauptabfrage angesprochen. Um Vergleichsfelder in der Haupt- und in der Unterabfrage ansprechen zu können, wird die Tabelle aufgeteilt, indem der Tabelle in der Haupt- oder Unterabfrage oder in beiden ein Alias-Bezeichner zugeordnet wird.

Beispiel: Welche Gehälter sind größer als die Durchschnittsgehälter in der für den Mitarbeiter zutreffenden Abteilung? Mitarbeiter und Gehalt sind anzuzeigen.

In dieser Abfrage reicht es nicht aus, daß die Unterabfrage nur einmal durchgeführt wird. Es muß jedem Gehalt aus der Hauptabfrage das Durchschnittsgehalt der zutreffenden Abteilung gegenübergestellt werden. Dazu wird der Hauptabfrage die Alias-Bezeichnung *a* zugeordnet, damit über die Spalte *abtnr* die Verknüpfung

WHERE abtnr = a.abtnr

innerhalb der gleichen Tabelle definiert werden kann. Die SQL-Anweisung lautet dann:

```
SELECT persnr, abtnr, gehalt                    (A6401)
FROM persdat a
WHERE gehalt >
```

```
(
SELECT AVG(gehalt)
FROM persdat
WHERE abtnr = a.abtnr
)
```

Ergebnis:

PERSNR	ABTNR	GEHALT
1	4	3800.00
5	3	4500.00
8	3	4200.00
9	2	4000.00

Mit dem Alias-Bezeichner *a* in der FROM-Klausel wird die gerade bearbeitete Zeile der Hauptabfrage gekennzeichnet und das System angewiesen, die Unterabfrage für jede Zeile durchzuführen.
In der WHERE-Bedingung wird festgelegt, daß die Unterabfrage mit dem *abtnr*-Wert arbeitet, der in der Hauptabfrage in der Spalte *abtnr* der aktuellen Zeile steht.

6.5 Unterabfragen im Befehl INSERT

Die SELECT-Unterabfrage im INSERT-Befehl überträgt Daten aus einer oder mehreren Quelltabellen in eine Zieltabelle, die bereits angelegt sein muß.
Die Anweisung INSERT SELECT gestattet die Übertragung aller oder ausgewählter Zeilen und Spalten der Quelltabellen in die Zieltabelle. Die Spalten der Zieltabelle müssen im Typ und in der Größe genau den Spalten der Quelltabellen entsprechen, eine Übereinstimmung der Spaltennamen ist aber nicht erforderlich.

Beispiel: In die neu angelegte Tabelle *ueb* mit den Spalten *persnr* und *gehaltfzu* sollen aus der Tabelle *persdat* Werte übertragen werden.

Spalten der Quelltabelle:		Spalten der Zieltabelle:	
PERSNR	SMALLINT	PERSNR	SMALLINT
GEHALT	DECIMAL(8,2)	GEHALTFZU	DECIMAL(8,2)
GEHALT	DECIMAL(8,2)	PDECKUNG	DECIMAL(8,2)

Erstellen Sie die Tabelle *ueb*, die wir in den Abschnitten 6.5 und 6.6 einsetzen wollen.

```
CREATE TABLE ueb                                    (A6501)
  (
  persnr     SMALLINT,
  gehaltfzu  DECIMAL(8,2),
  pdeckung   DECIMAL(8,2)
  )
```

```
J: CREATE TABLE ueb                                 (A6501)
  (
  persnr     SMALLINT,
  gehaltfzu  NUMERIC,
  pdeckung   NUMERIC
  )
```

```
INSERT INTO ueb                                     (A6502)
  SELECT persnr, gehalt, gehalt * 3.6 AS pdeckung
    FROM persdat
```

```
SELECT * FROM ueb                                   (A6503)
```

Ergebnis:

PERSNR	GEHALTFZU	PDECKUNG
9	4000.00	14400.00
8	4200.00	15120.00
7	2450.00	8820.00
5	4500.00	16200.00
4	3800.00	13680.00
3	2450.00	8820.00
1	3800.00	13680.00
10	5000.00	18000.00

Beispiel: In die neu angelegte Tabelle *ueb* sollen aus der Tabelle *persdat* die Personalnummer und das mit dem Faktor 3.6 multiplizierte Gehalt sowie aus der Tabelle *mgehalt* das Januargehalt für den Mitarbeiter mit der Personalnummer 10 übertragen werden.

```
INSERT INTO ueb                                          (A6504)
  SELECT p.persnr, mgehalt, gehalt * 3.6
    FROM persdat p, mgehalt m
    WHERE p.persnr = m.persnr  AND
          p.persnr = 10        AND
              jahr = 94        AND
             monat = 1
```

```
SELECT * FROM ueb WHERE persnr = 10                      (A6505)
```

Ergebnis:	PERSNR	GEHALTFZU	PDECKUNG
	10	5000.00	18000.00
	10	5900.00	18000.00

In ORACLE, DB2/2 und JET können in dem SELECT-Zusatz auch Aggregatfunktionen eingesetzt werden. Da dann auch die GROUP-BY-Klausel und der UNION-Operator notwendig werden, die wir erst in Kapitel 7 erläutern, verweisen wir auf die Beispiele in Kapitel 8.

6.6 Unterabfragen im Befehl UPDATE

SELECT-Unterabfragen können bei der UPDATE-Anweisung sowohl in der WHERE-Klausel als auch in der SET-Klausel eingesetzt werden.

6.6.1 SELECT-Unterabfrage in der WHERE-Klausel

Mit der SELECT-Unterabfrage in der WHERE-Klausel des UPDATE-Befehls werden die Zeilen und die Spalten definiert, in denen Aktualisierungen erfolgen sollen.

Beispiel: Der Personalchef erhöht das Gehalt in der Spalte *GEHALTFZU* der Tabelle *ueb* um 99 DM für die Mitarbeiter, die im Januar 1994 weniger als 3000 DM verdient haben.

```
UPDATE ueb                                       (A6601)
  SET gehaltfzu = gehaltfzu + 99
  WHERE persnr IN
(
SELECT persnr
  FROM mgehalt
  WHERE jahr = 94     AND
       monat = 1      AND
     mgehalt < 3000
)
```

In der SET-Klausel der UPDATE-Anweisung wird mit dem arithmetischen Ausdruck *gehaltfzu + 99* die Erhöhung vereinbart. In der SELECT-Unterabfrage wird definiert, daß nur die Zeilen in der Tabelle *ueb* berücksichtigt werden dürfen, in denen im Januar des Jahres 1994 die Spalte *mgehalt* der Tabelle *mgehalt* einen Betrag unter 3000 DM ausweist. Da im Januar nur der Mitarbeiter mit der Personalnummer 7 weniger als 3000 DM verdient hat, wird nur diese Zeile in der Tabelle *ueb* geändert.
In der Regel muß in der SELECT-Unterabfrage eine andere Tabelle angesprochen werden. Nur in ORACLE und JET ist es möglich, die Unterabfrage auch in der gleichen Tabelle vorzunehmen, die in der Hauptabfrage verwendet wird.

Beispiel: Der Personalchef erhöht das Gehalt um 99 DM für die Mitarbeiter, die in ihrer Abteilung derzeit das geringste Gehalt beziehen. Diese Anweisung läuft nur in ORACLE.

```
UPDATE persdat A                                 (A6602)
  SET gehalt = gehalt + 99
  WHERE gehalt =
(
SELECT MIN(gehalt)
  FROM persdat B
  WHERE A.abtnr = B.abtnr
)
```

Um den Vergleich zwischen dem in der aktuellen Zeile der Hauptabfrage gespeicherten Gehalt und dem geringsten Gehalt innerhalb der aktuellen Abteilung definieren zu können, wird die Tabelle *persdat* aufgeteilt. Der Tabelle *persdat* wird in der Hauptabfrage der Alias-Bezeichner *A* und in der Unterabfrage der Alias-Name *B* zugewiesen.
Sie sollten die Gehaltserhöhungen wieder rückgängig machen, um die nachfolgenden Beispiele mit den gleichen Werten nachvollziehen zu können.

6.6.2 SELECT-Unterabfrage in der SET-Klausel

Mit dem SELECT-Befehl hinter SET wird der Wert definiert, der in eine Spalte hineingeschrieben werden soll. Diese wichtige Möglichkeit bieten die Datenbanken INFORMIX und ORACLE. In DB2/2 und JET wird der Einsatz des SELECT-Befehls hinter SET abgewiesen. Die nachfolgende Anweisung A6603 kann jedoch in DB2 mit Version 2 (ab 1996) eingesetzt werden.

Beispiel: In der Tabelle *ueb* sollen in die Spalte *gehaltfzu* die Familienzuschußbeträge aus der Tabelle *fmitglieder* addiert werden. Familienzulagen erhalten nur die Mitarbeiter 3, 5, 8 und 10. Zum besseren Verständnis werden die Werte in der folgenden Übersicht ausgewiesen:

PERSNR	GEHALTFZU VOR UPDATE IN UEB	ZUSCHLAG IN DER TABELLE FMITGLIEDER	GEHALTFZU NACH UPDATE IN UEB
3	2450.00	60.00	2510.00
5	4500.00	60.00 + 40.00	4600.00
8	4200.00	40.00	4240.00
10	5000.00	60.00 + 40.00 + 60.00	5160.00

In der obigen Aufgabe werden die Tabellen *ueb* und *fmitglieder* angesprochen. Deshalb wird eine Join-Analyse durchgeführt und *persnr* als Verknüpfungsspalte definiert.

Hinweis: Bei INFORMIX ist es nicht möglich, für *ueb* eine Alias-Bezeichnung wie zum Beispiel *G* einzusetzen. Die Anweisung läuft aber bei Verwendung des vollen Tabellennamens.

Join-Analyse:

Angesprochene Tabellen und Alias-Namen	Angesprochene Tabellenspalten	Verknüpfungs-spalten
ueb ueb		ueb.persnr
fmitglieder f	zuschlag	f.persnr

Um die Summe der Familienzuschläge eines Mitarbeiters zu übertragen, wird in der SET-Klausel der Ausdruck

SUM(zuschlag) + gehaltfzu

eingesetzt.
Damit nur die vier Zeilen mit den Personalnummern 3, 5, 8 und 10 angesprochen werden und nicht alle Zeilen der Tabelle *ueb*, wird mit der mit IN eingeleiteten SELECT-Unterabfrage

(SELECT persnr FROM fmitglieder)

vereinbart, daß nur solche Zeilen geändert werden, deren Personalnummern auch in der Tabelle *fmitglieder* gespeichert sind. Die SQL-Anweisung lautet dann:

```
UPDATE ueb                                    (A6603)
SET gehaltfzu =
  (SELECT SUM(zuschlag) + gehaltfzu
     FROM fmitglieder f
     WHERE f.persnr = ueb.persnr
  )
WHERE persnr IN
  (SELECT  persnr FROM fmitglieder)
```

Anhand der SQL-Anweisung

```
SELECT * FROM ueb                             (A6503)
```

können Sie sich von der korrekten Befehlsausführung überzeugen.

Ergebnis:

PERSNR	GEHALTFZU	PDECKUNG
9	4000.00	14400.00
8	4240.00	15120.00
7	2549.00	8820.00
5	4600.00	16200.00
4	3800.00	13680.00
3	2510.00	8820.00
1	3800.00	13680.00
10	5160.00	18000.00
10	6060.00	18000.00

6.7 Unterabfragen im Befehl CREATE

In ORACLE haben Sie die Möglichkeit, eine Basistabelle zu erstellen, indem Sie mit der AS-SELECT-Unterabfrage die Struktur und die Daten aus einer anderen Tabelle in die neue Tabelle übertragen.

Beispiel: Es sollen für eine bestimmte Anwendung die Personalnummer und der Name der Mitarbeiter aus der Tabelle *persdat* in die Tabelle *vers* übertragen werden.

Nur in ORACLE:

```
CREATE TABLE vers (persnr, name)                (A6701)
  AS SELECT persnr, pname
     FROM persdat
```

6.8 Übungen

UE6901: Welche Mitarbeiter aus Abteilung 4 haben im Februar 1994 mehr verdient als das Durchschnittsgehalt dieses Monats?

UE6902: Die Mitarbeiter, die im Januar 1994 gleich viel oder mehr verdient haben als die Mitarbeiterin mit dem höchsten Gehalt, sind mit Namen und Gehalt anzuzeigen.

UE6903: Die männlichen Mitarbeiter, die im Januar 1994 gleich viel oder mehr verdient haben als die Mitarbeiterin mit dem kleinsten Gehalt, sind mit Namen und Gehalt anzuzeigen.

UE6904: Welche Mitarbeiterinnen haben keine Familienmitglieder? Lösen Sie die Aufgabe mit dem Operator IN.

UE6905: Welche Mitarbeiterinnen haben keine Familienmitglieder? Lösen Sie die Aufgabe mit dem Operator EXISTS.

UE6906: Stellen Sie fest, welche Tätigkeitsarten am 1.3.1994 nicht ausgeführt worden sind. Lösen Sie die Aufgabe mit dem Operator IN.

UE6907: Stellen Sie fest, welche Tätigkeitsarten am 1.3.1994 nicht ausgeführt worden sind. Lösen Sie die Aufgabe mit dem
Operator EXISTS.

UE6908: Auszugeben sind die Personalnummer, das Geschlecht und das Grundgehalt jener Mitarbeiter und Mitarbeiterinnen, die jeweils weniger verdienen als das Durchschnittsgehalt der Männer und der Frauen (synchronisierte Unterabfrage).

UE6909: Erstellen Sie die Tabelle *ziel* mit den Spalten *persnr* und *zgehalt*:

```
   CREATE TABLE ziel
     (persnr   SMALLINT,
      zgehalt  DECIMAL(8,2)
     )
J: CREATE TABLE ziel
     (persnr   SMALLINT,
     zgehalt   NUMERIC)
```

Übertragen Sie in diese Tabelle die entsprechenden Werte aus der Tabelle *persdat* mit dem Befehl INSERT INTO SELECT, und vermindern Sie dabei gleichzeitig das Grundgehalt um 3.5 %.
Bei der Lösung für die JET-Datenbank müssen die CREATE- und die INSERT-Anweisung einzeln eingegeben werden. Die Eingabe einer Kommandodatei ist nicht möglich. Verwenden Sie auch den Zusatz *AS zgehalt* hinter *gehalt * 0,965*.

UE6910: Erhöhen Sie in der Tabelle *ziel* das *zgehalt* um 333.33 DM für jene Mitarbeiter, die im Februar zwischen 2000 und 3800 DM einschließlich verdient haben. Setzen Sie dazu im UPDATE-Befehl die SELECT-Unterabfrage im WHERE-Zweig ein.

UE6911: Erhöhen Sie in der Tabelle *ziel* das *zgehalt* um die Familienzuschläge für Ehefrauen und Ehemänner aus der Tabelle *fmitglieder*. Setzen Sie dazu im UPDATE-Befehl die SELECT-Unterabfrage im SET-Zweig ein. Das ist nur in INFORMIX und ORACLE möglich.

6.9 Lösungen

UE6901:

```
SELECT p.persnr, pname, abtnr, mgehalt
  FROM persdat p, mgehalt m
  WHERE p.persnr = m.persnr    AND
           abtnr = 4           AND
            jahr = 94          AND
           monat = 2           AND
         mgehalt >
 (SELECT AVG(mgehalt) FROM mgehalt
     WHERE jahr = 94           AND
          monat = 2)
```

UE6902:

```
SELECT pname, mgehalt FROM persdat p, mgehalt m
  WHERE p.persnr = m.persnr    AND
            jahr = 94          AND
           monat = 1           AND
         mgehalt >= ALL
    (SELECT mgehalt FROM mgehalt m, persdat p
       WHERE p.persnr = m.persnr AND
                 jahr = 94       AND
                monat = 1        AND
           geschlecht = 'W')
```

UE6903:

```
SELECT pname, mgehalt FROM persdat p, mgehalt m
  WHERE p.persnr = m.persnr     AND
             jahr = 94          AND
            monat = 1           AND
       geschlecht = 'M'         AND
          mgehalt >= ANY
  (SELECT mgehalt FROM mgehalt m, persdat p
     WHERE p.persnr = m.persnr AND
               jahr = 94       AND
              monat = 1        AND
         geschlecht = 'W')
```

UE6904:

```
SELECT persnr, pname, geschlecht FROM persdat
  WHERE geschlecht = 'W'  AND
         persnr NOT IN
  (SELECT persnr FROM fmitglieder)
```

UE6905:

```
SELECT persnr, pname, geschlecht FROM persdat p
  WHERE geschlecht = 'W'  AND
        NOT EXISTS
  (SELECT persnr FROM fmitglieder f
     WHERE p.persnr = f.persnr)
```

UE6906:

```
SELECT tartnr, tbez FROM tarten
  WHERE tartnr NOT IN
  (SELECT tartnr FROM tposten
     WHERE tbnr = 940301)
```

UE6907:

```
SELECT tartnr, tbez FROM tarten ta
  WHERE NOT EXISTS
  (SELECT * FROM tposten
     WHERE tartnr = ta.tartnr AND
              tbnr = 940301)
```

UE6908:

```
SELECT persnr, geschlecht, gehalt FROM persdat a
  WHERE gehalt <
  (SELECT AVG(gehalt) FROM persdat
     WHERE geschlecht = a.geschlecht)
```

UE6909:

```
CREATE TABLE ziel
  (persnr   SMALLINT,
   zgehalt  DECIMAL(8,2)
  );
INSERT INTO ziel
  SELECT persnr, gehalt * 0.965
    FROM persdat;
```

UE6910:

```
UPDATE ziel SET zgehalt = zgehalt + 333.33
  WHERE persnr IN
  (SELECT persnr FROM mgehalt
     WHERE jahr = 94   AND
          monat = 2    AND
          mgehalt BETWEEN 2000 AND 3800)
```

UE6911:

```
UPDATE ziel                        (nur ORACLE)
  SET zgehalt =
    (SELECT zgehalt + SUM(zuschlag)
       FROM fmitglieder f
       WHERE f.persnr = ziel.persnr  AND
             vwgrad IN('m','f'))
  WHERE persnr IN
    (SELECT persnr FROM fmitglieder)
```

7 Daten sortieren, gruppieren und Abfrageergebnisse kombinieren

Daten lassen sich leichter auswerten, wenn sie sortiert oder in Gruppen zusammengefaßt werden. Im SELECT-Befehl gibt es für das Sortieren den Zusatz ORDER BY und für das Gruppieren die Klausel GROUP BY. Auch kann es die Aufgabenstellung erfordern, die Ergebnisse mehrerer unabhängiger SELECT-Abfragen zu mischen. Dazu stehen in SQL die Operatoren UNION, INTERSECT und EXCEPT/MINUS zur Verfügung.

7.1 Daten sortieren

Beim Sortieren wird eine bestimmte Reihenfolge für die Ausgabe der Ergebniszeilen festgelegt. Dabei können die Werte jeder Spalte als Sortierkriterium vereinbart werden.
Sortiert werden Ziffern und Zeichenfolgen nach dem ASCII-Code. Das bedeutet bei Zeichenketten, daß Ziffern vor Großbuchstaben, Großbuchstaben vor Kleinbuchstaben und Kleinbuchstaben vor Sonderzeichen angeordnet werden.

Beispiel: Die Geschäftsleitung möchte sich die anrechenbaren Tätigkeiten der Mitarbeiter am 1.3.94 ansehen. Dazu sollen die Zeilen der Tabelle *tposten* nach der Personalnummer absteigend sortiert angezeigt werden.

```
SELECT persnr, aufnr, tartnr, tstd                (A7101)
  FROM tposten
  WHERE tbnr = 940301
  ORDER BY persnr DESC
```

Ergebnisliste:

PERSNR	AUFNR	TARTNR	TSTD
10	2222	4	3.00
10	2222	2	4.00
8	4444	2	8.00
7	2222	7	6.50
5	2222	6	6.00
3	4444	6	4.00
3	4444	7	3.00
1	4444	2	8.00

Die Sortierung wird durch die ORDER-BY-Klausel veranlaßt. Sie wird wie folgt aufgebaut:

ORDER BY spaltenname/spaltennummer [ASC/DESC]
[,spaltenname/spaltennummer [ASC/DESC], ...]

Die aufsteigende Sortierung ASC (ascending, deutsch: aufsteigend) ist die Voreinstellung der ORDER-BY-Klausel. Nur wenn absteigend DESC (descending, deutsch: absteigend) sortiert werden soll, muß dies im ORDER-Zusatz ausdrücklich vermerkt werden.
Sortiert wird nur, wenn der hinter ORDER BY genannte Spaltenname auch in der SELECT-Klausel angegeben ist. Diese Vorgabe gilt nicht in JET-Datenbanken. Es genügt allerdings auch, wenn Sie zur Spaltenauswahl das Zeichen * einsetzen. In jedem Fall muß die ORDER-BY-Klausel immer die letzte Klausel innerhalb der SELECT-Anweisung sein.
Sie können in der ORDER-BY-Struktur anstelle von Spaltennamen auch Spaltennummern einsetzen.

Beispiel: Die Tabelle *tposten* soll wie bei A7101 nach der Personalnummer absteigend sortiert werden. Anstelle des Spaltennamens soll die Spaltennummer in der ORDER-BY-Klausel verwendet werden.

```
SELECT persnr, aufnr, tartnr, tstd                (A7101A)
  FROM tposten
  WHERE tbnr = 940301
  ORDER BY 1 DESC
```

Die Reihenfolge, in der Sie hinter SELECT die Spaltennamen einsetzen, bestimmt die Spaltennummer:

Spaltennamen hinter SELECT:	persnr, aufnr, tartnr
Alternative Spaltennummern dann:	1 , 2 , 3

Wenn Sie die Tabelle nach den Auftragsnummern absteigend sortieren wollen, lautet die ORDER-BY-Klausel: ORDER BY 2 DESC.
Es können auch mehrere Spalten benannt werden, nach denen die Sortierung durchgeführt werden soll. Die Sortierung erfolgt dann hierarchisch so, daß die Sortierung nach dem zweiten Spaltennamen innerhalb der Sortierung nach dem ersten Spaltennamen erfolgt, die Sortierung nach dem dritten Spaltennamen innerhalb der Sortierung nach dem zweiten Spaltennamen usw.

Beispiel: Die Zeilen der Tabelle *tposten* vom 1.3.94 sollen nach den Auftragsnummern aufsteigend, innerhalb der Auftragsnummern nach Personalnummern absteigend und innerhalb gleicher Personalnummern nach Tätigkeitsarten aufsteigend sortiert angezeigt werden.

```
SELECT persnr, aufnr, tartnr, tstd                (A7102)
  FROM tposten
  WHERE tbnr = 940301
  ORDER BY 2, 1 DESC, tartnr
```

Ergebnis:	PERSNR	AUFNR	TARTNR	TSTD
	10	2222	2	4.00
	10	2222	4	3.00
	7	2222	7	6.50
	5	2222	6	6.00
	8	4444	2	8.00
	3	4444	6	4.00
	3	4444	7	3.00
	1	4444	2	8.00

Die Sortierklausel kann auch in Joins eingesetzt werden, wie die nachstehende Aufgabe zeigt.

Beispiel: Die Tabelle *tposten* mit den Werten vom 1.3.94 soll aufsteigend sortiert nach dem Produkt aus Stunden und Tätigkeitspreisen (Leistungswerte) und innerhalb gleicher Leistungswerte nach Personalnummern ausgegeben werden.

Da die Preise der Tätigkeitsarten nicht in der Tabelle *tposten*, sondern in der Tabelle *tarten* stehen, wird eine Join-Analyse vorgenommen:

Angesprochene Tabellen und Alias-Namen	**Angesprochene Tabellenspalten**	**Verknüpfungs-spalten**
tposten tp	persnr, aufnr, tartnr, tstd	tp.tartnr
tarten ta	tpreis	ta.tartnr

```
SELECT persnr, aufnr, tp.tartnr, tstd * tpreis
  FROM tposten tp, tarten ta
  WHERE tbnr = 940301     AND
   tp.tartnr = ta.tartnr
  ORDER BY 4, 1                                (A7103)
```

Ergebnis:	PERSNR	AUFNR	TARTNR	LEISTUNGSWERTE
	3	4444	7	240.0000
	3	4444	6	360.0000
	10	2222	4	360.0000
	10	2222	2	400.0000
	7	2222	7	520.0000
	5	2222	6	540.0000
	1	4444	2	800.0000
	8	4444	2	800.0000

Die Sortierung umfangreicher Tabellen kann sehr zeitaufwendig sein. Sie wird beschleunigt, wenn für die Tabellen Indexschlüssel vereinbart worden sind. Die Indizierung wird im Kapitel 10 behandelt.
In JET-Datenbanken können Sie mit dem Zusatz *TOP anzahl/percent* eine bestimmte Anzahl von Datensätzen anzeigen, die im oberen oder unteren Teil eines durch eine ORDER-BY-Klausel definierten Bereichs liegen.

Beispiel: Es sollen die 3 Mitarbeiter genannt werden, die am wenigsten verdienen:

```
J:        SELECT TOP 3 pname, gehalt              (A7104)
          FROM persdat
          ORDER BY gehalt ASC
```

Ergebnis:	PNAME	GEHALT
	Meyer	2450,00
	Meieris	2450,00
	Eifer	3800,00
	Strom	3800,00

Da die Mitarbeiter Eifer und Strom gleichviel verdienen, werden 4 Mitarbeiter genannt.

7.2 Zeilen gruppieren

Eine Vielzahl von Informationswünschen bezieht sich auf Gruppen von Daten. So möchte die Unternehmensleitung beispielsweise wissen, wie hoch die für die verschiedenen Aufträge erbrachten Leistungen sind. Die Leistungen pro Auftrag stellen in diesem Zusammenhang eine Gruppe dar.
Gruppieren heißt somit, daß solche Zeilen zu einer gemeinsamen Ausgabenreihe zusammengefaßt werden, die gleiche Schlüsselwerte haben. Programmierer ersehen aus dieser Formulierung, daß mit dem Gruppierungszusatz die Logik des Gruppenwechsels verwirklicht wird: ein Gruppenwechsel findet statt, sobald sich der Wert in einer Gruppierungsspalte ändert. Als Gruppierungsspalten können zum Beispiel die Spalte *geschlecht* in *persdat* oder *persnr* in *tposten* eingesetzt werden. Zur Gruppenbildung können eine oder mehrere Spalten benannt werden. Das ergibt sich aus der Syntax der GROUP-BY-Klausel:

GROUP BY spaltenname [, spaltenname, ...]

In der GROUP-BY-Klausel können nur solche Spaltennamen aufgeführt werden, die auch hinter der SELECT-Klausel genannt worden sind. Lediglich die hinter SELECT mit den SQL-Funktionen AVG(), SUM(), MIN(), MAX() und COUNT() definierten Spalten werden nicht in der GROUP-BY-Klausel aufgeführt.

Die folgenden Beispiele zeigen richtige und falsche Zusammenstellungen:

```
SELECT persnr FROM tposten
  GROUP BY persnr                  <- mögliche Abfrage
```

```
SELECT persnr, AVG(tstd)
  FROM tposten
  GROUP BY persnr                  <- mögliche Abfrage
```

```
SELECT persnr, tstd
  FROM tposten
  GROUP BY persnr                   <- falsche Abfrage
```

```
SELECT persnr, tstd
  FROM tposten
  GROUP BY persnr, tstd             <- mögliche Abfrage
```

Gruppenbildung mit einer Spalte

Beispiel: Der Chef will wissen, wieviel Stunden anrechenbarer Tätigkeiten im Februar (in unserer Speicherung am 28.2.94) für die einzelnen Aufträge geleistet worden sind. Folgende Liste wird gewünscht:

AUFNR	SUMME_DER_STUNDEN
1111	512.00
2222	218.00
3333	231.00

In dieser Aufgabe stellt der einzelne Auftrag eine Gruppe dar. Die Auftragsnummer dient als Gruppenschlüssel. Pro Auftragsnummer ist die Summe der Stunden zu ermitteln.

```
SELECT aufnr, sum(tstd)                                    (A7201)
  FROM tposten
  WHERE tbnr BETWEEN 940201 AND 940228
  GROUP BY aufnr
  ORDER BY aufnr
```

Der GROUP-BY-Zusatz steht in der SELECT-Anweisung nach den Zusätzen FROM und WHERE und vor ORDER BY. Der Gruppenbegriff wird, durch eine Leerstelle getrennt, hinter die GROUP-BY-Klausel geschrieben.

Gruppenbildung mit mehreren Spalten
Bei der obigen Aufgabenstellung handelt es sich um einen einstufigen Gruppenwechsel. Mit dem Wechsel der Auftragsnummer wird eine neue Zeile mit Angabe der Auftragsnummer und Summe ausgegeben. Die Gruppenbildung kann aber auch mehrstufig erfolgen.

Beispiel: Für eine Statistik wird die Untergliederung der in der Tabelle *tposten* für den 01.03.94 aufgelaufenen Stunden nicht nur nach Auftragsnummern verlangt, sondern auch danach, welcher Mitarbeiter sie geleistet hat. Der besseren Übersicht wegen soll die Anzeige sortiert erfolgen, und zwar aufsteigend nach Auftrags- und Personalnummer.

Folgende Ergebnisliste ist zu erstellen:

AUFNR	PERSNR	SUMME_DER_STUNDEN
2222	5	6.00
2222	7	6.50
2222	10	7.00
4444	1	8.00
4444	3	7.00
4444	8	8.00

Die SQL-Anweisung dazu lautet:

```
SELECT aufnr, persnr, SUM(tstd)                (A7203)
  FROM tposten
  WHERE tbnr = 940301
  GROUP BY aufnr, persnr
  ORDER BY aufnr, persnr
```

Bei dieser Abfrage handelt es sich um einen zweistufigen Gruppenwechsel. Die Auftragsnummer stellt die Obergruppe, die Personalnummer die Untergruppe dar. Diese Festlegung erfolgt durch die Reihenfol-

ge der Gruppenschlüssel hinter der GROUP-BY-Klausel. Der übergeordnete Gruppenbegriff wird zuerst genannt.
Ein Mangel in der Darstellung ist, daß keine Stundensummen je Auftrag ausgegeben werden: 19.5 Stunden für Auftrag 2222 und 23.00 Stunden für Auftrag 4444. Um eine Liste mit solchen Zwischensummen zu erhalten, muß SQL in eine Programmiersprache eingebettet werden, oder die Ausgabe muß mit dem in jedem System verfügbaren Listengenerator erstellt werden. Im interaktiven SQL erfahren Sie die Summen je Auftrag nur mit einer gesonderten Abfrage.

```
SELECT aufnr, SUM(tstd)                         (A7203A)
  FROM tposten
  WHERE tbnr = 940301
  GROUP BY aufnr
```

Ergebnis:	AUFNR	SUMME_DER_STUNDEN
	2222	19.50
	4444	23.00

Gruppierung in Joins
Der Gruppierungsparameter kann auch in Joins verwendet werden.

Beispiel: Ein Abteilungsleiter möchte für die einzelnen Aufträge nicht die verbrauchten Stunden wissen, sondern die Leistungswerte in DM. Dazu müssen die Stunden mit den für die Tätigkeiten festgelegten Verrechnungspreisen multipliziert werden.

Während in den vorigen Beispielen alle Informationen in der Tabelle *tposten* gespeichert sind, muß für die Lösung dieser Aufgabe zusätzlich der Preis der innerbetrieblichen Tätigkeiten in der Tabelle *tarten* gesucht werden. Außerdem muß dafür gesorgt werden, daß die verbrauchten Stunden mit den entsprechenden Tätigkeitspreisen multipliziert werden. Dazu werden die Zeilen der beiden Tabellen mit dem Schlüssel *tartnr* der Tätigkeitsarten miteinander verknüpft.

Join-Analyse:

Angesprochene Tabellen und Alias-Namen	Angesprochene Tabellenspalten	Verknüpfungs-spalten
tposten tp	aufnr	tp.tartnr
tarten ta		ta.tartnr

```
SELECT aufnr, SUM(tstd * tpreis)                (A7205)
  FROM tposten tp, tarten ta
  WHERE tp.tartnr = ta.tartnr
  GROUP BY aufnr
  ORDER BY aufnr
```

Ergebnisliste:	AUFNR	SUMME
	1111	50580.0000
	2222	21490.0000
	3333	21030.0000
	4444	2200.0000

Die Leistungssummen je Auftrag werden mit vier Nachkommastellen ausgegeben, weil die Spalten *tstd* und *tpreis* mit insgesamt vier Nachkommastellen eingerichtet worden sind.

Gruppierung in Unterabfragen

Gruppierungen können auch in verschachtelten Abfragen eingebracht werden.

Beispiel: Welche Mitarbeiter haben den Auftrag 1111 kalkuliert? Bei Formulierung der SQL-Anweisung soll nicht die Tätigkeitsnummer, sondern der Begriff «Kalkulation» angegeben werden. Auszugeben sind die Personalnummer und der Name des Mitarbeiters sowie die Bezeichnung seiner Abteilung. Folgende Ergebnisliste erfüllt die gestellte Anforderung:

Ergebnis:	PERSNR	PNAME	ABTNAME
	1	Eifer	Transport
	5	Luft	Steuerung
	8	Volt	Steuerung

Join-Analyse

Angesprochene Tabellen und Alias-Namen	Angesprochene Tabellenspalten	Verknüpfungs-spalten
persdat p	persnr, pname	p.persnr p.abtnr
abteilg a	abtname	a.abtnr
tposten tp		tp.tartnr
tarten ta		ta.tartnr

Die Auswahlbedingung besteht aus drei Elementen. Zum einen muß aus der Personaldatei auf die Abteilungsdatei geschlossen werden. Zum anderen interessiert nur die Tätigkeit Kalkulation. Für diese Tätigkeit muß die Tätigkeitsnummer aus der Tabelle *tarten* ermittelt werden. Schließlich sind aber nur die Aufträge mit der Auftragsnummer 1111 heranzuziehen. Die Personalnummern, die mit dem Auftrag 1111 beschäftigt waren, liefert eine eingeschachtelte Abfrage. In sie muß aber noch eine weitere eingenistet werden, um nur die Personalnummern herauszufiltern, die mit der Kalkulation beschäftigt waren. Die SQL-Anweisung lautet dann:

```
SELECT p.persnr, pname, abtname                (A7207A)
  FROM persdat p, abteilg a
  WHERE p.abtnr = a.abtnr  AND
        p.persnr IN
    (SELECT persnr FROM tposten
       WHERE tartnr IN
         (SELECT tartnr  FROM tarten
            WHERE tbez LIKE 'Kalkulation')   AND
         aufnr = 1111
       GROUP BY persnr)
```

7.3 Gruppen bedingungsabhängig auswählen

Bei der gruppenorientierten Auswertung interessieren oftmals nur die Gruppen, bei denen eine bestimmte Bedingung erfüllt ist. Mit der HAVING-Klausel vereinbaren Sie die Bedingung, unter der ein Gruppenergebnis ausgegeben wird.

Beispiel: In welcher Abteilung arbeiten mehr als zwei Mitarbeiter?

```
SELECT abtnr, COUNT(*)                                  (A7300)
  FROM persdat
  GROUP BY abtnr
  HAVING COUNT(*) > 2
```

Ergebnis:	ABTNR	ANZAHL
	3	3

An dem Ergebnis können Sie erkennen, daß nur die Nummer der Abteilung angezeigt wird, in der mehr als zwei Mitarbeiter beschäftigt sind. Die Ergebnisse der anderen Gruppen, die aufgrund unterschiedlicher Abteilungsnummern gebildet worden sind, sind nicht ausgegeben worden.
Die HAVING-Bedingung kann nur zusammen mit und für den Befehlsteil GROUP BY verwendet werden. Für die Formulierung der Bedingung hinter HAVING gelten die gleichen Regeln wie bei der WHERE-Klausel, mit der die Zeilenauswahl aus einer Tabelle vereinbart wird. Es können alle Operatoren genutzt sowie Unterabfragen eingeleitet werden. Es gibt jedoch eine wichtige Einschränkung. Die HAVING-Bedingung kann nur mit den Funktionen

- SUM(),
- AVG(),
- MIN(),
- MAX() und
- COUNT()

eingesetzt werden, um einen Vergleichswert zur Gruppensumme, zum Durchschnitt, Minimum oder Maximum sowie zur Mitgliederanzahl einer Gruppe zu suchen.

HAVING-Bedingungen bei numerischen Spalten

Wie Gruppenbedingungen bei numerischen Spalten vereinbart werden, zeigen wir in den folgenden drei Beispielen.

Beispiel: Die Verwaltung benötigt die Information, welche Mitarbeiter in den Monaten Januar und Februar jeweils mehr als 5000 DM ausgezahlt bekommen haben. Dabei soll auch angezeigt werden, ob die Person männlich oder weiblich ist.

Join-Analyse:

Angesprochene Tabellen und Alias-Namen	**Angesprochene Tabellenspalten**	**Verknüpfungs-spalten**
persdat p	pname, geschlecht	p.persnr
mgehalt m	monat, mgehalt	m.persnr

```
SELECT monat, pname, geschlecht, SUM(mgehalt) (A7301)
  FROM persdat p, mgehalt m
  WHERE p.persnr = m.persnr
  GROUP BY monat, pname, geschlecht
  HAVING SUM(mgehalt) > 5000
  ORDER BY monat
```

Ergebnis:	MONAT	PNAME	GESCHLECHT	MGEHALT
	1	Meier	M	5900.00
	2	Luft	M	6063.63
	2	Meier	M	6001.74

In dieser Anweisung erfolgt die Gruppenbildung nach Maßgabe des Monats, des Mitarbeiternamens sowie des Geschlechts. Das ist erforderlich, weil alle hinter SELECT angegebenen Spalten auch hinter der GROUP-BY-Klausel aufgeführt werden müssen. Lediglich die Spalten, die in eine Aggregatfunktion einbezogen sind, werden nicht in der GROUP-BY-Klausel aufgeführt. Mit

HAVING SUM(mgehalt) > 5000

wird festgelegt, daß nur solche Zeilen anzuzeigen sind, in denen das Gehalt den Betrag von 5000 DM übersteigt.
Aus wieviel Mitgliedern eine Gruppe besteht, ermittelt die Funktion COUNT(*). Sie wurde bereits im Eingangsbeispiel erwähnt, aber noch nicht erläutert. Das sei anhand des nachstehenden Beispiels nachgeholt.

Beispiel: In welchen Abteilungen arbeiten mehrere Mitarbeiter?

```
SELECT abtnr, COUNT(*)                                  (A7302)
  FROM persdat
  GROUP BY abtnr
  HAVING COUNT(*) > 1
  ORDER BY abtnr
```

Ergebnis:	ABTNR	ANZAHL
	2	2
	3	3
	4	2

Als Gruppenbegriff wurde die Abteilungsnummer festgelegt. Die Funktion COUNT(*) ermittelt, wie oft dieselbe Abteilungsnummer in der Tabelle auftritt. Die Bedingungsvereinbarung

HAVING COUNT(*) > 1

legt fest, daß nur jene Ergebniszeilen angezeigt werden, in denen der Anzahlwert größer als 1 ist.

HAVING-Bedingung bei nicht numerischen Spalten
Unter Verwendung der Funktionen MIN() und MAX() können auch nicht numerische Spalten in die Bedingung der HAVING-Klausel einbezogen werden. Das sei hier am Beispiel einer Datumsspalte aufgezeigt.

Beispiel: Die Geschäftsleitung möchte eine Übersicht darüber, welche geringsten Gehälter, gruppiert nach den Eintrittsterminen zwischen 1.1.80 und 1.1.86, an jeweils wieviel Mitarbeiter im Monat Februar gezahlt worden sind.

Join-Analyse:

Angesprochene Tabellen und Alias-Namen	Angesprochene Tabellenspalten	Verknüpfungs-spalten
persdat p	eintritt	p.persnr
mgehalt m	mgehalt	p.persnr

```
SELECT eintritt, MIN(mgehalt), COUNT(*)         (A7304)
  FROM persdat p, mgehalt m
  WHERE p.persnr = m.persnr AND
            jahr = 94       AND
            monat = 1
  GROUP BY eintritt
    HAVING MIN(eintritt) > '01.01.1980' AND
           MAX(eintritt) < '01.01.1986'
  ORDER BY eintritt
```

Achtung: In JET lauten die Datumsangaben #1980-1-1# und #1986-1-1#.

Ergebnis:	EINTRITT	MIN(MGEHALT)	ANZAHL
	01.02.1980	2700	3
	01.03.1984	3200	2
	15.05.1985	4250	2

7.4 Mit UNION Ergebnisausgaben verbinden

Mit UNION können SELECT-Abfragen verbunden werden. Die Ergebnisausgabe des Verbundes enthält dann sämtliche Ergebniszeilen der verbundenen Einzelabfragen. Voraussetzung für die UNION-Klausel ist jedoch, daß die in der Spaltenauswahl genannten Spalten in Typ und Größe in beiden SELECT-Anweisungen übereinstimmen. Eine Namensübereinstimmung ist nicht erforderlich.
Die Übereinstimmung der Spaltentypen und Spaltengrößen kann auch mit Ersatzspalten hergestellt werden. Beispiele:

Spaltenauswahl in der ersten SELECT-Anweisung		In Typ/Größe übereinstimmende Spalten der 2. SELECT-Anweisung	
fmnr	SMALLINT	persnr	SMALLINT
gehalt	DECIMAL(8,2)	mgehalt	DECIMAL(8,2)
pname	CHAR(12)	vorname	CHAR(12)
vorname	CHAR(12)	' '	Leerzeichenkette mit 12 Stellen

pname	CHAR(12)	''	Leerzeichenkette bei ORACLE
gehalt	DECIMAL(8,2)	0	Wert 0 bei ORACLE
'Vorgesetzter'		'Mitarbeiter '	Zeichenketten gleicher Größe

Der Verbund von zwei SQL-Anweisungen sei an folgendem Beispiel erläutert.

Problem: Die Geschäftsleitung will wissen, welche Mitarbeiter dem Abteilungsleiter der Abteilung 3 unterstehen. Es ist nur die Abteilungsnummer bekannt. Der Name des Abteilungsleiters und die Namen der Mitarbeiter müssen gesucht und mit Personalnummer angezeigt werden.

Folgendes Ergebnis soll erzielt werden:

	PERSNR	PNAME	ABTNR
Abt.Leiter:	5	Luft	3
Mitarbeiter:	8	Volt	3
Mitarbeiter:	7	Meieris	3

Die Personalnummer des Leiters einer Abteilung steht in der Spalte *persnr* der Tabelle *ableiter*. In der Tabelle *persdat* stehen die Abteilungsnummern und die Namen der Mitarbeiter. Es sind also zwei Abfragen zu formulieren. Die erste Abfrage bezieht sich auf den Abteilungsleiter, die zweite auf die Mitarbeiter. Damit das Abfrageergebnis zusammengeführt wird, sind die beiden Abfragen miteinander zu verknüpfen. Sie müssen aber in der Weise konstruiert werden, daß ihre Ergebnisse dieselbe Struktur aufweisen.
Hinsichtlich *persnr* und *abtnr* stimmen die Typen in beiden Tabellen überein. In der zweiten Abfrage ist das 12 Stellen lange Feld *pname* auszugeben. Damit die Strukturgleichheit hergestellt wird, wird im ersten SELECT-Befehl eine Zeichenkette mit 12 Leerschritten vereinbart. Die Texte «Abt.Leiter:» und «Mitarbeiter:» werden in gleich große Zeichenketten geschrieben. Hinter dem jeweiligen SELECT ist dann zu notieren:

1. Abfrage: 'Abt.Leiter: ', persnr, ' ' , abtnr
2. Abfrage: 'Mitarbeiter: ', persnr, pname , abtnr

Die SQL-Anweisung lautet dann:

```
SELECT                                              (A7401)
  'Abt.Leiter:    ', persnr, '             ', abtnr
  FROM ableiter
  WHERE abtnr = 3
UNION
SELECT 'Mitarbeiter:  ', persnr, pname, abtnr
  FROM persdat
  WHERE abtnr = 3
```

Sie führt zu folgendem Ergebnis:

	PERSNR		ABTNR
Abt.Leiter:	5		3
Mitarbeiter:	8	Volt	3
Mitarbeiter:	7	Meieris	3
Mitarbeiter:	5	Luft	3

An dieser Abfrage ist zu beanstanden, daß der Mitarbeiter Luft mit der Personalnummer 5 zweimal genannt wird, einmal als Abteilungsleiter und dann als Mitarbeiter. Das wird vermieden, wenn in der zweiten SELECT-Abfrage die SELECT-Unterabfrage

WHERE ... persnr NOT IN
(SELECT persnr FROM ableiter)

eingesetzt wird. In der Tabelle *ableiter* sind die Personalnummern 7 und 8 nicht vorhanden. Deshalb werden nur sie in der zweiten SELECT-Anweisung bei der Ansprache der Personalnummern der Tabelle *persdat* ausgegeben.
Damit auch der Name des Abteilungsleiters in der ersten SELECT-Abfrage angezeigt werden kann, ist die Tabelle *ableiter* mit der Tabelle *persdat* zu verbinden. Folgende SQL-Anweisung führt zu dem geforderten Ergebnis:

```
SELECT                                          (A7402)
  'Abt.Leiter:   ', p.persnr, pname, p.abtnr
FROM persdat p, ableiter a
WHERE p.persnr = a.persnr AND
       p.abtnr = 3
UNION
SELECT 'Mitarbeiter:  ', persnr, pname, abtnr
FROM persdat
WHERE abtnr = 3 AND persnr NOT IN
  (SELECT persnr FROM ableiter)
```

Ergebnis:		PERSNR	PNAME	ABTNR
	Abt.Leiter:	5	Luft	3
	Mitarbeiter:	8	Volt	3
	Mitarbeiter:	7	Meieris	3

Hierarchische Strukturen bei ORACLE abfragen
Wenn Sie die Anweisung in ORACLE nachvollziehen wollen, müssen Sie in der Tabelle *persdat* die Spalte *vorg* einrichten:

```
ALTER TABLE persdat ADD
  (vorg SMALLINT)
```

In die Spalte *vorg* schreiben Sie die Personalnummern der Vorgesetzten, um die hierarchische Struktur des Unternehmens darzustellen:

PERSNR	VORG
1	10
3	1
4	9
5	10
7	5
8	5
9	10
10	0

In ORACLE haben Sie die Möglichkeit, solche hierarchischen Strukturen abzufragen. Dazu gibt es im SELECT-Befehl den CONNECT-BY-PRIOR- und den START-WITH-Zusatz.

In CONNECT BY ist PRIOR der Operator, hinter dem die Hierarchieschlüssel einander zugeordnet werden:

CONNECT BY PRIOR
  untergeordneter Schlüssel = übergeordneter Schlüssel

Hinter START WITH wird die Wurzel des Hierarchiebaumes angegeben:

START WITH anfangswert

Beispiel: Die Geschäftsleitung will wissen, welche Mitarbeiter für den Abteilungsleiter Luft arbeiten.

Nur in ORACLE:

```
SELECT persnr, pname, abtnr, vorg                (A7403)
  FROM persdat
  CONNECT BY PRIOR persnr = vorg
  START WITH pname = 'Luft'
```

Ergebnis:

PERSNR	PNAME	ABTNR	VORG
5	Luft	3	10
7	Meieris	3	5
8	Volt	3	5

UNION statt JOIN-Operator
Der JOIN-Operator bewirkt, daß sowohl die Reihen mit übereinstimmenden Join-Werten als auch die Reihen mit nicht übereinstimmenden Join-Werten ausgegeben werden. Verfügt ein Datenbanksystem nicht über den JOIN-Operator, so kann seine Wirkungsweise mit Hilfe des UNION-Operators erzielt werden.

Beispiel: Der Personalleiter will wissen, welche Mitarbeiter wie viele Familienmitglieder haben und wie diese mit Vornamen heißen. Mitglieder ohne Familienangehörige sind ebenfalls zu nennen. Die Anzeige soll nach der Personalnummer sortiert sein.

Für die Ausgabe müssen die Tabellen *persdat* und *fmitglieder* angesprochen werden. Die Spalten *persnr* und *fmnr* stimmen im Typ und in der Größe überein. Für *vorname* wird im zweiten SELECT-Befehl eine Zeichenkette aus 12 Leerstellen vereinbart:

Spalten in Tabelle fmitglieder		**In Typ und Größe übereinstimmende Spalten in persdat**	
fmnr	SMALLINT	persnr	SMALLINT
vorname	CHAR(12)	' '	Leerzeichenkette mit 12 Stellen

```
SELECT p.persnr, pname, fmnr, vorname          (A7404)
  FROM persdat p, fmitglieder f
  WHERE p.persnr = f.persnr
UNION
  SELECT persnr, pname, persnr, '            '
  FROM persdat
  WHERE persnr NOT IN
  (SELECT persnr FROM fmitglieder)
ORDER BY 1
```

Ergebnis:

PERSNR	PNAME	FMNR	VORNAME
1	Eifer	1	
3	Meyer	1	Heinrich
4	Strom	4	
5	Luft	2	Heinz
5	Luft	1	Beate
7	Meieris	7	
8	Volt	1	Christa
9	Bind	9	
10	Meier	3	Else
10	Meier	2	Theo
10	Meier	1	Hanna

Die Sortieranweisung bildet immer den Schluß der letzten SELECT-Anweisung. Da es vorkommt, daß die Sortierspalte in den mit UNION verbundenen SELECTs unterschiedliche Namen hat, sollte hinter der ORDER-BY-Klausel stets die Spaltennummer und nicht der Spaltenname gesetzt werden.

In der Sprache der Mengenlehre ausgedrückt, bewirkt der UNION-Operator die Vereinigung von Mengen.

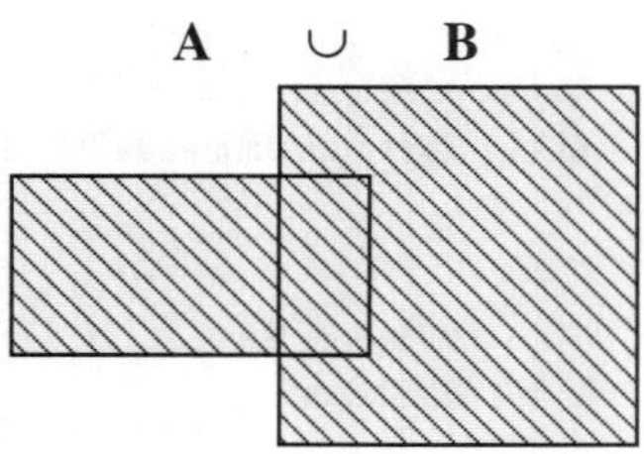

7.5 INTERSECT, EXCEPT/MINUS einsetzen

Faßt man die Ergebnisse von SQL-Anweisungen als Mengen auf, so lassen sich noch weitere Mengen bilden: die Schnittmenge und die Differenzmenge. Eine Schnittmenge zweier Mengen A und B besteht aus den Elementen, die sowohl in der Menge A als auch in der Menge B vorkommen. Im Diagramm:

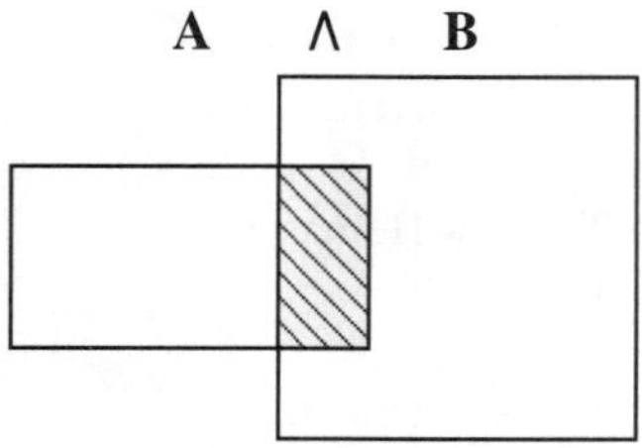

Zur Schnittmengenbildung kennen DB2/2 und ORACLE den Operator INTERSECT.

Zur Differenzmenge zweier Mengen A und B gehören nur die Elemente von A, die nicht auch zu B gehören.

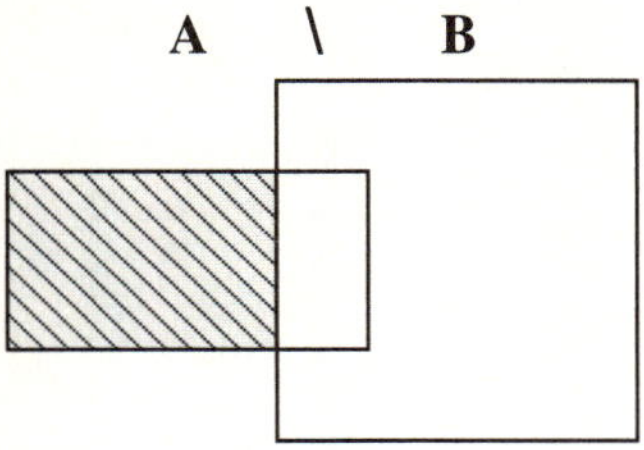

Die Differenzmenge wird in DB2/2 durch EXCEPT, in ORACLE durch MINUS erzeugt.

Operator INTERSECT
Mit dem Operator INTERSECT werden aus zwei SELECT-Ergebnissen jene Zeilen aus der ersten SELECT-Abfrage angezeigt, die auch in der Ausgabe der zweiten Abfrage enthalten sind.

Beispiel: Aus der Tabelle *persdat* sollen jene männlichen Mitarbeiter angezeigt werden, die am 1.3.94 am Auftrag 4444 gearbeitet haben.

SQL-Anweisung nur in ORACLE und DB2/2:

```
SELECT persnr                                       (A7501)
  FROM persdat
  WHERE geschlecht = 'M'
INTERSECT
SELECT persnr
  FROM tposten
  WHERE  tbnr = 940301   AND
         aufnr = 4444
```

Ergebnis: PERSNR
1

Wie Sie aus der Tabelle *tposten* entnehmen können, haben am 1.3.94 die Mitarbeiter mit den Personalnummern 1, 3 und 8 am Auftrag 4444

gearbeitet. Da aber die Mitarbeiter mit den Nummern 3 und 8 nicht männlich sind, werden sie von der Ausgabe ausgeschlossen.
Einfacher und in jedem Datenbanksystem einsetzbar ist die Lösung mit einer Join-Abfrage:

```
SELECT p.persnr, pname                              (A7502)
  FROM persdat p, tposten tp
  WHERE p.persnr = tp.persnr AND
      geschlecht = 'M'       AND
            tbnr = 940301    AND
           aufnr = 4444
```

Ergebnis:	PERSNR	PNAME
	1	Eifer

Operatoren EXCEPT/MINUS
Mit EXCEPT beziehungsweise MINUS werden aus zwei SELECT-Ergebnissen jene Zeilen aus der ersten SELECT-Abfrage angezeigt, die nicht in der zweiten Abfrage vorhanden sind.

Beispiel: Aus der Tabelle *persdat* sollen die Personalnummern jener männlichen Mitarbeiter angezeigt werden, die am 1.3.94 nicht am Auftrag 4444 gearbeitet haben und nicht der Verwaltung angehören. Der Einfachheit halber sollen die Mitarbeiter in der Verwaltung direkt mit ihren Personalnummern 4 und 9 angegeben werden.

```
D:  SELECT persnr                                   (A7503)
      FROM persdat
      WHERE geschlecht = 'M' AND
            persnr NOT IN(4,9)
    EXCEPT
    SELECT persnr
      FROM tposten
      WHERE aufnr = 4444    AND
             tbnr = 940301
```

Ergebnis: PERSNR

PERSNR
5
7
10

Bei ORACLE setzen Sie anstelle von EXCEPT den Operator MINUS ein. Mit EXCEPT ALL wird die Ausgabe auf identische Zeilen erweitert. In der JET-Datenbank setzen Sie zur Lösung folgende Anweisung ein:

```
SELECT p.persnr                                      (A7503)
 FROM persdat p, tposten tp
 WHERE geschlecht = 'M'   AND
     p.persnr NOT IN(4, 9)   AND
     p.persnr = tp.persnr    AND
     tbnr = 940301           AND
     aufnr <> 4444
```

7.6 Übungen

UE7601: Die Familienmitglieder der Mitarbeiter sollen nach dem Verwandtschaftsgrad sortiert werden. Anzuzeigen sind *vwgrad, vwname, persnr, pname* und *vorname.*

UE7602: Welche Mitarbeiter haben wie viele Familienangehörige, und welchen Betrag erhalten sie als Familienzuschlag?

UE7603: Welche Mitarbeiterinnen wurden im Februar für die Tätigkeit Zeichnen eingesetzt? In welchen Abteilungen sind die Mitarbeiterinnen tätig?

UE7604: Für welche Aufträge sind am 1.3.94 von den Mitarbeitern mehrere Tätigkeitsmeldungen abgegeben worden?

UE7605: Wieviel männliche Mitarbeiter sind jeweils an den verschiedenen Einstellungsterminen zwischen dem 1.1.1984 und dem 30.06.1985 eingestellt worden? Beachten Sie, daß in JET die Datumsangaben #1984-01-01# und #1985-06-30# lauten.

UE7606: Geben Sie in einer Bildschirmanzeige an, wer in Abteilung 4 der Abteilungsleiter ist und wer zu den Mitarbeitern gehört.

7.7 Lösungen

UE7601:

```
SELECT f.vwgrad, vwname, p.persnr, pname, vorname
    FROM persdat p, fmitglieder f, vwgrade v
    WHERE p.persnr = f.persnr  AND
          f.vwgrad = v.vwgrad
    ORDER BY f.vwgrad, p.persnr
```

UE7602:

```
SELECT pname, MAX(fmnr), SUM(zuschlag)
  FROM persdat p, fmitglieder f
  WHERE  p.persnr = f.persnr
  GROUP BY pname
```

UE7603:

```
SELECT 'Gezeichnet haben im Februar: ', pname,
➪       abtnr
  FROM persdat p, tposten tp
  WHERE p.persnr = tp.persnr   AND
      geschlecht = 'W'         AND
       tp.tartnr = '6'         AND
      tbnr BETWEEN 940201 AND 940228
  GROUP BY pname, abtnr
```

UE7604:

```
SELECT aufnr, COUNT(*)
  FROM tposten
  WHERE tbnr = 940301
  GROUP BY aufnr HAVING COUNT(*) > 1
```

UE7605:

```
SELECT eintritt, COUNT(*)
  FROM persdat
  WHERE geschlecht = 'M'
  GROUP BY eintritt
    HAVING MIN(eintritt) >= '01.01.1984' AND
           MAX(eintritt) <= '30.06.1985'
```

UE7606:

```
SELECT 'Abt.Leiter:   ', p.persnr, pname, p.abtnr
  FROM persdat p, ableiter a
  WHERE p.persnr = a.persnr AND
        p.abtnr = 4
  UNION
  SELECT 'Mitarbeiter:  ', persnr, pname, abtnr
    FROM persdat
    WHERE abtnr = 4 AND
          persnr NOT IN
    (SELECT persnr FROM ableiter)
```

8 Bruttogehaltsabrechnung

Die Entwicklung der Datenbank, wie sie im Kapitel 3 beschrieben wurde, erfolgte mit dem Ziel, daß mit ihr die monatliche Bruttogehaltsberechnung vorgenommen werden kann. Die Bruttogehaltsabrechnung mit Hilfe von SQL-Anweisungen ist Gegenstand dieses Kapitels. Dabei kommt es uns nicht so sehr darauf, ein praxisgerechtes Verfahren anzubieten. Vielmehr wollen wir einerseits zeigen, daß die Ansatzpunkte zur Lösung eines komplexen Problems von Datenbank zu Datenbank anders gelagert sein können. Andererseits sollen anhand eines komplexen Problems die Leistungsfähigkeit sowie auch die Grenzen von SQL deutlich gemacht werden.

Bei der Berechnung der Gehälter tritt ein typisches SQL-Problem auf, weil Ausgangswerte, die für bestimmte Berechnungen benötigt werden, nicht in Basistabellen gespeichert vorliegen. Wir lösen dieses Problem, indem wir Zwischentabellen anlegen und darin die Ausgangswerte für weitere Berechnungen speichern.

In INFORMIX lösen wir die Aufgabe mit temporären Tabellen. In den anderen Datenbanksystemen gibt es keine Möglichkeit, temporäre Tabellen zu erstellen. In ORACLE setzen wir deshalb Views ein. Auch bei Views ist es nicht erforderlich, echte Zwischentabellen anzulegen. Wenn jedoch in Views mit arithmetischen Anweisungen oder der GROUP-BY-Klausel gearbeitet werden muß, können sie nicht mit UPDATE und INSERT bearbeitet werden. Dies ist aber bei unserer Aufgabe erforderlich. Wir legen deshalb in diesem Kapitel für ORACLE die Grundtabelle als echte Zwischentabelle an und zeigen in Abschnitt 9.3, wie die Grundtabellen mit den in Views errechneten Werten gefüllt werden. Die Vorgehensweise in der JET-Datenbank beschreiben wir im Abschnitt 9.4.

8.1 Berechnungsweise

In dem Modellbetrieb UBR setzt sich das monatliche Bruttogehalt der Mitarbeiter wie folgt zusammen:

Grundgehalt	(*gehalt* in Tabelle *persdat*),
+ Familienzuschlag	(*zuschlag* in *fmitglieder*)
+ Prämie	(zu errechnen aus den Überschüssen)

Die Berechnung des Zuschlags ist relativ einfach. Sie ergibt sich aus der mitarbeiterbezogenen Summierung der Zuschlagsbeträge in der Tabelle *fmitglieder*.
Komplizierter stellt sich die Berechnung der Prämie dar. Damit ein Mitarbeiter eine Prämie erhalten kann, müssen zwei Bedingungen erfüllt sein. Zum einen muß der Auftrag, an dem er mitgewirkt hat, mit einem Überschuß abgeschlossen worden sein. Wurde bei einem Auftrag ein Verlust erwirtschaftet, so wird der Verlust als negative Prämie mit den Überschußprämien aus anderen Aufträgen verrechnet.
Zum anderen muß der Mitarbeiter sein persönliches Deckungssoll erfüllt haben. Das persönliche Deckungssoll (*pdeckung*) beträgt 360 % des Grundgehaltes. Dieser Zuschlag ist erforderlich, um die Fixkosten des Unternehmens zu decken. Die persönliche Leistung berechnet sich aus

pleistung = Tätigkeitsstunden * Tätigkeitspreise

Die Tätigkeitsstunden und Tätigkeitsarten sind in der Tabelle *tposten*, die Preise in der Tabelle *tarten* vermerkt. Liegt *pleistung* unter *pdeckung*, wird die mögliche Prämie entsprechend gekürzt, aber nur bis 0 DM. Mitarbeiter in der Verwaltung erhalten keine Prämie.
Für die Bruttogehaltsabrechnung wird eine Tabelle zugrunde gelegt, die folgende Spalten aufweist:

Tabelle GEHABFEB							
persnr	gehalt	zuschlag	gehaltfzu	praemie	pleistung	pdeckung	unter

8.2 Lösung in INFORMIX mit temporären Tabellen

Die Lösung unter INFORMIX wird auf temporäre Tabellen ausgelegt. Die Tabelle, in der die relevanten Werte eingebracht werden, wird *gehabfeb* genannt. Zum Aufbau der Tabelle werden Daten der Spalten *persnr* sowie *gehalt* aus der Tabelle *persdat* in die Tabelle *gehabfeb* übernommen. Aber auch die anderen Spalten sollen bereits durch diese Anweisung angelegt und mit dem Wert 0 vorbesetzt werden. Das erreicht man dadurch, daß man den Ausdruck GEHALT * 0 zuzüglich Spaltennamen in die SELECT-Anweisung aufnimmt. Die Anweisung lautet dann:

```
SELECT persnr, gehalt, gehalt*0 zuschlag,  (CRGEHABF)
       gehalt*0 gehaltfzu, gehalt*0 praemie,
       gehalt*0 pleistung, gehalt*0 pdeckung,
       gehalt*0 unter
  FROM persdat
  INTO TEMP gehabfeb
```

Die Familienzuschläge werden aus der Tabelle *fmitglieder* in der temporären Tabelle *fzu* zusammengestellt.

```
SELECT persnr, SUM(zuschlag) zuschlag        (CRFZU)
  FROM fmitglieder
  GROUP BY persnr
  INTO TEMP fzu
```

Aus der Tabelle *fzu* wird der Familienzuschlag in die Spalte *zuschlag* der Tabelle *gehabfeb* übernommen.

```
UPDATE gehabfeb                               (A8101T)
  SET zuschlag =
  (
  SELECT fzu.zuschlag
    FROM fzu
    WHERE gehabfeb.persnr = fzu.persnr
  )
```

```
    WHERE persnr IN
      (SELECT persnr FROM fzu)
```

In der WHERE-Klausel der UPDATE-Anweisung wird durch

persnr IN (SELECT persnr FROM fzu)

sichergestellt, daß nur die Tabellenzeilen von *gehabfeb* geändert werden, deren Schlüssel *persnr* mit dem in der Tabelle *fzu* übereinstimmt. Die erste SELECT-Anweisung hinter SET liefert die Beträge, die der Spalte *zuschlag* zuzuweisen sind. Für die richtige Zuordnung sorgt die WHERE-Klausel gehabfeb.persnr = fzu.persnr.

Mittels der Anweisung

```
UPDATE gehabfeb                                    (A8102T)
  SET gehaltfzu = gehalt + zuschlag
```

werden zeilenweise *gehalt* und *zuschlag* in die Spalte *gehaltfzu* addiert.

Aus *gehalt* * 3.6 wird der persönliche Kostendeckungsbetrag errechnet und in der Spalte *pdeckung* eingetragen. Von diesem Vorgang sind diejenigen Mitarbeiter ausgeschlossen, die in der Verwaltung arbeiten. Sie haben die Personalnummern 4 und 9.

```
UPDATE gehabfeb                                    (A8103T)
  SET pdeckung = gehalt * 3.6
  WHERE persnr NOT IN (4,9)
```

Die Anweisung

```
SELECT persnr, gehalt, zuschlag, gehaltfzu, pdeckung
                                                   (A8104T)
  FROM gehabfeb ORDER BY persnr
```

zeigt den momentanen Entwicklungsstand an:

PERSNR	GEHALT	ZUSCHLAG	GEHALTFZU	PDECKUNG
1	3800.00	0	3800.00	13680.00
3	2450.00	60.00	2510.00	8820.00
4	3800.00	0	3800.00	0
5	4500.00	100.00	4600.00	16200.00
7	2450.00	0	2450.00	8820.00
8	4200.00	40.00	4240.00	15120.00
9	4000.00	0	4000.00	0
10	5000.00	160.00	5160.00	18000.00

Die Prämienberechnung erfolgt mit Hilfe einiger Zwischentabellen. Durch eine komplexe Programmierung könnte man zwar auf einige Tabellen verzichten. Um die Entwicklung aber besser nachvollziehen zu können, wird sie in kleinen Schritten vollzogen.
Für die im Monat Februar abgerechneten Aufträge ist zu ermitteln, ob sie mit einem Gewinn oder Verlust abgeschlossen worden sind. Er errechnet sich aus

Auftragswert – erbrachte Leistungen

Mit der Anweisung *CRAufabl* werden die erbrachten Leistungen errechnet und in der Zwischentabelle *aufabl* gespeichert.

```
SELECT tp.aufnr aufnr, aufwert,                    (CRAUFABL)
   SUM(tstd * tpreis) leistung,
   aufwert - sum(tstd * tpreis) praewert
  FROM auftrag a, tposten tp, tarten ta
  WHERE a.aufnr = tp.aufnr          AND
        tp.tartnr = ta.tartnr
  GROUP BY tp.aufnr,aufwert
  INTO TEMP aufabl
```

Mit der Anweisung *CRAuffeb* werden die im Monat abgerechneten Auftragswerte aus der Tabelle *auftrag* erfaßt und in der Zwischentabelle *aufabfeb* gespeichert:

```
SELECT aufnr, aufwert,                               (CRAUFFEB)
  FROM auftrag
  WHERE
   abdatum between '01021994' and '28021994'
```

```
GROUP BY aufnr,aufwert
INTO TEMP aufabfeb
```

Aus dem Prämiengrundwert *praewert* ist für jeden Mitarbeiter der persönliche Leistungsanteil pro Auftrag zu bestimmen. Der Anteil ist der Quotient aus der persönlichen Leistung und der Gesamtleistung. Der Prämienanteil berechnet sich dann aus

Anteilprämie = praewert*tstd*tpreis/leistung

Die Werte für *praewert* und *leistung* sind in den Tabellen *aufabl* und *aufabfeb* bestimmt worden. Für die Weiterverarbeitung werden weiterhin die Personalnummer *persnr* sowie die betreffende Auftragsnummer *aufnr* benötigt. Der in einer weiteren temporären Tabelle *prae1* zu erzeugende Datensatz besteht aus folgenden Elementen:

persnr aufnr anteilpraemie

Die SQL-Anweisung lautet dann:

```
SELECT persnr, p.aufnr,                              (CRPRAE1)
   praewert*tstd*tpreis/leistung anteilpraemie
  FROM aufabl l, aufabfeb p, tposten tp, tarten ta
  WHERE l.aufnr = p.aufnr   AND
        l.aufnr = tp.aufnr  AND
       tp.tartnr = ta.tartnr
  INTO TEMP prael
```

Die anteiligen Prämien in der Tabelle *prae1*, die sowohl aus positiven wie auch aus negativen Beträgen bestehen können, werden pro Mitarbeiter in der temporären Tabelle *prae* in der Spalte *saldo* zusammengestellt.

```
SELECT persnr, SUM(anteilpraemie) saldo      (CRPRAE)
  FROM prael
  GROUP BY persnr
  INTO TEMP prae
```

Der Prämiensaldo wird aus der Tabelle *prae* in die Tabelle *gehabfeb* übernommen.

```
UPDATE GEHABFEB                                    (A8109T)
  SET praemie =
  (SELECT saldo
     FROM prae
     WHERE gehabfeb.persnr = prae.persnr
  )
  WHERE persnr IN (SELECT persnr FROM prae)
```

Die Spalte *praemie* enthält nun den Betrag, den der Mitarbeiter als Prämie erhält, wenn er durch seine persönliche Leistung sein Deckungssoll erfüllt hat. Die bewerteten persönlichen Leistungen der Mitarbeiter, die sie zwischen dem 1. und dem 28. Februar erbracht haben, werden in der Spalte *persleistung* in der temporären Tabelle *plei* zusammengestellt.

```
SELECT persnr, sum(tstd* tpreis) persleistung
  FROM tposten tp, tarten ta
  WHERE tp.tartnr = ta.tartnr    AND
    tbnr BETWEEN 940201 AND 940228
  GROUP BY persnr
  INTO TEMP plei                               (CRPLEI)
```

Die ermittelte persönliche Leistung wird in die Tabelle *gehabfeb*, Spalte *pleistung*, übernommen.

```
UPDATE gehabfeb                                (A8107T)
  SET pleistung =
  (SELECT persleistung
     FROM plei
     WHERE gehabfeb.persnr = plei.persnr
  )
  WHERE persnr IN (SELECT persnr FROM plei)
```

Für die Prämienberechnung ist es bedeutsam, daß die erbrachten persönlichen Leistungen die persönlichen Kosten decken. Deshalb wird in der Tabelle *gehabfeb* in der Spalte *unter* die Kostenunterdeckung berechnet.

```
UPDATE gehabfeb                                  (A8108T)
  SET unter = pleistung - pkdeckung
  WHERE pleistung < pkdeckung
```

Die vorläufige Prämie wird mit der Kostenunterdeckung verrechnet.

```
UPDATE gehabfeb                                  (A8111T)
  SET praemie = praemie + unter
```

Dabei ist zu berücksichtigen, daß die Prämie höchstens auf 0,00 DM absinken, aber nicht negativ werden kann.

```
UPDATE gehabfeb                                  (A8112T)
  SET praemie = 0
  WHERE praemie < 0
```

Die Tabelle *gehabfeb* müßte nun folgenden Inhalt aufweisen:

PERSNR	GEHALT	ZUSCHLAG	GEHALTFZU	PRAEMIE	PLEISTUNG	PDECKUNG	UNTER
1	3800.00	0	3800.00	682.40	15020.00	13680.00	0.00
3	2450.00	60.00	2510.00	918.28	14860.00	8820.00	0.00
4	3800.00	0	3800.00	0.00	0.00	0.00	0.00
5	4500.00	100.00	4600.00	1463.63	17470.00	16200.00	0.00
7	2450.00	0	2450.00	479.65	12400.00	8820.00	0.00
8	4200.00	40.00	4240.00	0.00	14080.00	15120.00	-1040.00
9	4000.00	0	4000.00	0.00	0.00	0.00	0.00
10	5000.00	160.00	5160.00	841.74	17450.00	18000.00	-550.00

Damit sind die für die Bruttogehaltsabrechnung erforderlichen Werte pro Mitarbeiter ermittelt. Das Bruttogehalt, das sich aus *gehaltfzu + praemie* ergibt, ist in die Tabelle *mgehalt* zu übernehmen.

```
INSERT INTO mgehalt                              (A8114T)
  (persnr, jahr, monat, mgehalt)
SELECT persnr, 94, 2, gehaltfzu + praemie
  FROM gehabfeb
```

Die oben vorgestellte Folge von SQL-Anweisungen kann man natürlich auch in einer SQL-Kommandodatei zusammenstellen. Dabei ist jede Anweisung von der folgenden durch ein Semikolon zu trennen. Wird die Kommandodatei aufgerufen, so läuft die Bruttogehaltsabrechnung automatisch ab.

8.3 Lösung in ORACLE mit einer Grundtabelle

In ORACLE legen wir die Grundtabelle *gehabfeb* als echte Tabelle an. In diese Tabelle übertragen wir die Werte Gehalt, Familienzuschlag und persönliche Kostendeckungsbeiträge.

Grundtabelle *gehabfeb* erstellen

```
CREATE TABLE gehabfeb                              (CRGEHABF)
  (
   persnr     SMALLINT,
   gehaltfzu  DECIMAL(8,2),
   praemie    DECIMAL(8,2),
   pleistung  DECIMAL(8,2),
   pdeckung   DECIMAL(8,2),
   unter      DECIMAL(8,2)
  )
```

Daten mit INSERT SELECT in die Zwischentabelle übertragen
In ORACLE kann man im INSERT-SELECT-Befehl Aggregatfunktionen einsetzen. Damit wird es möglich, in einer einzigen Anweisung die Personalnummern, die Grundgehälter, die Familienzuschläge und die persönlichen Kostendeckungsbeträge in die Zwischentabelle *gehabfeb* zu schreiben und die anderen Spalten mit dem numerischen Wert null zu initialisieren.

```
INSERT INTO gehabfeb                                  (A8201)
  (persnr, gehaltfzu, praemie, pleistung,
    pdeckung, unter)
  SELECT p.persnr, gehalt + SUM(zuschlag), gehalt * 0,
```

```
            gehalt * 0,  gehalt * 3.6, gehalt * 0
        FROM persdat p, fmitglieder f
        WHERE p.persnr = f.persnr
        GROUP BY p.persnr, gehalt
    UNION
      SELECT persnr, gehalt, gehalt * 0,
            gehalt * 0, gehalt * 3.6, gehalt * 0
        FROM persdat
        WHERE persnr NOT IN
          (SELECT persnr FROM fmitglieder)
```

Die persönlichen Kostendeckungsbeiträge der Mitarbeiter in der Verwaltung werden auf den numerischen Wert null gesetzt:

```
    UPDATE gehabfeb                                    (A8202)
      SET pdeckung = 0
      WHERE persnr IN(4,9)
```

Die Tabelle *gehabfeb* enthält nach Durchführung der beiden Anweisungen folgende Daten:

PERSNR	GEHALTFZU	PRAEMIE	PLEISTUNG	PDECKUNG	UNTER
1	3800.00	0.00	0,00	13680.00	0.00
3	2510.00	0.00	0.00	8820.00	0.00
4	3800.00	0.00	0.00	0.00	0.00
5	4600.00	0.00	0.00	16200.00	0.00
7	2450.00	0.00	0.00	8820.00	0.00
8	4240.00	0.00	0.00	15120.00	0.00
9	4000.00	0.00	0.00	0.00	0.00
10	5160.00	0.00	0.00	18000.00	0.00

Die Spalten *praemie, pleistung* und *unter* füllen wir in Abschnitt 9.3 mit dem Einsatz von Views.

8.4 Lösungen in der JET-Datenbank und in DB2/2

In der JET-Datenbank und in DB2/2 können keine temporären Tabellen eingesetzt werden. Statt dessen werden Views für die Errechnungen verwendet. In Abschnitt 9.4 zeigen wir im Anschluß an die Erläuterungen der Views, wie Sie in der JET-Datenbank vorgehen und dabei die Anwendung EXCEL einsetzen, um den Bruttolohn für den Februar zu errechnen.

9 Sichten verwenden

Mit SELECT-Anweisungen werden Daten aus einer oder mehreren Tabellen in der Datenbank gesucht und ausgegeben. Dabei werden die Daten entsprechend der gewünschten Sichtweise zusammengestellt. Solche Sichtweisen auf die Daten können mit der Anweisung CREATE VIEW gespeichert werden. Gespeicherte Sichtweisen nennt man Views (deutsch: Ansichten). Views enthalten keine Daten, sondern Zeiger. Die Zeiger weisen auf die Datenspalten in den Basistabellen. Views charakterisiert man deshalb auch als virtuelle oder imaginäre Tabellen.

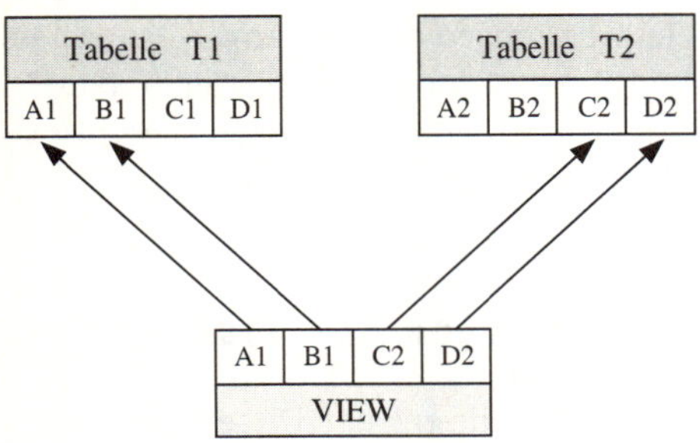

Mit Einschränkungen kann man mit Views in der gleichen Weise arbeiten wie mit Basistabellen. Man kann sie

- mit SELECT abfragen,
- mit INSERT ergänzen,
- mit UPDATE ändern und
- mit DELETE löschen.

Änderungen in Views bewirken gleichzeitig Änderungen in den echten Tabellen und umgekehrt. Das gilt jedoch nur, wenn sich die Sicht in der

FROM-Klausel auf eine einzige Tabelle bezieht und die Spalten keine Funktionen oder arithmetischen Operationen enthalten.

Vorteile von Sichten
Sichten helfen, Doppelspeicherungen zu vermeiden. Views mit

- Spalten aus mehr als einer Tabelle,
- SQL-Funktionen sowie arithmetischen Ausdrücken,
- GROUP-BY-Klausel oder
- Unterabfragen

können zwar mit SELECT abgefragt werden, aber aus Gründen der Datensicherheit nicht mit UPDATE, INSERT, DELETE oder ALTER geändert werden.

Nachteile von Views
Bei Datenabfragen mit Views werden zunächst die Anweisungen in der Viewtabelle analysiert. Erst danach kann auf die Daten in den Basistabellen zugegriffen werden. Views benötigen deshalb längere Laufzeiten und legen im Ablauf der Befehlsdurchführung mehrere temporäre Tabellen an. Das kann sogar dazu führen, daß fehlenden Speicherplatzes wegen eine Anweisung nicht ordnungsgemäß ausgeführt wird.

9.1 Sichten speichern, aufrufen und löschen

Mit einem View wird eine virtuelle Tabelle erzeugt. Diese Tabelle kann man wie eine Basistabelle ansprechen und abfragen. Das zeigen die nachstehenden Beispiele.

9.1.1 View erstellen

Beispiel: Es sollen die Werte der Spalten *persnr* und *pname* aus der Tabelle *persdat,* der Abteilungsname aus der Tabelle *abteilg* und die Januargehälter aus der Tabelle *mgehalt* in die Sicht *gehalt1* übertragen werden.

```
CREATE VIEW gehalt1                                  (A9101)
AS
SELECT p.persnr, pname, mgehalt
   FROM persdat p, abteilg a, mgehalt m
   WHERE  p.persnr = m.persnr    AND
           p.abtnr = a.abtnr     AND
              jahr = 94          AND
             monat = 1
```

Der erste Teil der CREATE-VIEW-Anweisung dient der Festlegung des View-Namens. Da in unserem ersten Beispiel keine Angaben zu Spaltennamen gemacht werden, übernimmt das System die Spaltennamen *persnr*, *pname* und *mgehalt* aus den Basistabellen als View-Spaltennamen.
Der zweite Teil der CREATE-VIEW-Anweisung – die AS-SELECT- Anweisung – definiert die Auswahl in den Basistabellen.

9.1.2 View ausgeben

Daten aus dem View *gehalt1* werden wie Daten aus Basistabellen mit dem SELECT-Befehl angezeigt.

```
SELECT * FROM gehalt1                        (A9101A)
```

Ergebnis:

PERSNR	PNAME	MGEHALT
10	Meier	5900.00
9	Bind	4250.00
8	Volt	4760.00
7	Meieris	2700.00
5	Luft	5000.00
4	Strom	3820.10
3	Meyer	3200.00
1	Eifer	4100.00

Werden im SELECT-Teil der View-Anweisung SQL-Funktionen und arithmetische Operationen verwendet, so müssen die View-Spalten ausdrücklich hinter dem View-Namen in runden Klammern definiert werden. Dies gilt nicht in JET-Datenbanken. Darin dürfen hinter CREATE VIEW keine Klammern stehen. Statt dessen werden derartige View-Spalten in AS SELECT mit *AS viewname* deklariert.

Beispiel: Es ist eine Sicht zu erstellen, die die für die Aufträge bereits erbrachten Leistungen enthält.

```
CREATE VIEW auftrab (aufnr, kosten)          (A9102)
AS
SELECT aufnr, SUM(tstd * tpreis)
  FROM tposten tp, tarten ta
  WHERE tp.tartnr = ta.tartnr
  GROUP BY aufnr
```

In JET-Datenbanken lautet die Anweisung

```
CREATE VIEW auftrab                          (A9102)
AS
SELECT aufnr, SUM(tstd * preis) AS kosten
  FROM tposten tp, tarten ta
  WHERE tp.tartnr = ta.tartnr
  GROUP BY aufnr
```

Bei der Anzeige der Sicht *auftrab* sollen die Aufträge aufsteigend sortiert sein.

```
SELECT * FROM auftrab                        (A9102A)
  ORDER BY aufnr
```

Ergebnis:

AUFNR	KOSTEN
1111	50580.0000
2222	21490.0000
3333	21030.0000
4444	2200.0000

Aus der Ergebnisliste ist zu entnehmen, daß die Spalten des Views die Namen tragen, die in der CREATE-Anweisung festgelegt wurden.

Die Anweisung zum Erstellen eines Views hat folgende Struktur:

```
CREATE VIEW viewname
    [( viewspaltenname, viewspaltenname, ...)]
    AS SELECT [spaltenname, spaltenname, ... ]
        FROM tabellenname [, tabellenname, ...]
        [ WHERE bedingung ]
        [ GROUP BY spaltenname ]
        [ WITH CHECK OPTION ]
```

Wie aus der Syntax zu erkennen ist, können beim Erstellen eines Views die ORDER-BY- und UNION-Klauseln nicht eingesetzt werden.

9.1.3 View löschen

Mit der Anweisung DROP VIEW viewname wird ein View wieder gelöscht.

Beispiel: Die Sicht *auftrab* wird gelöscht.

```
DROP VIEW auftrab                                    (A9103)
```

In der JET-Datenbank lautet die Anweisung DROP TABLE viewname:

```
DROP TABLE auftrab                                   (A9103)
```

9.2 Mit Sichten Daten aktualisieren

9.2.1 Aktualisieren ohne Prüfoption

Mit Views können die Daten in Basistabellen aktualisiert werden. Dazu wird ein View erzeugt, in dem Daten eingefügt, geändert und gelöscht werden.

Beispiel: Die Personalnummer, der Name und das Geschlecht der männlichen Mitarbeiter werden im View *maenner* gespeichert.

```
CREATE VIEW maenner                                    (A9201)
AS
SELECT persnr, pname, geschlecht
  FROM persdat
  WHERE geschlecht = 'M'
```

```
SELECT * FROM maenner                                  (A9201A)
```

Ergebnis:

PERSNR	PNAME	GESCHLECHT
7	Meieris	M
5	Luft	M
4	Strom	M
1	Eifer	M
10	Meier	M

Neue Tabellenzeile einfügen
Durch die Anweisung

```
INSERT INTO maenner                                    (A9201B)
  VALUES(50, 'Freienfels', 'M')
```

wird ein neuer Datensatz über den View in die Basistabelle *persdat* eingefügt. Die Daten des neuen Datensatzes können jetzt sowohl im View *maenner* als auch in der Basistabelle *persdat* aufgerufen werden:

```
SELECT * FROM maenner                                  (A9201C)
  WHERE persnr = 50
```

Ergebnis:

PERSNR	PNAME	GESCHLECHT
50	Freienfels	M

Die Anweisung

```
SELECT persnr, pname, geschlecht
  FROM persdat
  WHERE persnr = 50
```

würde dasselbe Ergebnis liefern.

Spaltenwerte ändern

Beispiel: Der Wert Freienfels im neuen Datensatz wird in den Wert Braun geändert.

```
UPDATE maenner                                    (A9201D)
  SET pname = 'Braun'
  WHERE persnr = 50
```

```
SELECT * FROM maenner                             (A9201C)
  WHERE persnr = 50
```

Ergebnis:	PERSNR	PNAME	GESCHLECHT
	50	Braun	M

In dem vorliegenden Beispiel konnten UPDATE und INSERT verwendet werden, weil sich der View auf nur eine Tabelle bezieht und keine SQL-Funktionen beinhaltet.

Zeilen löschen

Durch die Anweisung

```
DELETE FROM maenner                               (A9201E)
  WHERE persnr = 50
```

wird der Datensatz mit der Personalnummer 50 gelöscht. Die Löschung erfolgt über den View in der Basistabelle. Bei einer erneuten Abfrage auf persnr = 50 würde das System melden, daß es keine Zeile gefunden hat.

9.2.2 Aktualisieren mit Prüfoption

Durch einen INSERT kann über einen View ein Datensatz in die Basistabelle eingebracht werden, der über den View nicht mehr ausgegeben werden kann. Durch die WITH-CHECK-OPTION-Ergänzung kann das verhindert werden. Die WITH CHECK OPTION läuft nicht in JET-Datenbanken.

Beispiel: Die Daten der weiblichen Mitarbeiter werden im View *frauen* gespeichert. Es soll sichergestellt werden, daß nur solche Datensätze eingefügt werden können, die in der Spalte *geschlecht* den Buchstaben W aufweisen.

```
CREATE VIEW frauen                                  (A9202)
AS
SELECT persnr, pname, geschlecht
  FROM persdat
  WHERE geschlecht = 'W'
  WITH CHECK OPTION
```

Aufgrund der WITH CHECK OPTION können nunmehr neue Datensätze in den View *frauen* nur dann angehängt werden, wenn in der Spalte *geschlecht* der Wert W steht.

Beispiel: Ein neuer Datensatz mit den Werten 45, Wedefeld und 'M' soll in die Tabellen *frauen* und *persdat* geschrieben werden.

```
INSERT INTO frauen                                  (A9202C)
  VALUES (45, 'Wedefeld', 'M')
```

Das System gibt eine Fehlermeldung aus. Der neue Datensatz wird nicht aufgenommen, weil in der Spalte *geschlecht* der CHECK-Wert falsch ist.

Spaltenwerte ändern
Beispiel: Im Datensatz mit der Personalnummer 9 soll das Geschlecht geändert werden.

```
UPDATE frauen                                       (A9202D)
  SET geschlecht = 'M'
  WHERE persnr = 9
```

Ergebnis: Fehlermeldung

Die Änderung erfolgt nicht, weil ein nicht zugelassener Wert in die Spalte *geschlecht* eingetragen werden soll.

9.3 Mit Sichten Prämienabrechnung durchführen

In Kapitel 8 haben wir beschrieben, wie Sie die Prämien in INFORMIX mit temporären Tabellen errechnen. In diesem Abschnitt zeigen wir, wie Sie die Prämienerrechnungen mit Views durchführen.

Lösung in ORACLE

In ORACLE haben wir in Abschnitt 8.2 die Grundtabelle *gehabfeb* als echte Tabelle mit folgenden Werten angelegt:

```
SELECT * FROM gehabfeb                        (A8102)
  ORDER BY persnr
```

Ergebnis:

PERSNR	GEHALTFZU	PRAEMIE	PLEISTUNG	PDECKUNG	UNTER
1	3800.00	0	0	13680.00	0
3	2510.00	0	0	8820.00	0
4	3800.00	0	0	0.00	0
5	4600.00	0	0	16200.00	0
7	2450.00	0	0	8820.00	0
8	4240.00	0	0	15120.00	0
9	4000.00	0	0	0.00	0
10	5160.00	0	0	18000.00	0

Für die Spalten *praemie, pleistung* und *unter* errechnen wir jetzt die Werte in Views und übertragen sie in die Tabelle.

Auftragsprämien errechnen

Im View *aufabl* werden die für den Auftrag erbrachten Leistungen – verbrauchte Stunden * Stundenpreise – und der Prämienwert als Differenz aus Auftragswert und Leistungen errechnet:

```
CREATE VIEW aufabl                            (CRAufabl)
AS
SELECT a.aufnr, a.aufwert,
       SUM(tstd * tpreis) AS leistung,
       aufwert - SUM(tstd * tpreis) AS praewert
```

```
      FROM auftrag a, tposten tp, tarten ta
   WHERE a.aufnr = tp.aufnr    AND
     tp.tartnr = ta.tartnr
   GROUP BY a.aufnr, aufwert
   ORDER BY a.aufnr
```

Das View *aufabp* nennt die Aufträge mit Auftragssummen, die im laufenden Monat abgerechnet worden sind.

```
CREATE VIEW aufabp                           (CRAuffeb)
AS
SELECT aufnr, aufwert
  FROM auftrag
  WHERE
   abdatum BETWEEN '1-feb-94' AND '28-feb-94'
  GROUP BY a.aufnr, aufwert
  ORDER BY a.aufnr
```

In *aufabfeb* stehen dann folgende Werte:

AUFNR	AUFWERT	LEISTUNG	PRAEWERT
3333	20800.00	21030.0000	-230.0000
1111	56400.00	50580.0000	5820.0000

Auftragsprämien auf Mitarbeiter verteilen

Die positiven und negativen Prämien werden in dem View *prae1* zunächst je Auftrag und Tätigkeit errechnet und dann in dem View *prae* nach Personalnummern summiert.

```
CREATE VIEW prae1 (persnr, aufnr, anteilpraemie) (CRPRAE1)
AS
SELECT persnr, p.aufnr,
  praewert*tstd*tpreis/leistung anteilpraemie
FROM aufabl l, aufabfeb p, tposten tp, tarten ta
WHERE l.aufnr = p.aufnr        AND
      l.aufnr = tp.aufnr       AND
   tp.tartnr = ta.tartnr
```

```
CREATE VIEW prae                                    (CRPRAE2)
  (persnr, saldo)
AS
SELECT persnr, SUM(anteilpraemie)
FROM prael
GROUP BY persnr
```

Die Sicht *prae* enthält dann folgende Werte:

Ergebnis:

PERSNR	SALDO
1	682.40
3	918.28
5	1463.63
7	479.65
8	654.30
10	1391.74

Persönliche Leistungsbeiträge in Sicht *plei* errechnen

```
CREATE VIEW plei                                    (CRPLEI)
  (persnr, persleistung)
AS
SELECT persnr, SUM(tstd* tpreis)
FROM tposten tp, tarten ta
WHERE tp.tartnr = ta.tartnr AND
      tbnr BETWEEN 940201 AND 940228
GROUP BY persnr
```

Die Sicht *plei* enthält danach folgende Werte:

PERSNR	PERSLEISTUNG
1	15020.00
3	14860.00
5	17470.00
7	12400.00
8	14080.00
10	17450.00

Werte aus den Views in Spalten der Tabelle *gehabfeb* übertragen

Spalte *pleistung* füllen:

```
UPDATE  gehabfeb                                        (A9301)
  SET pleistung =
  (SELECT persleistung
    FROM plei
    WHERE gehabfeb.persnr = plei.persnr)
  WHERE persnr IN (SELECT persnr FROM plei)
```

Werte für Spalte *unter* errechnen:

```
UPDATE gehabfeb                                         (A9302)
SET unter = pleistung - pdeckung
WHERE pleistung < pdeckung
```

Werte in Spalte *praemie* schreiben:

```
UPDATE gehabfeb                                         (A9303)
SET praemie =
(SELECT saldo
   FROM prae
   WHERE gehabfeb.persnr = prae.persnr)
WHERE persnr IN (SELECT persnr FROM prae)
```

Prämien mit den Unterdeckungen verrechnen:

```
UPDATE gehabfeb                                         (A9304)
SET praemie = praemie + unter
```

Negative Prämien auf null setzen:

```
UPDATE gehabfeb                                         (A9305)
SET praemie = 0
WHERE praemie < 0
```

Die Tabelle *gehabfeb* weist dann folgende Eintragungen auf:

PERSNR	GEHALTFZU	PRAEMIE	PLEISTUNG	PDECKUNG	UNTER
1	3800.00	682.39	15020.00	13680.00	0.00
3	2510.00	918.28	14860.00	8820.00	0.00
4	3800.00	0.00	0.00	0.00	0.00
5	4600.00	1463.63	17470.00	16200.00	0.00
7	2450.00	479.66	12400.00	8820.00	0.00
8	4240.00	0.00	14080.00	15120.00	-1040.00
9	4000.00	0.00	0.00	0.00	0.00
10	5160.00	841.74	17450.00	18000.00	-550.00

Abschließend sind die errechneten Lohndaten in die Tabelle *mgehalt* zu übertragen, wie es bereits im Abschnitt 8.2 beschrieben worden ist.

9.4 Bruttolohnabrechnung in der JET-Datenbank und mit EXCEL

Zur Lösung der Aufgabenstellung aus Kapitel 8 setzen wir SQL-Anweisungen ein, um Daten aus der JET-Datenbank in die EXCEL- Mappe *brlohn.XLS* zu übertragen. Die Errechnungen führen wir überwiegend in dem Blatt *Tabelle1* der Mappe *brlohn* durch. Dieses Blatt vereinbaren wir als Formular zum wiederkehrenden Aufruf.

1. Öffnen Sie in EXCEL eine neue Mappe. Nennen Sie sie beim Speichern *brlohn.XLS*.
2. Geben Sie in Zeile 1 die Spaltenüberschriften ein: Sie finden diese Überschriften in der Liste in Punkt 8, Seite 240.
3. Formatieren Sie den Bereich B2:G9 für Dezimalzahlen mit 2 Nachkommastellen:
   In *Tabelle1*
   -> B2:G9 markieren.
   In Menüzeile
   -> *Format*
   -> *Zellen*
   In *Zellen*
   -> *Zahl*
   -> Zahl mit 2 Nachkommastellen definieren
   -> *OK*

4. Die Daten aus der Datenbank werden in die Blätter *Tabelle2, Tabelle3* und *Tabelle4* importiert. Zur Übernahme in das Formularblatt werden in *Tabelle1* Formeln eingesetzt.

4.1 Formeln zur Übertragung der Personalnummer, des Grundgehaltes und des Familienzuschlages aus *Tabelle2:*

In *Tabelle1*

-> A2	
-> =Tabelle2!A2	eingeben.
-> Anfasser von A2 bis C9	ziehen.
-> B2	
-> = Tabelle2!B2	eingeben.
-> Anfasser von D2 bis D9	ziehen.
-> E2	
-> =Tabelle2!C2	eingeben.
-> Anfasser von C2 bis C9	herunterziehen.

4.2 Formeln zur Übertragung der Prämien aus *Tabelle3:*

In *Tabelle1*

-> D2	
-> =Tabelle3!B2	eingeben.
-> Anfasser von D2 bis D9	ziehen.

4.3 Formeln zur Übertragung der persönlichen Leistung aus *Tabelle4:*

-> E2	positionieren,
-> =Tabelle4!B2	eingeben.
-> Anfasser von E2 bis E9	ziehen.

4.4 Formeln zur Errechnung der persönlichen Deckungsbeiträge:

-> F2 markieren	
-> =B2*3,6	eingeben.
-> Anfasser von F2 bis F9	ziehen.

Damit in den Zellen für die Mitarbeiter 4 und 9 keine Deckungswerte stehen, geben Sie in diese Zellen den Wert 0 ein:

-> F4	
-> 0	eingeben.
-> F8	
-> 0	eingeben.

4.5 In Spalte G werden die Unterdeckungswerte errechnet. Die Unterdeckung entsteht, wenn der Wert für die persönliche Leistung – *Pleistung* – kleiner ist als der Deckungsbetrag – *Pdeckung*. Geben Sie deshalb ein:

-> G2

-> =WENN(E2-F2>0;0;E2-F2)

-> Formel bis G9 herunterziehen.

Ergebnis: Wenn in die Spalten E und F die Werte übertragen sind, wird in G7 −1040 ausgegeben und in G9 −550.

5. Wechseln Sie in EXCEL aus Blatt *Tabelle1* in Blatt *Tabelle2*, und rufen Sie die Anwendung MS-QUERY auf. Öffnen Sie in MS-QUERY die Datenbank *testdb*, und erstellen Sie die Sicht für die Übertragung der Personalnummer, des Grundgehaltes und des Familienzuschlages.
6. Geben Sie im SQL-Fenster von MS-QUERY ein:

```
CREATE VIEW gehab                                    (CRGehab)
AS
SELECT p.persnr, gehalt, SUM(zuschlag)
  FROM persdat p LEFT JOIN fmitglieder f
  ON p.persnr = f.persnr
  GROUP BY p.persnr, gehalt
  ORDER BY p.persnr
```

7. Geben Sie zur Anzeige der Daten im SQL-Fenster ein:

```
SELECT * FROM gehab                                  (Selgehab)
```

8. Übertragen Sie die Tabelle *Gehabfeb* nach EXCEL in *Tabelle2*:
   In Menüzeile von MS-QUERY
   -> *Datei*
   -> *Daten an Microsoft Excel zurückgeben*
   In EXCEL in *Daten importieren*
   -> Zielbereich *Tabelle2!$A$1* und voreingestellte Optionen bestätigen.
   -> *OK*
   Danach stehen in *Tabelle1* folgende Werte:

Persnr	Grundgehalt	FZuschlag	Praemie	Pleistung	Pdeckung	Unter
1	3800,00	0,00	0,00	0,00	13680,00	–13680,00
3	2450,00	60,00	0,00	0,00	8820,00	–8820,00
4	3800,00	0,00	0,00	0,00	0,00	0,00
5	4500,00	100,00	0,00	0,00	16200,00	–16200,00
7	2450,00	0,00	0,00	0,00	8820,00	–8820,00
8	4200,00	40,00	0,00	0,00	15120,00	–15120,00
9	4000,00	0,00	0,00	0,00	0,00	0,00
10	5000,00	160,00	0,00	0,00	18000,00	–18000,00

9. Wechseln Sie wieder zu MS-QUERY zur Prämienerrechnung. Die Berechnung der Prämien erfolgt in drei Schritten. Hinweis: Die Berechnungsweise der Prämien ist im Abschnitt 8.1 erläutert.

9.1 Schritt 1: Die ausschüttbare Prämie je Auftrag wird mit zwei Sichten ermittelt. Geben Sie *Aufabl* ein, und führen Sie es aus.
Im View *Aufabl* werden die für den Auftrag erbrachten Leistungen – verbrauchte Stunden * Stundenpreise – und der Prämienwert als Differenz aus Auftragswert und Leistungen errechnet:

```
CREATE VIEW aufabl                                  (CRAufabl)
AS
SELECT a.aufnr, a.aufwert,
      SUM(tstd * tpreis) AS leistung,
      aufwert - SUM(tstd * tpreis) AS praewert
  FROM auftrag a, tposten tp, tarten ta
  WHERE a.aufnr = tp.aufnr      AND
       tp.tartnr = ta.tartnr
  GROUP BY a.aufnr, aufwert
  ORDER BY a.aufnr
```

Geben Sie *Aufabp* ein, und führen Sie es aus. Das View *Aufabp* nennt die Aufträge mit Auftragssummen, die im laufenden Monat abgerechnet worden sind.

```
CREATE VIEW aufabp                                  (CRAuffeb)
AS
SELECT aufnr, aufwert
```

```
FROM auftrag
WHERE
 abdatum BETWEEN #1994-02-01# AND #1994-02-28#
GROUP BY a.aufnr, aufwert
ORDER BY a.aufnr
```

Als Ergebnis der Abfrage

```
SELECT l.aufnr, l.aufwert, leistung, praewert
                                             (Selaufab)
   FROM aufabl l, aufabp p
   WHERE l.aufnr = p.aufnr
```

werden die Werte für die im Februar abgerechneten Aufträge ausgegeben:

Aufnr	Aufwert	Leistung	Praewert
1111	56400	50580	5820
3333	20800	21030	–230

9.2 Schritt 2: Die Prämien werden anteilig je Auftrag und Tätigkeit im View *Prae1* ermittelt. Geben Sie *Prae1* ein, und führen Sie es aus:

```
CREATE VIEW prae1                                (CRPrae1)
AS
SELECT persnr, l.aufnr,
       praewert*tstd*tpreis/leistung AS anteilpraemie
  FROM aufabl l, aufabp p, tposten tp, tarten ta
  WHERE l.aufnr = p.aufnr    AND
        l.aufnr = tp.aufnr   AND
        tp.tartnr = ta.tartnr
```

Schauen Sie sich das Ergebnis dieser Anweisung an mit

```
SELECT * FROM prae1 ORDER BY persnr, aufnr
```

9.3 Schritt 3: Die anteilige Prämie je Mitarbeiter errechnen Sie im View *Prae2*. Geben Sie *Prae2* ein, und führen Sie es aus:

```
CREATE VIEW prae2                                        (CRPrae2)
AS
SELECT p.persnr,
       SUM(anteilpraemie) AS saldo
  FROM persdat p LEFT JOIN prae1 pr
   ON p.persnr = pr.persnr
   GROUP BY p.persnr
   ORDER BY p.persnr
```

Geben Sie das Ergebnis aus:

```
SELECT * FROM prae2                                     (Selprae2)
```

Übertragen Sie die Daten nach EXCEL in das Blatt *Tabelle3:*
In Menüzeile von MS-QUERY
-> *Datei*
-> *Daten an Microsoft Excel zurückgeben*
In *Microsoft Excel – Mappe1* in *Daten importieren*
-> Zielbereich *Tabelle3!$A$1* eingeben und Voreinstellungen bestätigen.
-> *OK*

Persnr	Saldo
1	682,39
3	918,28
4	0,00
5	1463,63
7	479,66
8	654,30
9	0,00
10	1391,74

Die Saldobeträge werden in *Tabelle1*, Spalte D, übernommen.

10. Die persönliche Leistung *Pleistung* ist das Produkt aus den für Aufträge im Abrechnungsmonat geleisteten Stunden und den Stundenleistungswerten. Wechseln Sie wieder zu MS-QUERY.

10.1 Errechnen Sie die persönliche Leistung im View *Plei.* Geben Sie *Plei* ein, und führen Sie es aus:

```
CREATE VIEW plei                                (CRplfeb)
AS
SELECT persnr, SUM(tstd* tpreis) AS persleistung
  FROM tposten tp, tarten ta
  WHERE tp.tartnr = ta.tartnr    AND
   tbnr between 940201 and 940228
  GROUP BY persnr
```

Die Ergebnisanzeige von *SELECT * FROM plei* enthält nicht die Zeilen für die Personalnummern 4 und 9. Mit dem View *Pleistg* werden sie einbezogen. Geben Sie *Pleistg* ein, und führen Sie es aus:

```
CREATE VIEW pleistg                            (CRPleistg)
AS
SELECT p.persnr, persleistung
  FROM persdat p LEFT JOIN plei
   ON p.persnr = plei.persnr
```

Geben Sie die Daten aus:

```
SELECT * FROM pleistg ORDER BY persnr     (Selpleis)
```

Persnr	Persleistung
1	15020
3	14860
4	
5	17470
7	12400
8	14080
9	
10	17450

10.2 Übertragen Sie diese Werte nach EXCEL in das Blatt *Tabelle4:*
In Menüzeile von MS-QUERY

-> *Datei*

-> *Daten an Microsoft Excel zurückgeben*

In *Microsoft Excel – Mappe1* in *Daten importieren*

-> Zielbereich *Tabelle4!$A$1* eingeben und Voreinstellungen bestätigen.

-> *OK*

In *Tabelle1* stehen danach folgende Daten:

Persnr	Grundgehalt	FZuschlag	Praemie	Pleistung	Pdeckung	Unter
1	3800,00	0,00	682,39	15020,00	13680,00	0,00
3	2450,00	60,00	918,28	14860,00	8820,00	0,00
4	3800,00	0,00	0,00	0,00	0,00	0,00
5	4500,00	100,00	1463,63	17470,00	16200,00	0,00
7	2450,00	0,00	479,66	12400,00	8820,00	0,00
8	4200,00	40,00	654,30	14080,00	15120,00	–1040,00
9	4000,00	0,00	0,00	0,00	0,00	0,00
10	5000,00	160,00	1391,74	17450,00	18000,00	-550,00

11. Benennen Sie das Blatt *Tabelle1* um in *Brlohn2:*

    In *Tabelle1*

    -> Blattname *Tabelle1* doppelklicken.

    In *Blatt umbenennen*

    -> Brlohn2 eingeben.

    -> *OK*

12. Speichern Sie die EXCEL-Mappe ab mit dem Namen *Brlohn2. XLS,* und schließen Sie die Anwendung EXCEL.

13. Sie können die Informationen aus dem Blatt *Brlohn2* in die Tabelle *Brlohn2* importieren: Öffnen Sie dazu die Anwendung ACCESS, und öffnen Sie in ACCESS die Datenbank *Testdb.*

    Importieren Sie die Daten aus dem Blatt *Brlohn2* aus EXCEL:

    Bei geöffnetem Fenster *Testdb : Datenbank* in Menüzeile

    -> *Datei*

    -> *Externe Daten*

    -> *Importieren*

    In *Importieren*

    -> Speicherverzeichnis (z. B. *3,5-Diskette (A:)*) hinter *Suchen in:*

    -> *Microsoft Excel (*.xls)* als Dateityp einstellen,

-> Brlohn2.XLS
-> *Importieren*
In *Importassistent für Kalkulationstabellen*
-> *Brlohn2* als Tabelle markieren.
-> Weiter >
-> Kontrollkästchen *Erste Zeile enthält Spaltenüberschriften* aktivieren, damit die Überschriften nicht als 1. Datensatz gespeichert werden.
-> *Fertigstellen*
In *Importassistent für Kalkulationstabellen* nach Importmeldung
-> *OK*

Öffnen Sie jetzt wieder MS-QUERY, darin die Datenbank *testdb,* und übertragen Sie die Februargehälter als Summe aus *Grundgehalt* + *FZuschlag* + *Praemie* in die Datei *Mgehalt* mit folgender SQL-Anweisung:

```
INSERT INTO mgehalt                        (Insmgeh)
  (persnr, jahr, monat, mgehalt)
  SELECT persnr, 94, 2, grundgehalt + fzuschlag +
                                    praemie
  FROM brlohn2
```

In *Mgehalt* stehen dann in dem Feld *Mgehalt* für den Monat 2 folgende Werte:

Persnr	Mgehalt
1	4482,39
3	3368,28
4	3800,00
5	5963,63
7	2929,66
8	3160,00
9	4000,00
10	5291,74

Diese Art der Bruttolohnerrechnung ist aufwendig und zeigt die Grenzen von SQL-Versionen, in denen temporäre Tabellen nicht vereinbart werden können. Der Nachteil besteht darin, daß für die monatsbezogenen Errechnungen jeweils eigene Sichten erstellt und gestartet werden müssen. Damit die neuen Sichten laufen, müssen die vorher gestarteten Sichten gelöscht werden.

14. Mögliche Vorgehensweise für die Märzabrechnung. Öffnen Sie die Mappe BRLOHN.

14.1 Speichern Sie BRLOHN.XLS ab als BRLOHN3.XLS.
In Menüzeile
-> *Datei*
-> *Speichern unter...*
In Speichern unter...
-> BRLOHN2 eingeben
Schließen Sie BRLOHN3, und arbeiten Sie weiter mit BRLOHN.
Geben Sie für den Test in die Tabelle *Auftrag* für den Auftrag 2222 das Datum 1.3.1994 ein. Öffnen Sie dazu MS-QUERY, geben Sie ein, und führen Sie aus:

```
UPDATE auftrag SET abdatum = #1994-03-01#
 WHERE aufnr = 2222
```

14.2 Löschen Sie in MS-QUERY die Sicht *Aufabp* (*CRAuffeb*):

```
DROP TABLE aufabp
```

14.3 Rufen Sie die Anweisung *CRAuffeb* auf, ändern Sie darin die Werte, die auf den Februar verweisen, speichern Sie die Anweisung, und starten Sie sie:

```
CREATE VIEW aufabp                              (CRAufmar)
AS
SELECT a.aufnr, a.aufwert, aufwert - SUM(tstd *
                                   tpreis) AS praewert
  FROM auftrag a, tposten tp, tarten ta
  WHERE
   a.aufnr = tp.aufnr                  AND
   tp.tartnr = ta.tartnr               AND
   tbnr BETWEEN 940301 AND 940331  AND
   abdatum BETWEEN #1994-03-01# AND #1994-03-31#
  GROUP BY a.aufnr, aufwert
  BY a.aufnr
```

14.4 Löschen Sie die Sicht *plei* (*Crplfeb*).

```
DROP TABLE plei
```

14.5 Erstellen Sie die Anweisung für den März, und starten Sie sie:

```
CREATE VIEW plei                              (CRplmar)
AS
SELECT persnr, SUM(tstd* tpreis) AS persleistung
  FROM tposten tp, tarten ta
  WHERE tp.tartnr = ta.tartnr      AND
   tbnr between 940301 and 940331
  GROUP BY persnr
```

14.6 Die drei SELECT-Anweisungen

SELECT * FROM gehab
SELECT * FROM prae2
SELECT * FROM pleistg ORDER BY persnr

zur Übertragung der Daten in die Mappe *Brlohn.XLS* könnten Sie mit dem Visual-Basic-Code zum automatisierten Ablauf zusammenfassen. Gehen Sie dazu in der geöffneten Mappe *Brlohn.XLS* so vor:

14.7 Vereinbaren Sie in EXCEL 5.0 und EXCEL 7.0 die deutsche Sprache für Visual Basic:
In Menüzeile von *Brlohn.XLS*
-> *Extras*
-> *Optionen...*
In *Optionen*
-> Register *Modul allgemein*
-> *Deutsch/Deutschland* hinter *Sprache/Land*
-> *OK*

14.8 Zeichnen Sie mit dem Makrorecorder Aktionen auf.

14.8.1 Übertragung der Grunddaten in *Tabelle2*:
In Menüzeile der *Tabelle1*
-> *Extras*
-> *Makro aufzeichnen* Makro in EXCEL 97
-> *Aufzeichnen...*

In *Aufzeichnen*
-> Gehab als Makroname eingeben.
-> *OK*
In Menüzeile der *Tabelle1* EXCEL 97:
-> *Daten*
-> *Datei*
-> *Daten importieren*
-> *Externe Daten*
-> *Neue Abfrage erstellen…*
In *Datenquelle auswählen*
-> testdb
In *Tabellen hinzufügen*
-> *Schließen*
In Menüzeile von MS-QUERY
-> *Datei*
-> *SQL ausführen…*
In *SQL ausführen* eingeben:
SELECT * FROM gehab
-> *Ausführen*
In Menüzeile von MS-QUERY
-> *Datei*
-> *Daten an Microsoft Excel zurückgeben*
In *Daten importieren*
-> Zielbereich *Tabelle2!$A$1* eingeben und Voreinstellungen bestätigen.
-> *OK*

14.8.2 Gehen Sie zur Übertragung der Mitarbeiterprämien so vor, wie es in 14.8.1 beschrieben ist. Geben Sie jedoch in *SQL ausführen* ein:
SELECT * FROM prae2
Geben Sie in *Daten importieren* ein:
-> Zielbereich *Tabelle3!$A$1*

14.8.3 Gehen Sie zur Übertragung der persönlichen Leistungswerte so vor, wie es in 14.81 beschrieben ist. Geben Sie jedoch in *SQL ausführen* ein:
SELECT * FROM pleistg ORDER BY persnr
Geben Sie in *Daten importieren* ein:
-> Zielbereich *Tabelle4!$A$1*

14.9 Beenden Sie die Makroaufzeichnung:
In Menüzeile von *Tabelle4*

-> *Extras*
-> *Makro aufzeichnen/*Makro (in EXCEL 97)
-> *Aufzeichnung beenden*

Visual-Basic-Makro im Modulblatt bei EXCEL 5.0 und EXCEL 7.0:

```
Sub Gehab()
    Anwendung.Ausführen "QueryDatenImportieren"; ""; _
    "SELECT gehab.persnr, gehab.gehalt, gehab.Expr1002 FROM 'C:\testdb\testdb'.ge-
    hab gehab" _
    ; ; ; ; ; Falsch
    Anwendung.Ausführen "QueryDatenImportieren"; "DSN=MS Access 7.0-
    Datenbank;DBQ=C:\testdb\testdb.mdb;DefaultDir=C:\testdb;DriverId=25;FIL=MS
    Access;MaxBufferSize=512;PageTimeout=5;"; _
    ""; Wahr; Wahr; Falsch; Bereich("Tabelle2!$A$1"); Wahr; Falsch
    Anwendung.Ausführen "QueryDatenImportieren"; ""; _
    "SELECT prae2.persnr, prae2.saldo FROM 'C:\testdb\testdb'.prae2 prae2" _
    ; ; ; ; ; Falsch
    Anwendung.Ausführen "QueryDatenImportieren"; "DSN=MS Access 7.0-
    Datenbank;DBQ=C:\testdb\testdb.mdb;DefaultDir=C:\testdb;DriverId=25;FIL=MS
    Access;MaxBufferSize=512;PageTimeout=5;"; _
    ""; Wahr; Wahr; Falsch; Bereich("Tabelle3!$A$1"); Wahr; Falsch
    Bereich("C1").Auswählen
    Anwendung.Ausführen "QueryDatenImportieren"; ""; _
    "SELECT pleistg.persnr, pleistg.persleistung FROM 'C:\testdb\testdb'.pleistg
    pleistg
    ORDER BY pleis" _
    ; ; ; ; ; Falsch
    Anwendung.Ausführen "QueryDatenImportieren"; ""; _
    "tg.persnr" _
    ; ; ; ; ; Falsch
    Anwendung.Ausführen "QueryDatenImportieren"; "DSN=MS Access 7.0-
    Datenbank;DBQ=C:\testdb\testdb.mdb;DefaultDir=C:\testdb;DriverId=25;FIL=MS
    Access;MaxBufferSize=512;PageTimeout=5;"; _
    ""; Wahr; Wahr; Falsch; Bereich("Tabelle4!$A$1"); Wahr; Falsch
    Bereich("C1").Auswählen
Ende Sub
```

Hinweis: Bei EXCEL 97 erfolgt die Aufzeichnung mit englischen Anweisungen.

14.9 Speichern Sie *Brlohn.XLS* mit dem Code, aber ohne die März-Werte:

14.9.1 Kopieren Sie den Code im Modulblatt in die Zwischenablage:
In Modulblatt
-> das gesamte Makro *Gehab* markieren
In Menüzeile
-> *Beabeiten*
-> *Kopieren*

14.9.2 Schließen Sie die Mappe *Brlohn.XLS* ohne die eingetragenen März-Werte:
In Menüzeile
-> *Datei*
-> *Schließen*
In *Änderungen in Brlohn.XLS speichern?*
-> *Nein*

14.9.3 Öffnen Sie die Mappe BRLOHN3.XLS und darin ein Modulblatt:

In Menüzeile von *Brlohn3*	In EXCEL 97:
-> *Einfügen*	-> Tasten [Alt]+[F11] betätigen
-> *Makro*	In Menüzeile des Editors
-> *Visual Basic-Modul*	-> *Ansicht*
	-> *Code*
	In Codefenster die Anweisung
	Option Explicit löschen

14.9.4 Fügen Sie das Makro *Gehab* aus der Zwischenablage ein:
In Menüzeile des Modulblattes *Modul1*
-> *Bearbeiten*
-> *Einfügen*

14.9.5 Starten Sie das Makro, um die März-Daten in die Blätter *Tabelle2*, *Tabelle3* und *Tabelle4* zu importieren:

In *Tabelle1*	In EXCEL 97:
-> *Extras*	Im Codefenster des Modulblattes
-> *Makro...*	->Cursor an beliebige Stelle
In *Makro*	im Basic-Code positionieren
-> Gehab	-> Taste [F5] betätigen
-> *Ausführen*	

9.5 Übungen

UE9501: Die Personalnummern, die Mitarbeiternamen, die Tätigkeitsnummern und die Tätigkeitsbezeichnungen sowie die geleisteten Stunden und die dafür vorgesehenen Tätigkeitspreise sollen für den Auftrag 2222 in dem View *auf2222* gespeichert werden.

UE9502: Aus dem View *auf2222* sind gruppiert nach den Tätigkeitsbezeichnungen die Leistungswerte (*tstd * tpreis*) anzuzeigen.

UE9503: Die Sicht *tpos2222* soll die Spalten *tbnr, persnr, aufnr, tartnr* und *tstd* aus *tposten* für den Auftrag 2222 und die CHECK-OPTION-Klausel enthalten. Die CHECK-OPTION-Klausel können Sie jedoch nicht in JET einsetzen.

UE9504: In *tpos2222* soll eine neue Zeile mit den Werten 940305, 7, 2222, 6, 77 hinzugefügt werden.

UE9505: In *tpos2222* soll eine weitere Zeile mit den Werten 940305, 7, 3333, 6, 77 hinzugefügt werden. Da die Sicht die CHECK-OPTION-Klausel enthält, muß die Durchführung der Anweisung verweigert werden.

UE9506: Löschen Sie in *tpos2222* die Zeile mit den Werten 940305, 7, 2222, 6, 77.

9.6 Lösungen

UE9601:

```
CREATE VIEW auf2222
AS
SELECT p.persnr, pname, tp.tartnr, tbez, tstd,
➪       tpreis
  FROM persdat p, tposten tp, tarten ta
  WHERE p.persnr = tp.persnr   AND
        tp.tartnr = ta.tartnr   AND
           aufnr  = 2222
```

UE9602:

```
SELECT tbez, SUM(tstd * tpreis)
FROM auf2222
GROUP BY tbez
```

UE9603:

```
CREATE VIEW tpos2222
AS
SELECT tbnr, persnr, aufnr, tartnr, tstd
  FROM tposten
  WHERE aufnr = 2222
  WITH CHECK OPTION
```

Die WITH CHECK OPTION läuft nicht in JET-Datenbanken.

UE9604:

```
INSERT INTO tpos2222
  VALUES (940305, 7, 2222, '6', 77)
```

UR9605:

```
INSERT INTO tpos2222
  VALUES (940305, 7, 3333, '6', 77)
```

UE9606:

```
DELETE FROM tpos2222
  WHERE tbnr = 940305 AND
      persnr = 7
```

10 Datenbank optimieren

Der Zugriff auf Daten der Datenbank kann beschleunigt werden, wenn die Werte der Suchspalte in sortierter Form vorliegen. Das Erstellen eines sortierten Schlüssels für Spalten einer Tabelle nennt man Indexieren. Bei Tabellen, die mit einem zusätzlichen Index ausgestattet sind, kann eine schnelle Suchmethode wie beispielsweise das binäre Suchen eingesetzt werden.

Beim binären Suchen wird ein Datensatz in der Regel schneller gefunden als beim sequentiellen Suchen, bei dem die Datensätze der Reihe nach gelesen werden. Bei 1024 Zeilen beispielsweise wird beim binären Suchen die gewünschte Information spätestens beim 10. Zugriff gefunden, bei 2048 Zeilen beim 11. Zugriff. Beim sequentiellen Suchen müßten dagegen durchschnittlich 512 bzw. 1024 Sätze gelesen werden, um den gesuchten Datensatz zu erhalten.

Auch wenn beim Indexieren sortierte Suchschlüssel angelegt werden, hat das keine Auswirkung auf die Ausgabe der Daten. Falls Sie hier eine sortierte Ausgabe wünschen, müssen Sie auch weiterhin die ORDER-BY-Klausel einsetzen.

Die Genauigkeit und die Zuverlässigkeit von Daten in Datenbanken wird mit dem Stichwort Datenintegrität beschrieben. Der Begriff «referentielle Integrität» besagt, daß zwischen Spalten unterschiedlicher Tabellen Abhängigkeiten bestehen, die bei Bearbeitungen mit INSERT, UPDATE, DELETE und DROP berücksichtigt werden müssen. Wie Sie die referentielle Integrität vom System verwalten lassen können, beschreiben wir in Abschnitt 10.6.

10.1 Index anlegen

Der Indexierungsbefehl lautet allgemein:

CREATE [UNIQUE] INDEX indexname
ON tabellenname
(spaltenname [ASC/DESC]
[,spaltenname [ASC/DESC], ...])

In ORACLE werden weitere Parameter zur Verfügung gestellt, auf die hier nicht eingegangen werden soll. Eine absteigende Reihenfolge im Indexschlüssel wird mit dem Zusatz DESC (descending, absteigend) vereinbart. Wird keine Sortierklausel gegeben, so erfolgt eine aufsteigende Sortierung.

Welche Spalten der Tabellen sollte man indexieren? Es ist keineswegs zweckmäßig, alle Spalten einer Tabelle zu indexieren. Die Indexierungsreihenfolgen werden nämlich in der Datenbank gespeichert. Wenn in einer Tabelle mit den Befehlen INSERT, UPDATE oder DELETE die Sortierfolge in einer Tabelle verändert wird, muß auch der Index neu angepaßt werden. Diese Aktualisierungen kosten natürlich Zeit. Man kann deshalb sagen, daß das Indexieren das Suchen beschleunigt, aber das Aktualisieren verlangsamt.

Für das Indexieren gelten folgende Empfehlungen:

- Spalten mit Primärschlüsseln sollten mit dem UNIQUE-Zusatz indexiert werden.
- Sind Reihen aus mehreren Tabellen logisch zu verknüpfen, so sollten die Bezugsschlüsselspalten indexiert werden.
- In großen Tabellen sollten die Spalten indexiert werden, die häufig in WHERE-, GROUP-BY- oder ORDER-BY-Klauseln eingesetzt werden.
- Nicht mehr benötigte Indexierungen sollten gelöscht werden.

10.2 Index löschen

Ein Index kann jederzeit wieder gelöscht werden. Der Befehl dazu lautet:

DROP INDEX indexname
DROP INDEX indexname ON tabellenname <- JET-Datenbank

10.3 Einfachindex erstellen

Mit CREATE UNIQUE INDEX wird verhindert, daß in eine Spalte doppelte Werte eingegeben werden.

Beispiel: Das Primärschlüsselfeld *persnr* in der Tabelle *persdat* wird indexiert, um die Eingabe doppelter Werte unmöglich zu machen.

```
CREATE UNIQUE INDEX ipersnr                    (A10101)
  ON persdat (persnr)
```

Als Indexname wurde der Name der indexierten Spalte verwendet, dem hier der Buchstabe i als Hinweis auf die Indexierung vorangestellt wurde. Es könnte statt dessen auch jeder andere Name eingesetzt werden. Für die Bildung von Indexnamen gelten die gleichen Regeln wie für Tabellennamen.

Test: Es soll ein weiterer Datensatz mit der Personalnummer 3 angelegt werden. Die Personalnummer 3 existiert bereits in der Tabelle.

```
INSERT INTO persdat (persnr)                   (A10102)
  VALUES (3)
```

Ergebnis: Fehlermeldung: Doppelter Wert!

Die Indexierung verhindert also die Eingabe redundanter Daten.

10.4 Zusammengesetzten Index vereinbaren

Wenn der Primärschlüssel einer Tabelle aus zwei und mehr Spalten besteht, sollte dafür ein zusammengesetzter Index vereinbart werden.

Beispiel: Der Primärschlüssel der Tabelle *fmitglieder* setzt sich aus der Personalnummer *persnr* und der laufenden Nummer *fmnr* zusammen. Es soll dafür ein Index vereinbart werden. Dadurch soll verhindert werden, daß in diese Spalten doppelte Werte eingegeben werden.

```
CREATE UNIQUE INDEX ipersnrfmnr                    (A10201)
  ON fmitglieder (persnr, fmnr)
```

10.5 Indexeintragungen überprüfen und reparieren

Es ist nicht auszuschließen, daß ein angelegter Index beschädigt wird. Das kann zum Beispiel passieren, wenn während der Bearbeitung der Datenbank der Strom ausfällt oder das System nicht korrekt heruntergefahren wird. Zerstörte Indexeintragungen führen dann bei Suchprozessen zu fehlerhaften Ergebnissen. Aus diesem Grund gibt es in den Datenbanksystemen Befehle, mit denen beschädigte Indexeintragungen festgestellt und repariert werden.

INFORMIX:

CHECK TABLE tabellenname	prüft Index-Konsistenz
REPAIR TABLE tabellenname	repariert Indexe

ORACLE:

ANALYZE indexname VALIDATE STRUCTURE	überprüft die Integrität einer Indexeintragung und gibt gegebenenfalls eine Fehlermeldung aus. Dann muß der Index gelöscht und neu angelegt werden.

DB2/2:

REORGCHK datenbankname	stellt fest, ob Tabellen reorganisiert werden müssen
REORG tabellenname IN datenbankname	reorganisiert Tabellen

10.6 Die referentielle Integrität einer Datenbank erhalten

Um die referentielle Integrität vom System verwalten zu lassen, müssen Sie bei der Erstellung von Tabellenstrukturen mit CREATE TABLE oder mit ALTER die Zusätze PRIMARY KEY, FOR-EIGN KEY und REFERENCES einsetzen, bei ORACLE zusätz-lich die CONSTRAINT-Klausel. CONSTRAINTs (deutsch: zwangsweise Bindung) können für einzelne Spalten und auf Tabellenebene vereinbart werden. Als CONSTRAINTs können Sie Initialisierungswerte (Beispiele: DEFAULT 0001, DEFAULT 'A') für Spalten vereinbaren. Wie Indizes werden CONSTRAINTs in der Systemtabelle SYSINDEXES verwaltet. Sie bieten gegenüber Indizes den Vorteil, daß mit ihnen die referentielle Integrität vereinbart werden kann.
Damit beim Testen der nachfolgenden Anweisungen keine Kollisionen mit den bisherigen Tabellen entstehen, werden zwei neue Tabellen eingeführt. *abt* steht für die Abteilungstabelle, *pers* für die Mitarbeitertabelle. Zwischen ihnen bestehen dieselben Beziehungen wie zwischen *persdat* und *abteilg*.

Beispiel: Es soll sichergestellt werden, daß in der Mitarbeitertabelle *pers* in der Spalte mit der Abteilungsnummer *abtnr* keine Abteilungsnummern stehen, die nicht auch in der Abteilungstabelle *abt* in der Spalte *abtnr* vorhanden sind.

Parent-Tabelle
In diesem Beispiel ist die Tabelle *abt* die übergeordnete Tabelle. *abtnr* ist darin die Primärschlüsselspalte mit eindeutigen Werten. Tabellen, die den Primärschlüssel (Primary Key) enthalten, werden Parent-Tabellen genannt.

abt	Tabellenname der Parent-Tabelle
abtnr	Primärschlüssel mit den Werten 1 und 2
abtname	Feld mit den Werten «Leitung» und «Verwaltung»

Dependent-Tabelle
pers ist die abhängige Tabelle, die Dependent-Tabelle. Der Wert im Feld *abtnr* der Tabelle *pers* ist abhängig von dem Vorhandensein dieses Wer-

tes in der Spalte *abtnr* der Tabelle *abt*. Die Spalte *abtnr* ist in *pers* die Bezugsschlüsselspalte, der Foreign Key.

pers	Tabellenname der Dependent-Tabelle
persnr	Primärschlüssel dieser Tabelle
pname	Namensfeld
abtnr	Bezugsschlüssel: Er darf nur die Werte enthalten, die auch in *abt.abtnr* enthalten sind: 1, 2…

Parent-Tabelle mit PRIMARY KEY einrichten
Zur Vereinbarung der referentiellen Integrität wird die Tabelle *abt* mit dem Zusatz PRIMARY KEY erstellt, bei ORACLE und JET zusätzlich mit einer CONSTRAINT-Klausel. Die CONSTRAINT-Klausel kann auch bei INFORMIX eingesetzt werden.

```
I,O: CREATE TABLE abt                                    (A10601)
       (
       abtnr    SMALLINT NOT NULL,
       abtname  CHAR(12),
       CONSTRAINT pkabtnr PRIMARY KEY (abtnr)
       );
     INSERT INTO abt VALUES (1, 'Leitung');
     INSERT INTO abt VALUES (2, 'Verwaltung')
```

In INFORMIX läuft die Anweisung ab INFORMIX-SE Version 5.0.

```
D:  CREATE TABLE abt                                     (A10601)
      (
      abtnr    SMALLINT NOT NULL,
      abtname  CHAR(12),
      PRIMARY KEY (abtnr)
      )
    INSERT INTO abt VALUES (1, 'Leitung')
    INSERT INTO abt VALUES (2, 'Verwaltung')
```

In der JET-Datenbank können SQL-Anweisungen in einer Kommandodatei nicht gekoppelt werden. Deshalb sind die Anweisungen nacheinander einzugeben:

```
J: CREATE TABLE abt                                   (A10601)
     (abtnr  SMALLINT CONSTRAINT pkabtnr PRIMARY KEY,
      abtname CHAR(12)
     )
J: INSERT INTO abt VALUES(1, 'Leitung')               (A10601A)
J: INSERT INTO abt VALUES(2, 'Verwaltung')            (A10601B)
```

Dependent-Tabelle mit FOREIGN KEY und Referenzierung erstellen
Die Tabelle *pers* wird mit dem Zusatz FOREIGN KEY und einer Referenzierung zur Tabelle *abt* erstellt. In dem folgenden Beispiel wird außerdem die DELETE-Regel ON DELETE RESTRICT eingesetzt. Die DELETE-Regel wird weiter unten erläutert.

```
I,O: CREATE TABLE pers                                (A10602)
       (persnr SMALLINT NOT NULL,
        pname  CHAR(12),
        abtnr SMALLINT NOT NULL,
        CONSTRAINT fkabtnr
        FOREIGN KEY (abtnr) REFERENCES abt (abtnr));
     INSERT INTO pers VALUES (10, 'Meier', 1);
     INSERT INTO pers VALUES (4, 'Strom', 2);
     INSERT INTO pers VALUES (9, 'Bind', 2)
```

```
D:   CREATE TABLE pers                                (A10602)
       (
       persnr   SMALLINT NOT NULL,
       pname    CHAR(12),
       abtnr    SMALLINT NOT NULL,
       FOREIGN KEY (abtnr)
       REFERENCES abt ON DELETE RESTRICT
       );
     INSERT INTO pers VALUES (10, 'Meier', 1);
     INSERT INTO pers VALUES (4 'Strom', 2);
     INSERT INTO pers VALUES (9 'Bind', 2);
```

In der JET-Datenbank geben Sie die Anweisungen nacheinander ein:

```
J: CREATE TABLE pers                                (A10602)
   (
   persnr SMALLINT,
   pname CHAR(12),
   abtnr SMALLINT CONSTRAINT fkabtnr
   REFERENCES abt (abtnr)
   )
J: INSERT INTO pers VALUES(10, 'Meier',1)          (A10602A)
J: INSERT INTO pers VALUES(4, 'Strom',2)           (A10602B)
J: INSERT INTO pers VALUES(9, 'Bind',2)            (A10602C)
```

Neue Zeilen mit INSERT-Regel einfügen
Bei den vereinbarten Referenzen zwischen den Tabellen *abt* und *pers* können mit INSERT neue Zeilen mit anderen Schlüsselwerten als 1 und 2 in der Tabelle *abt* angelegt werden. Es ist aber nicht möglich, in *pers* eine Zeile einzufügen, die in der Spalte *abtnr* einen anderen Wert als 1 oder 2 aufweist.

Beispiel: In *pers* soll eine neue Zeile mit dem Wert 3 in *abtnr* angelegt werden.

```
INSERT INTO pers VALUES (22, 'Heinrich', 3)  (A10603)
```

Das System meldet danach, daß der Wert des FOREIGN KEY keinem Wert des Primärschlüssels in der übergeordneten Tabelle entspricht. Möglich ist aber wohl die Eingabe einer neuen Zeile, in der der Wert für *abtnr* 2 ist:

```
INSERT INTO pers VALUES (22, 'Heinrich', 2) (A10603A)
```

Zeilen mit DELETE löschen
Im Zusatz REFERENCES kann eine von drei DELETE-Regeln eingesetzt werden:

ON	Bedeutung:
DELETE RESTRICT	In der Tabelle *abt* können so lange keine Zeilen gelöscht werden, wie in der Tabelle *pers* Zeilen mit der gleichen Abteilungsnummer stehen.
DELETE CASCADE	Beim Löschen einer Reihe in der übergeordneten Tabelle *abt* werden automatisch alle Zeilen mit gleichem Referenzwert in der abhängigen Tabelle *pers* gelöscht.
DELETE SET NULL	Beim Löschen einer Zeile in der übergeordneten Tabelle werden in der abhängigen Tabelle in Zeilen mit gleichem Referenzwert die Werte auf NULL gesetzt.

In unserem Beispiel A10602 haben wir die ON-DELETE-RESTRICT-Formel eingesetzt. Die folgenden Testeingaben beziehen sich auf diese Ausgangssituation. In der JET-Datenbank laufen die folgenden Anweisungen auch ohne die RESTRICT-Formel.

Beispiel: In *abt* soll die Zeile mit der Abteilungsnummer 1 gelöscht werden.

```
DELETE FROM abt WHERE abtnr = 1                (A10604)
```

In der Fehlermeldung wird darauf hingewiesen, daß nur ein bedingtes Löschen möglich ist: Vorher müssen die Zeilen in der Tabelle *pers* gelöscht werden, die in *abtnr* den Wert 1 haben.

```
DELETE FROM pers WHERE abtnr = 1;              (A10605)
DELETE FROM abt WHERE abtnr = 1;
```

Meldung: Eine Reihe gelöscht

Mit dem Befehl UPDATE ändern

In INFORMIX, ORACLE und JET werden Änderungen in Referenzfeldern der abhängigen Tabelle *pers* zurückgewiesen, wenn die Abteilungsnummer nicht in der Tabelle *abt* im Feld *abtnr* vorkommt.

Beispiel: Es ist nicht möglich, den Abteilungswert für den Mitarbeiter mit der Personalnummer 9 zum Beispiel von 2 auf 5 zu setzen.

```
UPDATE pers SET abtnr = 5                        (A10607)
  WHERE persnr = 9
```

Wenn in der Tabelle *pers* bestimmte Zeilen als Abteilungsnummern beispielsweise den Wert 5 erhalten sollen, muß zunächst in der Tabelle *abt* eine Zeile mit dem Primärschlüssel 5 angelegt werden. Danach können die Änderungen in *pers* durchgeführt werden.
Operationen, die auf der Basis der in *abt* eingetragenen Primärschlüssel vollzogen werden, sind problemlos durchführbar.

Beispiel: Bei dem Mitarbeiter mit der Personalnummer 9 ist die Abteilungsnummer von 2 auf 1 zu ändern.

```
UPDATE pers SET abtnr = 1                        (A10606)
  WHERE persnr = 9
```

UPDATE-Regel in DB2/2: In DB2/2 gibt es außer den drei DELETE-Regeln die UPDATE-Regel

ON UPDATE RESTRICT.

Sie kann hinter REFERENCES tabellenname eingefügt werden:

REFERENCES abt
ON DELETE RESTRICT
ON UPDATE RESTRICT

Wenn diese Regel fehlt, können Werte im Bezugsschlüssel *abtnr* der Tabelle *pers* wie in den anderen Datenbanken geändert werden, wenn der neue Wert einem Primärschlüsselwert in der übergeordneten Tabelle *abt* entspricht. Mit der UPDATE-Regel ON UPDATE RESTRICT werden Änderungen in der Referenzspalte der Dependent-Tabelle grundsätzlich zurückgewiesen.

Übergeordnete Tabelle löschen
Wenn die übergeordnete Tabelle *abt* gelöscht wird, werden in untergeordneten Tabellen die FOREIGN-KEY-Bindungen aufgehoben.

Beispiel: Die Tabelle *abt* wird gelöscht. Danach können in *pers* neue Zeilen mit beliebigen Abteilungsnummern eingegeben werden.

```
DROP TABLE abt                                    (A10608)
```

In *pers* kann jetzt eine neue Zeile mit dem Wert 3 in *abtnr* angelegt werden.

```
INSERT INTO pers VALUES (22, 'Heinrich', 3)  (A10603)
```

In der JET-Datenbank können Sie die Tabelle *abt* nur dann löschen, wenn Sie vorher die Tabelle *pers* gelöscht haben.

10.7 Übungen

UE10701: Indexieren Sie das Primärschlüsselfeld *abtnr* in der Tabelle *abteilg* so, daß die Eingabe doppelter Werte abgewiesen wird. Indexname: *iabtnr*.

UE10702: Vereinbaren Sie die Indexierung der Spalte *pname* in der Tabelle *persdat*. Indexname: *ipname*.

UE10703: Löschen Sie *ipname*.

UE10704: Bilden Sie zu Übungszwecken den zusammengesetzten Index für die Spalten *tbnr, persnr, aufnr* und *tartnr* für die Tabelle *tposten*. Indexname: *itpat*.

UE10705: Löschen Sie *itpat* wieder.

10.8 Lösungen

UE10701:

```
CREATE UNIQUE INDEX iabtnr
  ON abteilg(abtnr)
```

UE10702:

```
CREATE INDEX ipname
  ON persdat(pname)
```

UE10703:

```
DROP INDEX ipname
J: DROP INDEX ipname ON persdat
```

UE10704:

```
CREATE INDEX itpat
  ON tposten(tbnr, persnr, aufnr, tartnr)
```

UE10705:

```
DROP INDEX itpat
J: DROP INDEX itpat ON tposten
```

11 Daten schützen und sichern

Wenn die in Datenbanken gespeicherten Informationen mehreren Benutzern zur Verfügung stehen, muß der Datenbank-Administrator durch geeignete Maßnahmen den Zugriff nichtautorisierter Personen verhindern. Um die Gefahr des Datenverlustes, der Fälschung und des Datenmißbrauchs einzuschränken, erteilt er Benutzern **Zugangs**berechtigungen (subjektbezogener Datenschutz) und **Zugriffs**berechtigungen (objektbezogener Datenschutz).

Benutzerkennungen und Paßwörter
Den Zugang zu dem Datenbanksystem erhalten Benutzer mit der Eingabe ihrer Benutzerkennung (User-Identifikation, User-ID) und der Eingabe des Paßwortes. Die Benutzerkennung identifiziert den Benutzer. Sie muß eindeutig sein. Das Paßwort enthält keine Hinweise auf den Benutzer. Die Sicherheit vor unberechtigtem Zugang zur Datenbank wächst mit der Größe des Paßwortes.

Zugangsstufen CONNECT, RESOURCE und DBA
Datenbanksysteme sind mit Zugangsstufen ausgestattet. Der Administrator koppelt sie an die Benutzerkennung. Die drei Datenbankzugriffsrechte CONNECT, RESOURCE und DBA haben unterschiedliche Rechte, die in der nachstehenden Tabelle (auf der nächsten Seite) skizziert werden.
Aus der Graphik wird die Hierarchie der Zugriffsberechtigungen deutlich. CONNECT steht auf der niedrigsten Stufe, die DBA-Berechtigung berechtigt zu allen legalen Datenbankoperationen.

Wie zum Schutz der Daten vor unberechtigtem Zugriff die Zugangs- und Zugriffsberechtigungen erteilt und entzogen werden, wird in den nächsten Abschnitten erläutert. Unter dem Gesichtspunkt der Datensicherung werden ebenso die Maßnahmen zur Rekonstruktion beschä-

DBA

- Vergeben und entziehen von Tabellenzugriffsrechten.
- Tabellen, Indizes und Views für andere Benutzer erzeugen und löschen.
- Datenbank löschen.
- Datenbankzugriffsrechte gewähren und entziehen.

RESOURCE

- Basistabellen erstellen, ändern und löschen.
- Index erstellen, ändern und löschen.
- Recht auf Tabellenzugriff gewähren und entziehen.

CONNECT

- Bestehende Tabellen abfragen, ändern und löschen, sofern das erforderliche Tabellenzugriffsrecht eingeräumt wurde.
- Erstellen, ändern und löschen von Views.

digter Datenbanken behandelt. Diese Zugangsstufen stehen in JET nicht zur Verfügung.

11.1 Benutzernamen, Paßwörter und Berechtigungen in der JET-Datenbank vereinbaren

In der JET-Datenbank können Sie ein Paßwort zum Öffnen der Datenbank festlegen und differenzierte Berechtigungen auf Benutzerebene vereinbaren. Diese Festlegungen können Sie in Microsoft ACCESS mit Menübefehlen vereinbaren oder mit DAO.

Paßwort und Berechtigungen in ACCESS vereinbaren:
In der im Exklusivmodus geöffneten Datenbank in der Menüzeile
-> *Extras*
-> *Zugriffsrechte*

-> *Datenbankkennwort zuweisen...*
-> *Benutzer- und Gruppenberechtigungen...*
-> *Benutzer- und Gruppenkonten...*
-> *Benutzer-Datensicherheitsassistent*

Paßwort und Berechtigungen mit DAO-Anweisungen vereinbaren: Sie können zur Vereinbarung des Paßwortes und der Benutzer-Berechtigungen auch im Objektmodell der JET-Engine die DAO-Schnittstelle mit dafür eingerichteten Eigenschaften und Methoden einsetzen.
Die Zugangsstufen DBA, RESOURCE und CONNECT und die SQL-Anweisungen GRANT und REVOKE stehen im JET-Datenbanksystem nicht zur Verfügung,
Auf SQL-Ebene können Sie in einer Mehrbenutzerumgebung die Deklaration WITH OWNERACCESS OPTION einsetzen, um einem die Abfrage ausführenden Benutzer Ihre Berechtigungen zu übertragen:

```
SELECT * FROM persdat WITH OWNERACCESS OPTION
```

11.2 Benutzernamen, Paßwörter und Zugangsstufen in INFORMIX und ORACLE vereinbaren

INFORMIX
In INFORMIX werden die bei der Einrichtung eines Netzwerkes oder eines Multi-User-Betriebs vergebenen LOGIN-Namen als Benutzernamen für das Einloggen in das Datenbanksystem verwendet.

Zugangsstufen: Die Zugangsstufen werden mit der SQL-Anweisung GRANT zugangsstufe erteilt. Der Befehl GRANT zugangsstufe hat in INFORMIX folgende Struktur:

```
GRANT CONNECT / RESOURCE / DBA
  TO PUBLIC / benutzer [, benutzer, ...]
```

Mit CONNECT wird einem Benutzer der Zugang zur Datenbank ermöglicht. Zugriffsrechte auf vorhandene Daten hat er nicht. Mit RESOURCE gelangt ein Benutzer in die Datenbank und darf eigene Tabellen, Views und Indexe anlegen. Zugriffsrechte auf vorhandene Daten hat er jedoch nicht. Mit DBA erhält ein Benutzer die gleichen Rechte wie der Datenbankmanager. Darin eingeschlossen sind auch die Berechtigungen zum Erteilen und Aberkennen des Datenbankzugangs. Mit TO PUBLIC werden alle Benutzer zur Mitbenutzung autorisiert, mit der Angabe eines Benutzernamens nur der genannte Benutzer.

Beispiel: Die Benutzer mit den LOGIN-Namen Eifer und Luft erhalten das Recht, die Datenbank zu öffnen und darin eigene Tabellen anzulegen.

GRANT RESOURCE TO eifer, luft

Beispiel: Wenn alle Benutzer der Datenbank die Rechte eines Datenbankmanagers erhalten sollen, muß die Anweisung lauten:

```
GRANT DBA TO PUBLIC
```

ORACLE

In ORACLE werden die Benutzerkennung, das Paßwort und die Zugangsstufen mit dem Datenbankbefehl GRANT zugangsrechte vereinbart:

GRANT CONNECT [, RESOURCE, DBA]
  TO benutzerkennzeichen [, benutzerkennzeichen, ...]
  IDENTIFIED BY paßwort [, paßwort, ...}

Die Vergabe eines Paßwortes hinter IDENTIFIED BY erfolgt mit der Vergabe des CONNECT-Rechtes.

Standardbenutzer bei ORACLE: Bei der Installation von ORACLE werden automatisch zwei Zugangsberechtigungen eingerichtet, um den Erstzugang zu dem System zu ermöglichen.

	1. Benutzer:	2. Benutzer:
Benutzer-ID (User name):	SYSTEM	SYS
Paßwort (password):	MANAGER	CHANGE_ON_INSTALL

Beide Standardbenutzer verfügen über die höchste Zugriffsstufe, die Stufe DBA.

Paßwort ändern: Möglichst unmittelbar nach der Installation sollten die Paßwörter geändert werden, um Unbefugten den Zugang mit der höchsten Datenbankautorität zu erschweren.

Beispiel ORACLE: Die Paßwörter für die User SYSTEM und SYS werden in *fried* und *greg* geändert. Geben Sie dazu ein:

```
GRANT CONNECT
  TO system, sys
  IDENTIFIED BY fried, greg
```

Zugangsberechtigungen für Tabellen der Datenbank: Die Tabellen einer Datenbank sollten nicht mit den Standard-Berechtigungskombinationen der Benutzer SYSTEM und SYS beziehungsweise SYSADM erstellt und gepflegt werden, sondern mit einer neu von dem Datenbankmanager vereinbarten Zugangskombination.

Beispiel: Der Datenbankmanager öffnet das Datenbanksystem mit der Berechtigung SYSTEM/FRIED (ORACLE) beziehungsweise SYSADM/*friegreg* und erteilt sich die USER-ID *FG*, das Paßwort *MUKU* und die Zugangsstufe DBA.

```
O:  GRANT CONNECT, RESOURCE, DBA TO FG IDENTIFIED BY MUKU
```

In ORACLE beinhaltet das Recht DBA nicht automatisch die Rechte CONNECT und RESOURCE. RESOURCE umfaßt auch nicht gleichzeitig das Recht CONNECT. Deshalb müssen alle Zugangsstufen einzeln aufgeführt werden.

Tabellen als Benutzer FG erstellen: Wenn das Datenbanksystem jetzt neu gestartet wird, meldet sich der Administrator mit *FG/MUKU* an und erstellt mit dieser Berechtigungskombination die Tabellen der Datenbank.
Bei den nachfolgenden Ausführungen unterstellen wir, daß die Tabellen von dem Benutzer *FG* angelegt worden sind.

Weiteren Benutzern Zugangsrechte erteilen: Damit auf die von *FG* eingerichteten Tabellen mit anderen Berechtigungskombinationen zugegriffen werden kann, müssen weitere Zugangsberechtigungen erteilt werden.

Beispiel: Der Datenbankmanager erteilt den Benutzern Luft und Eifer CONNECT-und RESOURCE-Rechte mit den Paßwörtern *steuer* und *transp* und dem Benutzer Meier DBA-Recht.
ORACLE: In ORACLE können die Berechtigungen mit der Zugangskombination *FG/MUKU* eingerichtet werden.

```
GRANT CONNECT, RESOURCE TO meier, luft, eifer
                 IDENTIFIED BY leitg, steuer, transp
```

Dem Benutzer Meier wird anschließend zusätzlich das DBA-Recht erteilt:

```
GRANT DBA TO meier
```

Der Benutzer Meier kann nach den Befehlseingaben auf die von dem Datenbankmanager erstellten Daten zugreifen, die Benutzer Luft und Eifer können das nicht.

Fremddaten qualifizieren: Meier muß bei der Ansprache der nicht von ihm erstellten Tabellen diese mit dem Benutzerkennzeichen des Erstellers qualifizieren (Qualifizierungsmerkmal). Wenn die Tabellen mit dem Benutzerkennzeichen *FG* erstellt worden sind, lautet das Qualifikationsmerkmal *FG*, wenn sie von dem Benutzer SYSTEM oder SYSADM angelegt worden sind, SYSTEM und SYSADM. Das Qualifikationsmerkmal muß vor dem Tabellennamen eingegeben werden. Ohne Merkmal vor dem Tabellennamen werden die Tabellen nicht gefunden.

Beispiel: Der Benutzer Meier öffnet die Datenbank mit seiner Anmeldung und läßt sich den Namen und das Eintrittsdatum des Mitarbeiters mit der Personalnummer 5 anzeigen.

Database-name: testdb
User-name: meier
Password: leitg

```
SELECT pname, gehalt
   FROM fg.persdat              <- SYSTEM.persdat oder
                                   SYSADM.persdat,
                                   wenn diese persdat
                                   erstellt haben.
   WHERE persnr = 5
```

Ergebnis:	PNAME	GEHALT
	Luft	4500

Die Benutzer Luft und Eifer können mit dem RESOURCE-Zugangsrecht nicht auf die Tabelle *persdat* zugreifen. Sie müssen dazu Zugriffsberechtigungen erhalten, auf die wir im nächsten Abschnitt eingehen.

Zugriff ohne Qualifikationsmerkmal: Es gibt einen Weg, den Zugriff ohne die lästige Qualifizierung zu erreichen. Dazu besitzt die Anweisung CREATE SYNONYM den Parameter PUBLIC, mit dem eine Tabelle mit Andersname allen Benutzern verfügbar gemacht wird.

Beispiel: Der Datenbankadministrator vereinbart für die Tabelle *persdat* den Andersnamen *pd* mit dem Status PUBLIC. Danach können berechtigte Benutzer die Tabelle *persdat* mit *pd* ohne Qualifizierungsmerkmal ansprechen.

```
CREATE PUBLIC SYNONYM pd
  FOR persdat
```

Beispiel: Der Benutzer Meier greift auf die Tabelle *persdat* jetzt mit dem Andersnamen *pd* zu:

```
SELECT pname, gehalt FROM pd
  WHERE persnr = 5
```

11.3 Zugriffsberechtigungen in INFORMIX und ORACLE erteilen

Zugriffsberechtigungen werden mit dem SQL-Befehl GRANT zugriffsrechte erteilt. Er hat in INFORMIX und ORACLE die gleiche Struktur.

```
GRANT ALL /
    [ALTER], [DELETE], [INDEX], [INSERT], [SELECT],
    [UPDATE (spaltenname [, spaltenname, ...])]
    ON tabellenname/viewname
    TO PUBLIC / user-id [, user-id, ... ]
    [WITH GRANT OPTION]
```

Vorschriften für die Kombinationen und die Reihenfolge der Zusätze hinter GRANT gibt es nicht. Im einzelnen werden mit den Zusätzen folgende Rechte an einer Tabelle oder einer Sicht vergeben.

Zusatz:	Rechte:
ALL	Uneingeschränktes Bearbeitungsrecht.
ALTER	Neue Spalten können hinzugefügt und Spaltentypen geändert werden.
DELETE	Zeilen dürfen gelöscht werden.
INDEX	Indexe können angelegt und gelöscht werden.
INSERT	Neue Zeilen dürfen eingegeben werden.
SELECT	Daten können gesucht und angezeigt werden.
UPDATE	Daten dürfen geändert werden. Wenn Spalten genannt werden, dürfen nur die genannten Spalten aktualisiert werden.

Mit dem Zusatz TO PUBLIC werden die Rechte allen anderen Benutzern zugestanden. Mit der Angabe eines Benutzerkennzeichens oder mehrerer Kennzeichen werden die Berechtigungen bestimmten Benutzern zugeteilt.

Die Zusätze können für Basistabellen und für Views vereinbart werden. Die Befehle ALTER und INDEX dürfen jedoch nicht bei Views eingesetzt werden.

WITH GRANT OPTION gestattet die Übertragung der eigenen Privilegien an Dritte. Wenn die Rechte allen zustehen sollen, also PUBLIC vereinbart wurde, kann die Weiterübertragungsklausel nicht eingesetzt werden.

Beispiel: Der Benutzer Luft besitzt die RESOURCE-Berechtigung. Er kann damit nicht auf Daten des Benutzers *FG* zugreifen. Dem Benutzer Luft soll die SELECT-Berechtigung für die Tabellen *tposten, tarten* und *auftrag* erteilt werden und die INSERT- und die UPDATE-Berechtigung für die Tabelle *tposten*. In INFORMIX und ORACLE soll er auch befugt sein, seine Rechte an der Tabelle *tposten* auf Dritte zu übertragen.
In INFORMIX und ORACLE erteilt der Benutzer *FG*, der die Tabellen erstellt hat, die Zugriffsberechtigungen.

```
I,O:   GRANT SELECT, INSERT, UPDATE
         ON tposten
         TO luft
         WITH GRANT OPTION
```

```
I,O:   GRANT SELECT
         ON tarten
         TO luft
```

```
I,O:   GRANT SELECT
         ON auftrag
         TO luft
```

Beispiel: Der Befehl zur Übertragung der Rechte SELECT, INSERT und UPDATE an der Tabelle *tposten* an alle Benutzer würde lauten:

```
I,O:   GRANT SELECT, INSERT, UPDATE
         ON tposten
         TO PUBLIC
```

Beispiel: Dem Benutzer Luft wird die Berechtigung erteilt, die Tabelle *persdat* zu lesen und Werte der Spalte *gehalt* zu ändern.

```
I,O:   GRANT SELECT, UPDATE (gehalt)
         ON persdat
         TO luft
```

Fremddaten als Benutzer mit RESOURCE-Zugangsrecht bearbeiten: Um die Wirksamkeit der Übertragung von Rechten zu testen, starten Sie die Datenbank als Benutzer Luft, der die Zugangsstufe RESOURCE besitzt.

Database-name: testdb
User-name: luft
Password: steuer

Luft muß bei der Ansprache der nicht von ihm erstellten Tabellen diese mit dem Benutzerkennzeichen des Erstellers qualifizieren (Qualifizierungsmerkmal). Wenn die Tabellen mit dem Benutzerkennzeichen *FG* erstellt worden sind, lautet das Qualifikationsmerkmal *FG*; wenn sie von dem Benutzer SYSTEM oder SYSADM angelegt worden sind, SYSTEM und SYSADM. Das Qualifikationsmerkmal muß vor dem Tabellennamen eingegeben werden. Ohne Merkmal vor dem Tabellennamen werden die Tabellen nicht gefunden.

Hinweis: In ORACLE gibt es einen Weg, den Zugriff ohne Qualifikationsmerkmal möglich zu machen.

Beispiel: Es soll festgestellt werden, daß der Benutzer Luft nicht auf die Tabelle *fmitglieder* zugreifen kann. Die Fremdtabelle *fmitglieder* wird mit dem Qualifikationsmerkmal *FG* definiert.

```
SELECT * FROM fg.fmitglieder
```

Das System meldet, daß auf die Tabelle nicht zugegriffen werden kann.

Beispiel: Testen Sie, ob Luft die Inhalte der Tabellen *tposten, tarten* und *auftrag* ansehen kann:

```
SELECT * FROM fg.tposten
SELECT * FROM fg.tarten
SELECT * FROM fg.auftrag
```

Beispiel: Bei der Tabelle *tposten* besitzt der Benutzer Luft die INSERT-Berechtigung. Er trägt in die Tabelle ein, daß er (*persnr* = 5) am 2.3.94 (*tbnr* = 940302) am Auftrag 2222 7 Stunden gezeichnet (*tartnr* = 6) hat. Anschließend sieht er sich seine Eintragung an.

```
INSERT INTO fg.tposten
  VALUES(940302,5,2222,6,7)
```

```
SELECT * FROM fg.tposten
  WHERE tbnr = 940302  AND
      persnr = 5
```

Ergebnis:	TBNR	PERSNR	AUFNR	TAETIGKEIT	TSTD
	940302	5	2222	6	7

Beispiel: Luft ändert die Stundenzahl von 7 Stunden auf 7.5 Stunden ab.

```
UPDATE fg.tposten
  SET tstd = 7.5
  WHERE tbnr = 940302  AND
        aufnr = 2222    AND
      persnr = 5        AND
      tartnr = 6
```

```
SELECT * FROM fg.tposten
  WHERE tbnr = 940302  AND
      persnr = 5
```

Ergebnis:	TBNR	PERSNR	AUFNR	TAETIGKEIT	TSTD
	940302	5	2222	6	7.5

Beispiel: Luft will seine Eintragung wieder löschen.

```
DELETE FROM fg.tposten
  WHERE tbnr = 940302  AND
        aufnr = 2222    AND
      persnr = 5        AND
      tartnr = 6
```

Die Anweisung wird zurückgewiesen, weil der Benutzer Luft kein DELETE-Privileg besitzt. Dieses Recht kann von dem Datenbankadministrator und Benutzern mit DBA-Berechtigung ausgeführt werden.

Wie oben bereits erwähnt, darf ein Nutzer mit DBA-Berechtigung alle Operationen in Datenbanken vornehmen. So sind ihm auch die Eintragungen, die Luft gemacht hat, zugänglich. Überzeugen Sie sich davon, indem Sie die Datenbank als Datenbankmanager oder als Benutzer mit DBA-Berechtigung öffnen und dann die SELECT-Anweisung eingeben.

Eigene Tabellen als Benutzer Eifer anlegen

Der Benutzer Eifer hat wie der Benutzer Luft mit der RESOURCE-Zugangsstufe die Berechtigung erhalten, eigene Tabellen zu erstellen. Auf diese Tabellen können Eifer, der Datenbankmanager und Benutzer mit DBA-Berechtigung unbeschränkt zugreifen.

Beispiel: Der Benutzer Eifer legt die Tabelle *notizen* mit den Spalten *datum* und *beachten* an.

Database-name: testdb
User-name: eifer
Password: transp

```
CREATE TABLE notizen
  (
  datum    DATE,
  beachten CHAR(65)
  )
```

```
INSERT INTO notizen VALUES
  ('05.03.1994', 'Kunde Hellervorden anrufen')
```

```
SELECT * FROM notizen
  WHERE datum = '05.03.1994'
```

Ergebnis:	DATUM	BEACHTEN
	05.03.1994	Kunde Hellervorden anrufen

Beispiel: Der Datenbankmanager will die Eintragungen in der Tabelle *notizen* lesen. Dazu muß er im SELECT-Befehl die Tabelle mit dem Qualifikationsmerkmal *eifer* definieren:

```
SELECT * FROM eifer.notizen
```

Beispiel: Der Benutzer Luft besitzt kein Zugriffsrecht auf *notizen*. Der Datenbankadministrator kann ihm dieses Recht jedoch verschaffen.

ORACLE: In ORACLE wird diese Anweisung zurückgewiesen, weil der Datenbankadministrator nur solche Tabellen übertragen kann, die er selbst angelegt hat. Deshalb muß der Datenbankadministrator die Tabelle *notizen* des Benutzers Eifer in eine eigene Tabelle speichern.

Beispiel: Der Datenbankadministrator überträgt die Daten der Tabelle *eifer.notizen* in die Tabelle *zwischen*.

```
CREATE TABLE zwischen
  (
  datum     DATE,
  beachten  CHAR(65)
  )
INSERT INTO zwischen
  SELECT * FROM eifer.notizen

SELECT * FROM zwischen
  WHERE datum = '05.03.1994'
```

Ergebnis:	DATUM	BEACHTEN
	05.03.1994	Kunde Hellervorden anrufen

Die Tabelle *zwischen* kann der Datenbankadministrator dem Benutzer Luft jetzt zur Verfügung stellen.

```
GRANT ALL ON zwischen TO luft
```

Luft kann sich die Daten mit dem Qualifikationsmerkmal des Datenbankmanagers ansehen, sie ergänzen, ändern und löschen, weil ihm das Recht ALL eingeräumt worden ist. Er kann allerdings nicht die Tabelle mit dem Befehl DROP löschen. Dazu reicht seine Berechtigung nicht aus. Das kann nur der Ersteller der Tabelle.

11.4 Benutzerkennungen, Paßwörter, Zugriffsstufen und Zugriffsberechtigungen in DB2/2 vergeben

In DB2/2 werden Benutzerkennzeichen und Kennwörter (Paßwörter) außerhalb der Datenbank mit dem Objekt *Dienste für Benutzerprofilverwaltung* vergeben, das in der *Arbeitsoberfläche* von OS/2 aufgerufen wird. Gleichzeitig werden dabei die Berechtigungsebenen Administrator, Lokaler Administrator oder Benutzer zugewiesen. Ein Administrator kann alle Möglichkeiten des Datenbanksystems ausschöpfen. Ihm wird automatisch die Berechtigungsebene SYSADM (Systemadministrator) zugewiesen. Ein Lokaler Administrator erhält ebenfalls die SYSADM-Berechtigung, sie ist dann jedoch auf seine Workstation beschränkt. In jeder Workstation kann immer nur ein einziger Lokaler Administrator eingesetzt werden. Ein Benutzer kann sich in das System einloggen, sein Benutzerprofil anschauen, ändern und löschen, sein Paßwort ändern, einen neuen User anmelden und sich ausloggen. Er kann nicht auf Daten anderer Benutzer zugreifen. Eine spezielle Form des Benutzers ist der ACCOUNTS-Administrator, das ist ein Benutzer mit eingeschränkten Administratorrechten.

11.4.1 Neues Paßwort für den Datenbankmanager vereinbaren

Bei der Installation von DB2/2 werden für den Erstzugang die

Benutzer-ID *BENUTZER*

und das

Kennwort (Paßwort) *KENNWORT*

eingerichtet. Um Unberechtigten den Zugang mit dem Standardpaßwort *KENNWORT* unmöglich zu machen, sollte der Datenbankmanager das Paßwort *KENNWORT* möglichst unmittelbar nach der Installation ändern. Ein Paßwort muß bei DB2/2 aus mindestens vier und darf aus höchstens acht Zeichen bestehen.

Beispiel: Das Standardpaßwort *KENNWORT* soll in *FRIEGREG* geändert werden.

Um das Kennwort zu ändern, rufen Sie zuerst das Objekt *Dienste für Benutzerprofilverwaltung* in der *Arbeitsoberfläche* von OS/2 auf. Der Ordner enthält die Objekte *Anmelden, Benutzerprofilverwaltung* und *Abmelden.* Öffnen Sie darin das Objekt *Benutzerprofilverwaltung.*

Falls Sie sich vorher noch nicht angemeldet haben, wird zwischendurch das Fenster *Lokal anmelden* eingeblendet, in dem Sie die Benutzer-ID und das Kennwort eingeben. Verwenden Sie dazu die Berechtigungskombination für den Erstzugang:

Benutzer-ID	*BENUTZER*
Kennwort (Paßwort)	*KENNWORT*

Bildschirmausdruck des geöffneten Objekts *Benutzerprofilverwaltung – Benutzerprofil*:

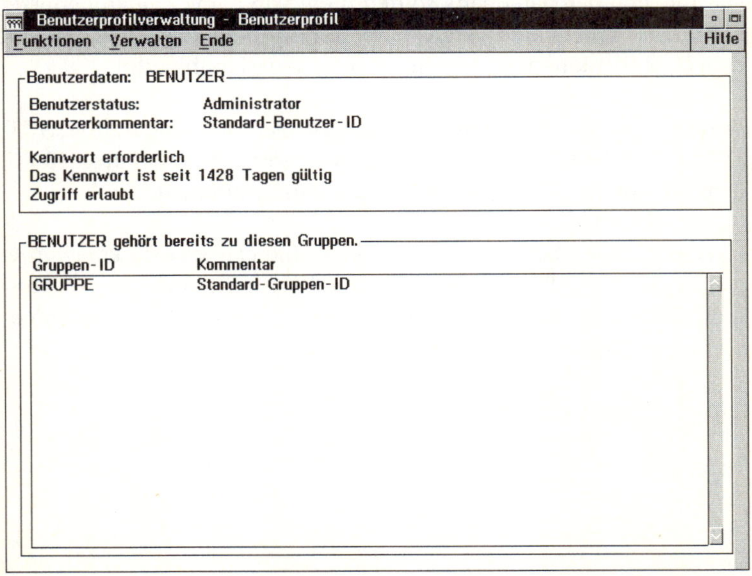

Das Objekt *Benutzerprofilverwaltung – Benutzerprofil* informiert über den Benutzerstatus, das Kennworterfordernis und Gruppenzugehörigkeiten.

***Kennwort ändern* aufrufen:** Unter der Titelzeile des Fensters finden Sie die Menüleiste mit den Auswahlmöglichkeiten *Funktionen, Verwalten* und *Ende.* Öffnen Sie darin das Menü *Funktionen,* in dem Sie das Fenster *Kennwort ändern* aufrufen. Um das bisherige Paßwort zu ändern, geben Sie das aktuelle Paßwort *KENNWORT* einmal und das neue Paßwort *FRIEGREG* zweimal ein. Bestätigen Sie die Eingaben mit Links-Klicken des Schalters *OK.*

Hinweis: In der Menüauswahl *Funktionen* finden Sie unter anderem auch den Punkt *Benutzeranmeldeprofile löschen.* Bevor Sie diese Wahl ausführen, sollten Sie sicher sein, daß Sie sich damit nicht den Zugang zum System versperren. Das passiert nicht, wenn Sie vorher Ihre Berechtigungen einem anderen Benutzerprofil zuweisen.

11.4.2 Neue Berechtigungskombination einrichten

Die Tabellen der Datenbank sollten nicht von dem Standardbenutzer *BENUTZER* erstellt und gepflegt werden, sondern mit einer neu von dem Datenbankmanager vereinbarten Zugangskombination.

Beispiel: Der Datenbankmanager mit der Zugangskombination *BENUTZER/FRIEGREG* definiert einen neuen Benutzer mit der Benutzer-ID *FG,* dem Paßwort *MUKU* und dem Benutzerstatus Administrator.

Um einen neuen Benutzer einzufügen, wählen Sie im Objekt *Benutzerprofilverwaltung – Benutzerprofil* das Menü *Verwalten* und darin die Auswahl *Benutzer verwalten.* Daraufhin wird das Fenster *Benutzerprofilverwaltung – Benutzerverwaltung* geöffnet:

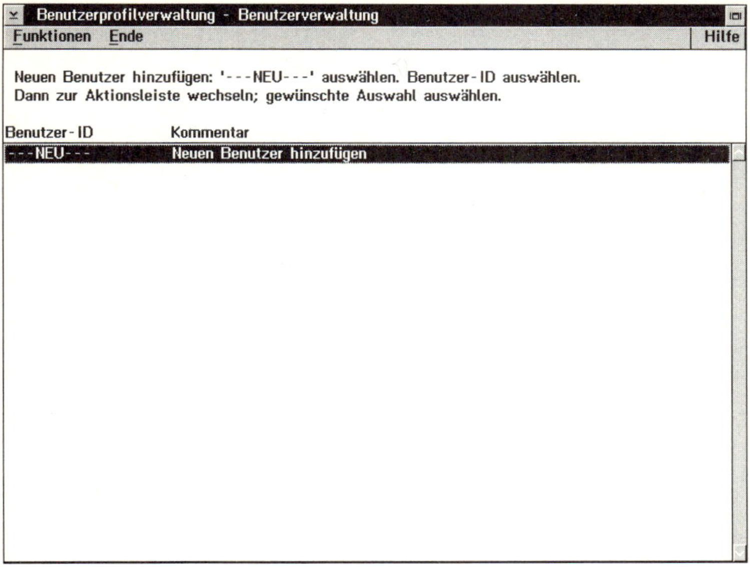

Im dem Fenster ist ---*NEU*--- mit einem Balken markiert. Öffnen Sie das Menü *Funktionen,* und klicken Sie darin die Auswahl *Neue Benutzer-ID hinzufügen.* In das Fenster *Neuen Benutzer hinzufügen* geben Sie die in dem folgenden Ausdruck bereits eingetragenen Werte ein (siehe Abbildung S. 282).

Gehen Sie beim Ausfüllen der Auswahlmöglichkeiten so vor: Tasten Sie als Benutzerkennzeichen *FG* ein. Aktivieren Sie in dem Auswahlbereich *Benutzerstatus* den Schaltknopf *Administrator* durch Links-Klicken. Da kein Anlaß vorliegt, dem neuen Benutzer *FG* den Datenbankzugang zu verweigern, ist in dem Auswahlbereich *Anmeldung* der Schaltknopf *Zulässig* zu wählen.

In dem Auswahlbereich *Optionen* sehen Sie vor, daß der Benutzer nur mit einem Paßwort in die Datenbank gelangt. Dazu muß der Schaltknopf *Paßwort erforderlich* aktiviert sein. Hier kann der Administrator noch weitere wichtige Einstellungen vornehmen. Wenn er das Feld *Kennwort abgelaufen* mit Links-Klicken ankreuzt, muß der Benutzer sein Paßwort ändern. Wählt er *Kennwort wahlfrei,* so braucht in dem Auswahlbereich *Kennwort* kein Paßwort eingegeben zu werden.

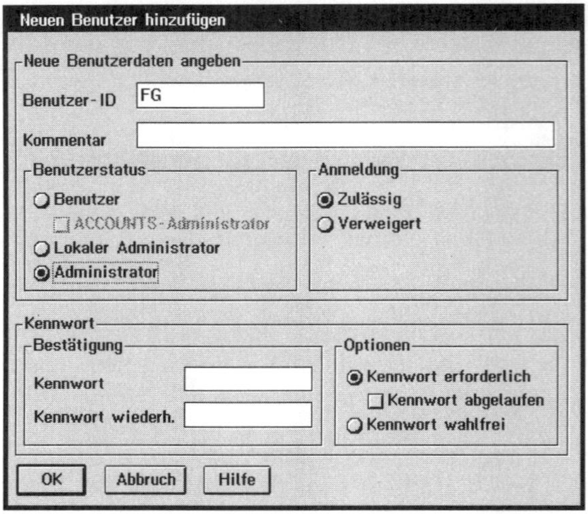

Verzweigen Sie dann mit der Tab-Taste ⇆ in den Auswahlbereich *Kennwort,* und geben Sie dort das neue Paßwort *MUKU* zweimal ein. Das neue Paßwort wird bei der Eingabe nicht angezeigt. Nach der Bestätigung mit *OK* wird in dem Fenster *Benutzerprofilverwaltung – Benutzerverwaltung* der neue Benutzer *FG* angezeigt.

Übung: Gewähren Sie bei gleicher Vorgehensweise den Mitarbeitern Luft und Eifer den Zugang zur Datenbank mit den nachfolgend genannten Werten:

Mitarbeiter	Benutzer-ID	Benutzerstatus	Anmeldung	Optionen	Kennwort
Luft	Luft	Benutzer	Zulässig	Kennwort erforderlich	Steuer
Eifer	Eifer	Lokaler Administrator	Zulässig	Kennwort erforderlich	Transp

Öffnen Sie danach einmal als Benutzer Luft und dann als Benutzer Eifer das Objekt *Benutzerprofilverwaltung,* und stellen Sie fest, daß in der Menüleiste des Fensters *Benutzerprofilverwaltung – Benutzerprofil* die Auswahl *Verwalten* fehlt. Das bedeutet, daß Luft und Eifer nicht berechtigt sind, neue Benutzer hinzuzufügen. In der Menüauswahl *Funktionen* werden Sie den Auswahlpunkt *Gruppen für Benutzer-ID auswählen* nicht finden.

11.4.3 Erteilte Zugangsberechtigungen löschen

Eine erteilte Benutzer-ID kann im Fenster *Benutzerprofilverwaltung – Benutzerverwaltung* gelöscht werden. Das Recht zum Löschen steht dem Benutzer und denjenigen zu, die die Benutzer angelegt haben.

Beispiel: Die Benutzer-ID *eifer* wird von dem Administrator mit der Berechtigungskombination *FG/MUKU* gelöscht:

Fenster/Menü	Eingabe/Auswahlpunkt	Aktion
Benutzerprofilverwaltung – Benutzerprofil	Verwalten Benutzer verwalten	links-klicken links-klicken
Benutzerprofilverwaltung – Benutzerverwaltung	Benutzer-ID eifer	links-klicken
Menüleiste	Funktionen Benutzer-ID löschen	links-klicken links-klicken
Benutzer-ID löschen	ID löschen	links-klicken

11.4.4 DB2/2-Zugangsstufen nachträglich ändern

Bei DB2/2 werden die Zugangsstufen bereits mit der Vergabe der Benutzerstatuswerte Administrator, Lokaler Administrator und Benutzer zugeordnet. Sie setzen den Datenbankbefehl GRANT zugangsrechte deshalb nur dann ein, um die Zugangsstufe eines Benutzers zu ändern.

```
GRANT CONNECT [, CREATETAB, DBADM, BINDADD]
    ON DATABASE
    TO PUBLIC/ benutzerkennzeichen
                [, benutzerkennzeichen, ...]
```

Die DB2/2-Zugangsstufen haben folgende Bedeutung: CONNECT gestattet den Zugang zur Datenbank. CREATETAB erlaubt das Anlegen eigener Tabellen. Verbunden ist damit automatisch das CONTROL-Recht, auf das wir im Befehl GRANT zugriffsberechtigung eingehen. DBADM weist die Rechte eines Datenbankadministrators zu. Das

DBADM-Recht kann nur mit SYSADM-Berechtigung erteilt werden. Mit BINDADD wird die Berechtigung zum Erstellen von Zugriffspaketen erteilt. Ein Zugriffspaket ist ein Quellprogramm mit SQL-Anweisungen zum Zugriff auf Daten einer Datenbank.

Direkte und indirekte Zugangsrechte: In DB2/2 gibt es direkte und indirekte Zugangsberechtigungen. Direkte Berechtigungen sind dem Benutzer direkt mit dem Benutzerstatuswert oder dem Befehl GRANT zugangsrechte zugewiesen worden. Indirekte Berechtigungen besitzt ein Benutzer, weil er einer Benutzergruppe mit diesen Berechtigungen angehört oder weil mit der Anweisung

GRANT zugangsrechte TO PUBLIC

diese Rechte allen Benutzern zugestanden worden sind.
Bei der Installation von DB2/2 werden die Berechtigungen CREATETAB und BINDADD automatisch an PUBLIC vergeben. Diese Berechtigungen stehen damit indirekt allen Benutzern zu, die DB2/2 bekannt sind.

Hinweis: Sie können die TO PUBLIC erteilten indirekten Berechtigungen CREATETAB und BINDADD eines Benutzers mit dem Befehl REVOKE aufheben: REVOKE CREATETAB, BINDADD ON DATABASE FROM PUBLIC.

Beispiel: Der von uns mit dem Status Administrator eingerichtete Benutzer *FG* besitzt alle direkten und indirekten Zugangsstufen:

Direkte SYSADM-Berechtigung	= JA
Direkte DBADM-Berechtigung	= JA
Direkte CREATETAB-Berechtigung	= JA
Direkte BINDADD-Berechtigung	= JA
Direkte CONNECT-Berechtigung	= JA
Indirekte SYSADM-Berechtigung	= JA
Indirekte DBADM-Berechtigung	= JA
Indirekte CREATETAB-Berechtigung	= JA
Indirekte BINDADD-Berechtigung	= JA
Indirekte CONNECT-Berechtigung	= JA

Beispiel: Der Benutzer Luft mit dem Benutzerstatus als BENUTZER besitzt direkt das CONNECT-Recht, um in die Datenbank zu gelangen. Er kann damit aber nicht auf Tabellen anderer Benutzer zugreifen. Das CREATETAB-Recht gibt ihm die Möglichkeit, eigene Tabellen anzulegen und zu löschen.

Direkte SYSADM-Berechtigung	= NEIN
Direkte DBADM-Berechtigung	= NEIN
Direkte CREATETAB-Berechtigung	= NEIN
Direkte BINDADD-Berechtigung	= NEIN
Direkte CONNECT-Berechtigung	= JA
Indirekte SYSADM-Berechtigung	= NEIN
Indirekte DBADM-Berechtigung	= NEIN
Indirekte CREATETAB-Berechtigung	= JA
Indirekte BINDADD-Berechtigung	= JA
Indirekte CONNECT-Berechtigung	= JA

Übung: Melden Sie sich als Benutzer Luft an, und versuchen Sie, auf die Tabelle *persdat* des Benutzers *FG* zuzugreifen.

```
[C:\] DBM SELECT * FROM fg.persdat
Meldung: LUFT verfügt nicht über die Berechtigung, die
Operation SELECT für das Objekt FG.PERSDAT auszuführen.
```

Nachträglich das DBADM-Recht erteilen: Wenn der Benutzer Luft auf alle Tabellen des Benutzers *FG* zugreifen soll, muß er vom Benutzer *FG* das DBADM-Recht mit dem Befehl GRANT nachträglich zugeteilt erhalten. Im folgenden Beispiel starten wir die Datenbank am Prompt und geben die Anweisungen mit dem Befehlszeilenprozessor DBM ein.

```
[C:\] STARTDBM
[C:\] DBM CONNECT TO TESTDB
Melden Sie sich mit FG und MUKU an
[C:\] DBM GRANT DBADM ON DATABASE TO luft
```

Wenn Luft nur Zugriff auf die Tabelle *persdat* des Benutzers *FG* erhalten soll, muß der Benutzer *FG* Luft die SELECT-Zugriffsberechtigung für *persdat* erteilen. Die dafür erforderliche Vorgehensweise beschreiben wir im folgenden Abschnitt.

11.4.5 Zugriffsberechtigungen erteilen

In DB2/2 hat der Befehl GRANT zugriffsberechtigung gegenüber der Struktur in INFORMIX und ORACLE eine geringfügig geänderte Struktur:

GRANT ALL /
  [ALTER] [, DELETE] [, INDEX] [, INSERT] [, SELECT]
  [, UPDATE] [, CONTROL] [, REFERENCES]
  ON tabellenname/viewname
  TO PUBLIC / user-id [, user-id, ...]

In DB2/2 gibt es neben den üblichen Befehlen die Rechte CONTROL und REFERENCES. Der Zusatz WITH GRANT OPTION ist nicht vorhanden. Die Übertragung von Rechten an Dritte erfolgt in DB2/2 mit dem Zusatz CONTROL. Das Recht UPDATE kann nicht auf einzelne Spalten bezogen werden, sondern gilt in DB2/2 immer für die gesamte Zeile. Der neue Zusatz REFERENCES gestattet zur Erhaltung der referentiellen Integrität dem neuen Benutzer das Erstellen und Löschen eines Fremdschlüssels. Voraussetzung ist allerdings, daß dann auch das ALTER-Recht vorhanden ist für jene Tabelle, die den Fremdschlüssel enthält.

Beispiel: Der Benutzer Luft besitzt nicht das Recht, auf Tabellen des Benutzers *FG* zuzugreifen. Ihm sollen von dem Benutzer *FG* die SELECT-, INSERT- und UPDATE-Berechtigung für die Tabelle *tposten* erteilt werden. Zusätzlich soll er befugt sein, seine Rechte an der Tabelle *tposten* auf Dritte zu übertragen. Geben Sie dazu als Benutzer *FG* folgende Anweisung ein:

```
GRANT CONTROL, SELECT, INSERT, UPDATE
  ON tposten TO luft
```

Beispiel: Übertragen Sie das SELECT-Recht an der Tabelle *tposten* an die Mitarbeiterin Volt, für die Sie vorher die Benutzer-ID *volt* und das Paßwort *MIT3* eingerichtet haben:

```
GRANT SELECT ON fg.tposten TO volt
```

Im übrigen gelten die im Abschnitt 11.2 gemachten Ausführungen auch für DB2/2.

11.5 Zugangs- und Zugriffsrechte entziehen

Benutzer, die Rechte erteilen dürfen, können diese auch wieder entziehen. Die Befehle dafür heißen REVOKE zugangsstufe und REVOKE zugriffsrechte.

Zugangsrechte entziehen
Der Befehl REVOKE zugangsstufe wird vom Datenbankadministrator verwendet, um Benutzern den Zugang zur Datenbank zu verwehren. Theoretisch reicht dazu der Entzug der CONNECT-Berechtigung aus, weil damit der Zugang zur Datenbank gesperrt ist. Zweckmäßig ist es aber, mit REVOKE immer alle Rechte zu entziehen, die vorher mit GRANT zugangsstufe erteilt worden sind.

Beispiel für INFORMIX und ORACLE: Dem Benutzer Eifer wird die Berechtigung entzogen, mit der Datenbank zu arbeiten.

```
REVOKE CONNECT FROM eifer
REVOKE RESOURCE FROM eifer
```

Beispiel für DB2/2: Die Gruppe PUBLIC besitzt in DB2/2 nach der Installation die Berechtigungen CREATETAB und BINDADD. Wenn diese Zugangsstufen Benutzern mit dem Benutzerstatus BENUTZER nicht eingeräumt werden sollen, müssen sie aus der Gruppe PUBLIC gelöscht werden.

```
REVOKE CREATETAB, BINDADD ON DATABASE
  FROM PUBLIC
```

Zugriffsrechte entziehen
Mit REVOKE zugriffsrechte können jene Rechte entzogen werden, die einem Benutzer mit GRANT zugriffsrechte erteilt worden sind. Der REVOKE-Befehl entspricht im Aufbau der Anweisung GRANT zugriffsrechte, besitzt jedoch nicht den Zusatz WITH GRANT OPTION.

REVOKE ALL /
[ALTER], [DELETE], [INDEX], [INSERT], [SELECT],
[UPDATE (spaltenname [, spaltenname, ...])]
ON tabellenname/viewname
FROM PUBLIC / user-id [, user-id, ...]

Mit dem REVOKE-Befehl können alle erteilten Rechte zurückgenommen werden oder nur einzelne. Wenn einem Benutzer Weitergaberechte erteilt worden sind und er davon Gebrauch gemacht hat, entfallen diese Rechte mit dem Entzug des Rechtes auch bei den Nachbenutzern.

Beispiel: Dem Benutzer Luft sollen folgende Rechte erteilt worden sein:

```
GRANT SELECT, INSERT, UPDATE  ON tposten   TO luft
  WITH GRANT OPTION
GRANT SELECT, UPDATE (gehalt) ON persdat   TO luft
```

Unterstellung: Die Mitarbeiterin Volt hat von dem Datenbankmanager das Zugangsrecht zur Datenbank erhalten:

```
GRANT CONNECT TO volt
  IDENTIFIED BY mit3
```

Herr Luft hat an seine Mitarbeiterin Volt das SELECT-, INSERT- und UPDATE-Recht weitergegeben:

```
GRANT SELECT, INSERT, UPDATE  ON fg.tposten TO volt
```

Herrn Luft wird vom Datenbankmanager das INSERT-Recht bei *tposten* entzogen:

```
REVOKE INSERT ON tposten FROM luft
```

Auch die Mitarbeiterin Volt kann mit Wirksamwerden des Befehls keine neuen Zeilen in die Tabelle *tposten* schreiben. Die Berechtigungen SELECT und INSERT bleiben bestehen. Wenn mit

```
GRANT INSERT ON tposten TO luft
```

das INSERT-Recht wieder erteilt wird, kann auch seine Mitarbeiterin dieses Recht wieder verwenden.

Beispiel: Dem Benutzer Luft soll das UPDATE-Recht bei der Tabelle *persdat* entzogen werden.

```
REVOKE UPDATE (gehalt) ON persdat FROM luft
```

11.6 Views zum Datenschutz einsetzen

Sichten, Views, sind gespeicherte SELECT-Anweisungen, die mit dem Namen der Sicht aufgerufen werden. Sie können eine Organisation einrichten, in der alle Benutzer außer dem Datenbankmanager nur das CONNECT-Recht, also das Zugangsrecht zur Datenbank haben. Diese Benutzer können nicht auf Tabellen zugreifen, die der Datenbankadministrator angelegt hat.
Mit dem Befehl GRANT zugriffsrechte können differenzierte Zugriffsberechtigungen nicht nur für Tabellen, sondern auch für Views definiert werden. Wenn ein Datenbankadministrator keinem Benutzer das DBA-Zugangsrecht zuweist und mit dem Befehl GRANT zugriffsrechte nur differenzierte Zugriffe auf Sichten und nicht auf Tabellen erlaubt, so kann er Daten vor unberechtigter Bearbeitung schützen. Er stellt dann den Benutzern in Views aus den Basistabellen nur jene Zeilen und Spalten zur Verfügung, die die Mitarbeiter für ihre spezielle Arbeit benötigen. Das Recht, die Views zu erstellen und zu ändern, bleibt allein beim Datenbankadministrator. Eine Organisation mit Zugriffsberechtigungen ausschließlich aus Views optimiert deshalb die Datensicherung.

Beispiel: Dem Abteilungsleiter Luft der Abteilung 3 werden aus den Tabellen *persdat* und *fmitglieder* Informationen ausschließlich über seine Mitarbeiter verfügbar gemacht, nicht über andere.

Der Datenbankmanager erstellt dafür die Sicht *persdat3*:

```
CREATE VIEW
  persdat3 (persnr, pname, pvname, geschlecht)
AS
SELECT persnr, pname, pvname, geschlecht
  FROM persdat
  WHERE abtnr = 3
UNION
SELECT f.persnr, '', vorname,  vwgrad
  FROM fmitglieder f, persdat p
  WHERE f.persnr = p.persnr  AND
         p.abtnr = 3
```

Er erteilt Herrn Luft dafür das Leserecht:

```
GRANT SELECT ON persdat3  TO luft
```

Wenn Benutzer Luft die Datenbank mit seiner Berechtigungskombination öffnet, kann er sich diese Daten ansehen:

```
SELECT * FROM fg.persdat3
```

11.7 Aktivitäten protokollieren und Datenbank reparieren

Einrichtungen zur Datensicherheit können niemals hundertprozentig verhindern, daß Daten beschädigt werden und deshalb wiederhergestellt werden müssen. Für die Überwachung der Zugriffe auf die Datenbank und für die Rekonstruktion des Datenbestandes stellen deshalb INFORMIX und DB2/2 Befehle zur Verfügung, ORACLE gestattet die Protokollierung der Eingaben.

INFORMIX
In INFORMIX wird mit dem Befehl CREATE AUDIT vereinbart, daß ein Protokoll angelegt wird. Mit RECOVER TABLE kann mit den Protokollaufzeichnungen und dem letzten Stand einer Sicherungskopie der aktuelle Datenstand wiederhergestellt werden. Mit DROP AUDIT wird

dann die Protokolldatei gelöscht. Der Einsatz der Befehle ist nur den Tabelleninhabern und Benutzern mit DBA-Berechtigung möglich. Die Sicherungsdatei wird mit dem jeweiligen Betriebssystembefehl erstellt; bei MS-DOS ist dies der Befehl BACKUP (ab DOS 6.0: MSBACKUP).

Beispiel: Die Systemtabellen der Datenbank TESTDB sollen auf Diskette in Laufwerk A: gespeichert werden. Hinweis: Bei der Erstellung der Datenbank hat INFORMIX, ausgehend von dem Startverzeichnis, für den Datenbankkatalog ein Unterverzeichnis mit dem Namen der Datenbank und dem Zusatz DBS (bei DOS) bzw. dbs (bei UNIX) angelegt, in dem alle Datenbankinformationen gespeichert sind. Deshalb lautet der BACKUP-Befehl:

C:\>BACKUP C:\INFORMIX\TESTDB.DBS A:

Ab dem Backup-Zeitpunkt müssen alle Aktualisierungen von Tabellen protokolliert werden.

Beispiel: Alle in der Tabelle *ueb* erfolgten Änderungen mit UPDATE, Löschungen mit DELETE und Ergänzungen mit INSERT sollen in der Protokolldatei *prot* auf der Diskette in Laufwerk A: gespeichert werden. Geben Sie im SQL-Fenster den Befehl CREATE AUDIT ein:

```
CREATE AUDIT FOR ueb IN 'A:\prot'
```

Mit der Sicherungsdatei und der Protokolldatei *prot* kann dann die beschädigte Tabelle rekonstruiert werden.

Beispiel: Die Tabelle *ueb* soll rekonstruiert werden. Die Wiederherstellung erfogt in zwei Schritten:

Wiederherstellung des Standes zum Backup-Termin:

C:\>RESTORE A: C:\INFORMIX\TESTDB.DBS

Rekonstruktion des aktuellen Standes mit der Protokolldatei im SQL-Fenster:

```
RECOVER TABLE ueb
```

Danach wird eine neue Sicherungskopie erstellt. Die alte Protokolldatei ist zu löschen und eine neue anzulegen.

Beispiel: Die Protokolldatei *prot* in A: wird gelöscht.

```
DROP AUDIT FOR ueb
```

ORACLE

In ORACLE werden mit dem Befehl AUDIT Datenbankaktivitäten protokolliert. Den RECOVER-Befehl zur Rekonstruktion gibt es nicht. Vor dem Einsatz des Befehls muß das AUDIT-System aktiviert werden. Bei jedem Start liest ORACLE die Konfigurationsdatei CONFIG.ORA, die im Aufruf-Directory steht, und die Datei INIT.ORA, die im Unterverzeichnis DBS gespeichert ist. INIT.ORA enthält Anweisungen zur Kontrolle interner Strukturen und interner Abläufe. Das AUDIT-System wird aktiviert, indem mit dem Editor in die INIT-Datei der Parameter AUDIT_TRAIL mit einer Ganzzahl über null eingetragen wird:

AUDIT_TRAIL 0 Kontrollsystem ist deaktiviert
AUDIT_TRAIL 2 Kontrollsystem ist aktiviert

Beispiel: Rufen Sie mit Ihrem Editor die Datei INIT.ORA auf, und tragen Sie darin ein:

```
AUDIT_TRAIL 2
```

Danach wird in SQLPLUS mit dem Datenbankbefehl AUDIT festgelegt, welche Aktivitäten in ausgesuchten Systemtabellen protokolliert werden sollen. Den AUDIT-Befehl gibt es in zwei Ausprägungen.

Ausprägung 1

AUDIT zugriffsbefehle/ALL
    ON [benutzerkennzeichen.] tabellenname
    [BY ACCESS / SESSION}
    [WHENEVER [NOT] SUCCESSFUL]

Beispiel: Von der Tabelle *ueb* sollen alle (ALL) erfolgreichen (WHENEVER SUCCESSFUL) Zugriffe überwacht werden, wobei nicht für jeden Zugriff (BY ACCESS) ein Protokollsatz angelegt werden soll, sondern nur für jede Sitzung (BY SESSION).

```
AUDIT ALL ON ueb
  BY SESSION
  WHENEVER SUCCESSFUL
```

Anstelle von ALL kann vorgesehen werden, daß nur Zugriffe mit den Befehlen ALTER, AUDIT, COMMENT, DELETE, GRANT, INDEX, INSERT, LOCK, RENAME, SELECT und UPDATE überwacht werden. Wenn die Tabelle von einem anderen angelegt worden ist, muß der Tabellenname mit dessen Benutzerkennzeichen qualifiziert werden.

Beispiel: Es sollen alle Zugriffe mit SELECT, INSERT und DELETE in der Tabelle *ueb1* des Benutzers Eifer protokolliert werden, und zwar erfolgreiche und nicht erfolgreiche.

```
AUDIT SELECT, INSERT, DELETE ON eifer.ueb1
```

Es können auch Synonymnamen und Views genannt werden.
Alle AUDIT-Systemtabellen enthalten den Begriff AUDIT. Sie erfahren die Namen und Funktionen dieser Systemtabellen mit der Eingabe des folgenden Befehls:

```
SELECT * FROM DTAB
  WHERE tname = '%AUDIT%'
```

Beispiel: Sie wollen die SELECT-, INSERT- und UPDATE-Zugriffe auf die Tabelle *ueb* erfahren. Die Zugriffe sind in der AUDIT-Tabelle *audit_access* gespeichert. Schauen Sie sich zunächst den Aufbau der Tabelle an, um die Spalten- und Zeilenauswahl vornehmen zu können:

```
DESC audit_access
```

Geben Sie dann den Lesebefehl ein:

```
SELECT action_name, sel, ins, upd, statement
  FROM audit_access
  WHERE obj$name = 'ueb'
```

Mit dem Befehl NONAUDIT werden Protokollierungen beendet:

NONAUDIT zugriffsbefehle/ALL
    ON [benutzerkennzeichen.] tabellenname
    [WHENEVER [NOT] SUCCESSFUL]

Ausprägung 2

Die zweite Ausprägung von AUDIT protokolliert die Anmeldungen zum System und speichert die Informationen in der Datei SYSTEM_AUDIT.

AUDIT zugriffsstufen/ALL
    [WHENEVER [NOT] SUCCESSFUL]

Hinter AUDIT können die Zugriffsstufen CONNECT, DBA, RESOURCE, NOT EXISTS oder ALL genannt werden. NOT EXISTS protokolliert Eingangsversuche, die mit der Meldung «... does not exist» zurückgewiesen werden.

DB2/2

In DB2/2 werden zur Sicherung der Daten verschiedene Dienstprogramme eingesetzt, die der Datenbankadministrator über den Befehlszeilenprozessor startet. Wir gehen auf diese Programme nachstehend im Überblick ein.

BACKUP DATABASE: Mit BACKUP DATABASE wird eine Sicherungskopie von der Datenbank erstellt.

Beispiel: Beim ersten Backup soll die gesamte Datenbank auf einer Diskette in Laufwerk A: gesichert werden.

[C:\] DBM BACKUP DATABASE testdb TO A:

Beispiel: Bei den folgenden Backups sollen nur solche Tabellen gesichert werden, in denen seit dem letzten Sicherungstermin Änderungen eingetreten sind.

[C:\] DBM BACKUP DATABASE CHANGES testdb TO A:

RESTORE DATABASE: Damit wird eine mit BACKUP gesicherte Datenbank mit den Werten des Backup-Termins wiederhergestellt.

Beispiel: Die mit BACKUP DATABASE in A: gesicherte Datenbank TESTDB soll in das DB2/2-Verzeichnis zurückgeschrieben werden.

[C:\] DBM RESTORE DATABASE testdb FROM A:

Nach erfolgreichem Wiederherstellen der Datenbank erwartet das System den Start des nachstehend beschriebenen Dienstprogramms ROLLFORWARD DATABASE. Wenn nach dem RESTORE-Befehl keine ROLLFORWARD-Anweisung eingegeben werden soll, muß dies im RESTORE-Befehl vermerkt werden:

[C:\] DBM RESTORE DATABASE testdb FROM A:
WITHOUT ROLLING FORWARD

Hinweis: Mit RESTORE DATABASE kann eine Datenbank auch kopiert werden, zum Beispiel auf Diskette in Laufwerk B:.

[C:\] DBM RESTORE DATABASE testdb FROM A: TO B:

ROLLFORWARD DATABASE: Mit diesem Dienstprogramm werden die in den Tabellen erfolgten Änderungen ab dem letzten Backup-Stand aufgezeichnet und in die Datenbank eingetragen. Voraussetzung ist ein vorhergegangener erfolgreicher RESTORE-Lauf. Das Grundformat des Befehls enthält nur den Datenbanknamen. Weitere Parameterangaben sind möglich.

Beispiel: Die in Tabellen der Datenbank *testdb* ab dem letzten Backup-Termin durchgeführten Änderungen sollen protokolliert und in die Tabellen der Datenbank übertragen werden.

[C:\] DBM ROLLFORWARD DATABASE testdb

Beispiel: Die Informationsausgaben beim Befehlslauf sollen nicht auf dem Bildschirm angezeigt, sondern in die Standard-Reportdatei DBM.RPT geschrieben werden.

[C:\] DBM -R ROLLFORWARD DATABASE testdb

JET-Datenbanksystem

In MS-ACCESS können Sie nach dem Start bei ungeöffneter Datenbank die Anweisung *Datenbank reparieren* aufrufen:

In Menüzeile
-> *Extras*
-> *Datenbank-Dienstprogramm*
-> *Datenbank reparieren...*
In *Datenbank reparieren*
-> Datenbankverzeichnis und Datenbankname
-> *Öffnen*
In *Datenbank reparieren*
-> *Reparieren*
Meldung: ... erfolgreich repariert.
-> *OK*
Das gleiche Ergebnis erzielen Sie im Objektmodell der JET-Engine mit der DAO-REPAIRDATABASE-Methode:
DBENGINE.REPAIRDATABASE datenbankname

12 ODBC-Schnittstelle zum Zugriff auf Datenbanken einsetzen

Zu den wichtigsten Gütern eines Unternehmens zählen die auf unterschiedlichen Medien gespeicherten Informationen über Aufträge, Umsätze, Erträge, Aufwendungen und mehr. Im Zeitalter des Computers stehen diese Daten in Datenbanken auf Netzwerkservern oder Mainframes. Das Problem ist, daß die Datenbanken die Daten in unterschiedlichen Formaten aufzeichnen und daß sie möglicherweise nicht mit dem gleichen Betriebssystem laufen wie die PCs der Mitarbeiter, die auf die Daten zugreifen müssen.

Die *ODBC-Programmschnittstelle* hebt die Trennung von Anwendung und Datenbank auf: Die standardisierte ODBC-Verbindungsschnittstelle – *Open Database Connectivity* – für den Zugriff auf Datenbanken wurde 1992 von der *SQL-Access-Group* und *Microsoft* gemeinsam entwickelt. Sie macht es möglich, daß von den auf PCs mit dem Betriebssystem WINDOWS installierten Anwendungen wie EXCEL, WORD und anderen auf Daten solcher Datenbanken zugegriffen werden kann, die ODBC unterstützen.

Voraussetzung für den Einsatz der ODBC-Technik sind

1. ein Anwendungsprogramm, das ODBC unterstützt
   – zum Beispiel EXCEL, MS-QUERY, MS-ACCESS,
2. ein Treibermanager, der einen für die fremde Datenbank vorliegenden ODBC-Treiber lädt und nach Abfrageende wieder schließt (der Treibermanager im *MS-OFFICE*-Paket wird bei der Installation von Windows automatisch installiert),
3. der ODBC-Treiber, das ist eine DLL-Datei (Dynamic-Link Library), die eine Abfrage in der aktuellen Anwendung in den Dialekt der angesprochenen Datenbank umwandelt,

4. ein ODBC-fähiges Datenbankmanagementsystem.
   Für jedes Datenbanksystem ist ein eigener Treiber erforderlich. Im Office-Paket sind ODBC-Treiber für ACCESS, DBASE, FOXPRO, PARADOX, SQL-Server, Textdatenbanken und EXCEL bereitgestellt. Wenn Sie einen Treiber für eine andere Datenbank benötigen, müssen Sie diesen zunächst für WINDOWS verfügbar machen. Das Programm dazu starten Sie in der Regel in der anderen Datenbank. ODBC wird heute von den Datenbanken ORACLE, INFORMIX, INGRES, SYBASE, GUPTA, EDA/SQL unterstützt.
5. Im Netz sind zusätzlich Netzwerkverbindungen erforderlich.

Datenquelle erstellen mit dem Konfigurationsprogramm *ODBC-Datenquellen-Administrator:* Um mit der ODBC-Technik auf die Daten einer Datenbank zugreifen zu können, muß in WINDOWS für die Datenbank eine sogenannte Datenquelle eingerichtet werden:
In WINDOWS-Arbeitsoberfläche
-> *Start*
-> *Einstellungen*
-> *Systemsteuerung*
In *Systemsteuerung*
-> *32-Bit-ODBC / ODBC* doppelklicken.

Das Fenster *ODBC-Datenquellen-Administrator* wird aufgeschlagen. Ab OFFICE 97 wird zwischen Benutzer-, System- und Datei-Datenquellen unterschieden:

1. *Benutzer-DSN*
   Die Benutzerdatenquelle ist auf dem lokalen Computer installiert und kann nur von diesem aus angesprochen werden. DSN steht für *Data Source Name* (Name der Datenquelle).
2. *System-DSN*
   Systemdatenquellen können im Netzwerk eingesetzt werden. Benutzer- und System-Datenquellen werden in der WINDOWS-Registrierung gesondert erfaßt.
3. *Datei-DSN*
   Bei *Datei-DSN* stehen die Informationen nicht in der WINDOWS-Registrierdatei, sondern in einer gesonderten DSN-Datei.

Beispiel: Liste der installierten Treiber aufschlagen

Markieren Sie das Register *ODBC-Treiber:*
In *ODBC-Datenquellen-Administrator*
-> Register *ODBC-Treiber*
In dem aufgeschlagenen Fenster finden Sie die Liste der bereits installierten ODBC-Treiber.

Diese Treiber wurden im SETUP-Programm der jeweiligen Datenbank installiert.

Bei der Installation von **DB2** unter WINDOWS NT wird der Treiber *IBM DB2 ODBC-DRIVER* erstellt.
Bei DB2 unter dem Betriebssystem OS/2 fügen Sie den *IBM DB2 ODBC-Treiber* im Fenster *ODBC-Treiber* so ein:

In Arbeitsoberfläche von OS/2
-> IBM DATABASE 2 doppelklicken.
In *IBM DATABASE 2 – Symbolanzeige*
-> Windows Support doppelklicken.
Installieren Sie den Treiber:
In *Windows Support – Symbolanzeige*
-> OCDB-Installationsprogramm doppelklicken.
In *IBM DB2 ODBC-Treiber*
-> *OK*

Meldung im Fenster *IBM DB2 ODBC-Treiber:*
Der Befehl wurde erfolgreich ausgeführt im Fenster *IBM DB2*

Beim **INFORMIX**-Client-Setup unter WINDOWS NT stehen zwei ODBC-Treiber zur Auswahl;

INFORMIX-CLI – 32-Bit-Version und *INTERSOLV DataDirect ODBC DRIVER.*

In der Regel werden Sie *INFORMIX-CLI – 32-Bit-Version* benutzen.
Hinweis: Bei der INFORMIX-Database Server-Installation mit der Auswahl *Full-Install* werden diese Treiber nicht erstellt. Wählen Sie im entsprechenden Auswahlmenü dazu *Custom Install.*

Geben Sie beim ORACLE-Setup an, daß der ODBC-Treiber mitinstalliert wird:
SQO32_73.DLL

Wenn Sie das MS-Office-System mit der Auswahl *Standard* installiert haben, müssen Sie mit einem erneuten SETUP, dann über die Schaltfläche *Hinzufügen/Entfernen*, die Aktivierung der Option *Datenbankzugriff*, die Schaltfläche *Option ändern...* die Optionen (Ergänzungsprogramme, Add-Ins)

> *Microsoft Query, Microsoft Access Treiber, Microsoft Excel-Treiber usw.*

auswählen. Die derart aktivierten Treiber finden Sie im *ODBC-Datenquellen-Administrator* im Register *Benutzer-DSN*.

Beispiel: Eine *System-DSN*-Datenquelle einrichten

1. Öffnen Sie den *ODBC-Datenquellen-Administrator* und darin *System-DSN:*
   In WINDOWS-Arbeitsoberfläche
   -> *Start*
   -> *Einstellungen*
   -> *Systemsteuerung*
   In *Systemsteuerung*
   -> *32-Bit-ODBC / ODBC* doppelklicken
   In *ODBC-Datenquellen-Administrator*
   -> Register *System-DSN*
   In *System-Datenquellen*
   -> Schalter *Hinzufügen...*

2a. So definieren Sie die Datenquelle für eine Datenbank mit Namen *UebAcc* im ACCESS-Format:
   In *Neue Datenquellen erstellen*
   -> *Microsoft Access-Treiber (*.mdb)*
   -> *Fertigstellen*
   Es wird jetzt ein Fenster geöffnet, dessen Inhalt treiberabhängig ist.
   In *ODBC Microsoft Access 97 Setup*
   -> UebAcc als Datenquellenname eingeben.

Vereinbaren Sie den Pfad zur Datenbank:
-> Schaltfläche *Auswählen...*
In *Datenbank auswählen*
-> C:\UebAcc als Verzeichnis wählen,
-> UebAcc.mdb als Datenbankname klicken.
-> *OK*
In *ODBC Microsoft Access 97 Setup*
-> *OK*
In *ODBC-Datenquellen-Administrator*
-> *OK*
Ergebnis: Die Verbindung zu Datenbank *UebAcc* ist jetzt hergestellt.
Sie können zum Beispiel in MS-QUERY darauf zugreifen:
Öffnen Sie dazu in MS-QUERY in *Datenquelle auswählen*
-> Schaltfläche *Andere...*
In *ODBC-Datenquellen*
-> UebAcc
-> *OK*

Weitere Hinweise: In dem Fenster *ODBC Microsoft Access 97 Setup* finden Sie auch die Schaltflächen *Erstellen* zum Erstellen einer neuen Datenbank, *Reparieren* zum Reparieren einer beschädigten Datenbank und *Komprimieren* zum Verdichten der Datenbank. Die Schaltfläche *Erweitert* öffnet das Fenster *Weitere Optionen*, in dem Sie für die Datenbank einen *Anmeldenamen* (Login-Namen) und ein *Kennwort* (Paßwort) vereinbaren können. Die Vorgehensweise zur Definition einer anderen Datenquelle unterscheidet sich darin, daß für jeden Treiber ein anderes Dialogfenster eingerichtet wird und dementsprechend andere Eingaben gefordert werden.

2b. So definieren Sie die Datenquelle für eine Datenbank im DB2-Format:
In *Neue Datenquellen erstellen*
-> *IBM DB2 ODBC-DRIVER*
-> *Fertigstellen*
In *IBM DB2-ODBC-Treiber hinzufügen*
-> Testdb als Name der Datenquelle eingeben.
-> *OK*
In *ODBC-Datenquellen-Administrator*
-> *Konfigurieren...*

-> In *DB2-Nachricht "Keine Verbindung... Soll... hergestellt werden?"*
-> *Nein*
In *CLI/ODBC-Einstellungen – TESTDB*

-> TESTDB	als Name der Datenquelle übernehmen.
-> MTB	z. B. als Benutzer-ID eingeben.
-> mtk	z. B. als Kennwort eingeben.

-> *OK*

2c. So definieren Sie die Datenquelle für eine Datenbank im ORACLE-Format:
In *Neue Datenquellen erstellen*
-> *SQO32_73.DLL* <- Treiber für ORACLE 7.3.3.00 unter WINDOWS NT
-> *Fertigstellen*
Es wird jetzt das treiberabhängige Dialogfenster geöffnet. Bei dem oben genannten Treiber hat es den Namen *Oracle7 ODBC Setup*. Darin geben Sie ein: den Namen der Datenquelle, zum Beispiel *Testdb*, eine Beschreibung der Datenquelle, zum Beispiel *Auftrags- und Leistungsabrechnung*, und den sogenannten *SQL*Net Connect String*, mit dem definiert wird, von welcher ORACLE-Datenbank die Daten abgerufen werden sollen. Wenn Sie auf eine lokale Datenbank zugreifen wollen, genügt die Eingabe des Strings *2:*, beim Zugriff auf einen Server im Netz muß ein *SQL*Net Alias* angegeben werde, das ist der Name für eine Prozedur mit den Adressen und dem Connect-String.

2d. So definieren Sie die Datenquelle für eine Datenbank im INFORMIX-Format:
In *Neue Datenquellen erstellen*
-> *INFORMIX-CLI* <- Treiber für Informix Dynamic Server / WINDOWS NT
-> *Fertigstellen*
Es wird das treiberabhängige Dialogfenster geöffnet mit Eingabefeldern für die Namen der Data Source, der Database, des Servers, des Hosts und des Service.

3. Daten aus der DB2-Datenbank in MS-QUERY aufrufen und anzeigen

Wenn Sie Daten aus der DB2-Datenbank in MS-QUERY aufrufen wollen, ist es nicht erforderlich, die DB2-Datenbank vorher gesondert zu öffnen. Nach dem Start der Datenbank *testdb* in MS-QUERY können Sie mit SQL-Anweisungen im Fenster *SQL ausführen* direkt auf alle Daten der DB2-Datenbank zugreifen und auch solche SQL-Anweisungen eingeben, die nicht in der JET-Datenbank, aber in DB2 verfügbar sind.

Beispiel: Die in JET-SQL nicht einsetzbare Anweisung *SELECT COUNT (DISTINCT eintritt) FROM persdat* wird im Fenster *SQL ausführen* aufgerufen.

Öffnen Sie MS-QUERY in EXCEL:
In Menüzeile von EXCEL
-> *Daten*
-> *Daten importieren*
In *Dateiquelle auswählen* von MS-QUERY
-> *Testdb – mtb*
-> *Verwenden*
In *Mit DB2-Datenbank verbinden*
-> mtk   als Kennwort eingeben.
-> *OK*
Meldung: *Die Verbindung zur Datenbank wird hergestellt.*
Aktion: Das Fenster *Tabellen hinzufügen* wird aufgeschlagen. In diesem Fenster werden alle Tabellen der DB2-Datenbank angezeigt, auch die DB2-Systemtabellen.
In *Tabellen hinzufügen*
-> *Schließen*
In Menüzeile von MS-QUERY
-> *Datei*
-> *SQL ausführen*   <- *Testdb* als Datenquelle ist aktiv!
In *SQL ausführen*
-> SELECT COUNT (DISTINCT eintritt) FROM persdat
eingeben.
-> *Ausführen*
Ergebnis: Es werden 4 unterschiedliche Eintrittsdaten ausgegeben.

13 Anhang

13.1 Strukturen und Daten der Arbeitstabellen

Struktur der Tabelle PERSDAT:

Datenfeld	Datentyp	Größe
PERSNR	Numerisch	
PNAME	Text	12
PVNAME	Text	12
GESCHLECHT	Text	1
ABTNR	Numerisch	
EINTRITT	Datum	8
GEHALT	Numerisch	8

```
CREATE TABLE PERSDAT
 (
 PERSNR     SMALLINT     NOT NULL,
 PNAME      CHAR(12),
 PVNAME     CHAR(12),
 GESCHLECHT CHAR(1),
 ABTNR      SMALLINT,
 EINTRITT   DATE,
 GEHALT     DECIMAL(8,2)
 )
```

Datensätze der Tabelle PERSDAT:

PERSNR	PNAME	PVNAME	GE-SCHLECHT	ABTNR	EINTRITT	GEHALT
1	Eifer	Rik	M	4	01.02.80	3800,00
3	Meyer	Luise	W	4	01.03.84	2450,00
4	Strom	Claudius	M	2	01.03.84	3800,00
5	Luft	Friedrich	M	3	15.05.85	4500,00
7	Meieris	Heinz	M	3	01.02.80	2450,00
8	Volt	Gerda	W	3	01.02.80	4200,00
9	Bind	Gisela	W	2	15.05.85	4000,00
10	Meier	Adam	M	1	01.01.75	5000,00

Struktur der Tabelle FMITGLIEDER:

Datenfeld	Datentyp	Größe
PERSNR	Numerisch	2
FMNR	Numerisch	2
VORNAME	Text	12
VWGRAD	Text	1
ZUSCHLAG	Numerisch	8

```
CREATE TABLE FMITGLIEDER
  (
  PERSNR     SMALLINT      NOT NULL,
  FMNR       SMALLINT,
  VORNAME    CHAR(12),
  VWGRAD     CHAR(1),
  ZUSCHLAG   DECIMAL(8,2)
  )
```

Datensätze der Tabelle FMITGLIEDER:

PERSNR	FMNR	VORNAME	VWGRAD	ZUSCHLAG
3	1	Heinrich	m	60.00
5	1	Beate	f	60.00
5	2	Heinz	s	40.00
8	1	Christa	t	40.00
10	1	Hanna	f	60.00
10	2	Theo	s	40.00
10	3	Else	t	60.00

Struktur der Tabelle VWGRADE:

Datenfeld	Datentyp	Größe
VWGRAD	Text	1
VWNAME	Text	7

```
CREATE TABLE VWGRADE
  (
  VWGRAD      CHAR(1)  NOT NULL,
  VWNAME      CHAR(7)
  )
```

Datensätze der Tabelle VWGRADE:

VWGRAD	VWNAME
m	Ehemann
f	Ehefrau
s	Sohn
t	Tochter

Struktur der Tabelle ABTEILG:

Datenfeld	Datentyp	Größe
ABTNR	Numerisch	1
ABTNAME	Text	12

```
CREATE TABLE ABTEILG
  (
  ABTNR     SMALLINT   NOT NULL,
  ABTNAME   CHAR(12)
  )
```

Datensätze der Tabelle ABTEILG:

ABTNR	ABTNAME
1	Leitung
2	Verwaltung
3	Steuerung
4	Transport

Struktur der Tabelle VORG:

Datenfeld	Datentyp	Größe
PERSNR	Numerisch	2
VPERSNR	Numerisch	2

```
CREATE TABLE VORG
  (
  PERSNR   SMALLINT NOT NULL,
  VPERSNR  SMALLINT
  )
```

Datensätze der Tabelle VORG:

PERSNR	VPERSNR
1	10
3	1
4	9
5	10
7	5
8	5
9	10
10	NULL

Struktur der Tabelle ABLEITER:

Datenfeld	Datentyp	Größe
ABTNR	Numerisch	1
PERSNR	Numerisch	2

```
CREATE TABLE ABLEITER
  (
  ABTNR    SMALLINT NOT NULL,
  PERSNR   SMALLINT
  )
```

Datensätze der Tabelle ABLEITER:

ABTNR	PERSNR
1	10
2	9
3	5
4	1

Struktur der Tabelle MGEHALT:

Datenfeld	Datentyp	Größe
PERSNR	Numerisch	2
JAHR	Numerisch	2
MONAT	Numerisch	2
MGEHALT	Numerisch	8

```
CREATE TABLE MGEHALT
  (
  PERSNR    SMALLINT   NOT NULL
  JAHR      DECIMAL(2),
  MONAT     SMALLINT,
  MGEHALT   DECIMAL(8,2)
  )
```

Datensätze der Tabelle MGEHALT:

PERSNR	JAHR	MONAT	MGEHALT
1	94	1	4100.00
3	94	1	3200.00
4	94	1	3820.10
5	94	1	5000.00
7	94	1	2700.00
8	94	1	4760.00
9	94	1	4250.00
10	94	1	5900.00

PERSNR	JAHR	MONAT	MGEHALT
1	94	2	4482.40
3	94	2	3428.28
4	94	2	3800.00
5	94	2	6063.63
7	94	2	2929.65
8	94	2	4240.00
9	94	2	4000.00
10	94	2	6051.74

Struktur der Tabelle TARTEN:

Datenfeld	Datentyp	Größe
TARTNR	Text	1
TBEZ	Text	15
TPREIS	Numerisch	6

```
CREATE TABLE TARTEN
  (
  TARTNR      CHAR(1) NOT NULL,
  TBEZ        CHAR(12),
  TPREIS      DECIMAL(6,2)
  )
```

Datensätze der Tabelle TARTEN:

TARTNR	TBEZ	TPREIS
1	Akquisition	90.00
2	Vorbesprechung	100.00
3	Beratung	130.00
4	Projektentwurf	120.00
5	Kalkulation	110.00
6	Zeichnen	90.00
7	Schreibarbeiten	80.00

Struktur der Tabelle AUFTRAG:

Datenfeld	Datentyp	Größe
AUFNR	Numerisch	4
AUFWERT	Numerisch	8
ABDATUM	Datum	

```
CREATE TABLE AUFTRAG
  (
  AUFNR       SMALLINT NOT NULL,
  AUFWERT     DECIMAL(8,2),
  ABDATUM     DATE
  )
```

Datensätze der Tabelle AUFTRAG:

AUFNR	AUFWERT	ABDATUM
1111	56400.00	28.02.1994
2222	52700.00	
3333	20800.00	28.02.1994
4444		

Struktur der Tabelle TPOSTEN:

Datenfeld	Datentyp	Größe
TBNR	Numerisch	
PERSNR	Numerisch	
AUFNR	Numerisch	
TARTNR	Text	1
TSTD	Numerisch	4

```
CREATE TABLE TPOSTEN
  (
  TBNR        INTEGER,
  PERSNR      SMALLINT,
  AUFNR       SMALLINT,
  TARTNR      CHAR(1),
  TSTD        DECIMAL(8,2)
  )
```

Datensätze der Tabelle TPOSTEN (sortiert):

TBNR	PERSNR	AUFNR	TARTNR	TSTD
940228	1	1111	6	32.00
940228	1	1111	5	18.00
940228	1	1111	3	12.00
940228	1	2222	6	24.00
940228	1	2222	5	7.00
940228	1	2222	3	4.00
940228	1	3333	5	9.00
940228	1	3333	3	5.00
940228	1	3333	6	39.00
940228	3	1111	7	24.00
940228	3	1111	6	70.00
940228	3	2222	7	38.00
940228	3	2222	6	12.00
940228	3	3333	6	12.00
940228	3	3333	7	18.00
940228	5	1111	3	18.00
940228	5	1111	2	24.00
940228	5	1111	1	18.00
940228	5	1111	4	42.00
940228	5	1111	5	12.00
940228	5	2222	5	17.00
940228	5	2222	6	32.00

TBNR	PERSNR	AUFNR	TARTNR	TSTD
940228	7	1111	7	58.00
940228	7	2222	7	35.00
940228	7	3333	7	62.00
940228	8	1111	5	4.00
940228	8	1111	6	62.00
940228	8	2222	5	7.00
940228	8	2222	6	42.00
940228	8	3333	6	39.00
940228	10	1111	1	38.00
940228	10	1111	2	42.00
940228	10	1111	3	38.00
940228	10	3333	1	17.00
940228	10	3333	2	18.00
940228	10	3333	3	12.00
940301	1	4444	2	8.00
940301	3	4444	6	4.00
940301	3	4444	7	3.00
940301	5	2222	6	6.00
940301	7	2222	7	6.50
940301	8	4444	2	8.00
940301	10	2222	4	3.00
940301	10	2222	2	4.00

13.2 Erlaubte Datentypen in den Datenbanksystemen

13.2.1 INFORMIX-Spaltentypen

Erlaubter Spaltentyp:	Speichert
BYTE	binäre Daten.
CHAR(anzahl) / CHARACTER()	alphanumerische Daten mit bis zu 32 767 Stellen.
DATE	Datumswerte. Struktur wird durch Umgebungsvariable DBDATE definiert.
DATETIME anfang TO ende	Datums- und Zeitwerte nach Vorgabe: DATETIME year TO fraction enthält YEAR-MONTH-DAY HOUR:MINUTE:SECOND.FRACTION.
DECIMAL(i,n) / DEC(i,n) / NUMERIC(i,n)	Dezimalzahl mit Insgesamtstellen (i) und Nachpunktstellen (n): DECIMAL(6,2) = 6 Stellen, darin 2 Nachpunktstellen. Maximal 32 signifikante Stellen.
FLOAT(i) / DOUBLE PRECISION	Binäre Gleitkommazahl mit maximal 16 signifikanten Ziffern
INTEGER / INT	Ganzzahl zwischen −2 147 483 647 und +2 147 483 647.
INTERVAL	Zeitspanne: entweder YEAR TO MONTH oder DAY TO FRACTION mit den Zwischenstufen HOUR:MINUTE:SECOND.
MONEY(i,n)	Geldbeträge mit insgesamt i Stellen und n Nachpunktstellen, maximal 32 signifikante Stellen.
SERIAL(n)	fortlaufende Nummer ab 1. Oder: SERIAL(101) = fortlaufend ab 101.
SMALLFLOAT / REAL	binäre Gleitkommazahl mit maximal 8 signifikanten Ziffern.
SMALLINT	Ganzzahl zwischen −32 767 und +32 767.
VARCHAR(m,r)	alphanumerische Daten variabler Länge zwischen Maximalwert (m) und Minimalwert (r).

13.2.2 ORACLE-Spaltentypen

ORACLE stellt als ORACLE-Spaltentypen CHAR(i), VARCHAR(i), NUMBER(i,n), NUMBER(i) und NUMBER zur Verfügung. ORACLE akzeptiert aber auch in CREATE-Anweisungen ANSI- und die in IBM-Datenbanken eingesetzten Datentypen.

Erlaubter Spaltentyp:	Speichert
CHAR(anzahl) / CHARACTER()	alphanumerische Daten mit bis zu 255 Stellen.
DATE	Datumswerte Jahr, Monat, Tag und Zeitwerte Tag, Stunde, Minute, Sekunde.
DECIMAL(i,n) / DEC(i,n) / NUMERIC(i,n) /	Dezimalzahl mit Insgesamtstellen (i) und Nachpunktstellen (n): DECIMAL(6,2) = 6 Stellen, darin 2 Nachpunktstellen.
NUMBER(i,n)	NUMBER(i,n) ist der originale ORACLE-Typ.
FLOAT(i) / NUMBER / DOUBLE PRECISION	binäre Gleitkommazahl mit Präzision i, NUMBER mit Präzision 38.
INTEGER / INT / NUMBER(38)	Ganzzahl.
NUMBER	vgl. DECIMAL(), INTEGER, SMALLINT, FLOAT, REAL.
REAL / NUMBER	binäre Gleitkommazahl mit Präzision 18.
SMALLINT / NUMBER(38)	Ganzzahl mit i Stellen.
VARCHAR(m)	alphanumerische Daten variabler Länge mit Maximalwert (m) bis 2000 Bytes.

13.2.3 DB2/2-Spaltentypen

Erlaubter Spaltentyp:	Speichert
CHAR(i) / CHARACTER()	alphanumerische Daten mit bis zu i Zeichen, maximal 254.
DATE	Datumswert. Struktur richtet sich nach Landescode: tt.mm.jjjj in Europa.

DECIMAL(i,n) / DEC(i,n) / NUMERIC(i,n) / NUM(i,n)	Dezimalzahl mit Insgesamtstellen (i) und Nachpunktstellen (n): DECIMAL(6,2) = 6 Stellen, darin 2 Nachpunktstellen. Maximal 31 signifikante Stellen.
FLOAT(i) /	Binäre Gleitkommazahl von −1.79769E+308 bis −2.225E-307 oder von 2.225E-307 bis 1.79769E+308.
INTEGER / INT	Ganzzahl zwischen −2 147 483 648 und +2 147 483 647.
LONG VARCHAR	alphanumerische Daten variabler Länge, maximal 32 700, nicht einsetzbar in Suchbedingungen, zum Sortieren, Gruppieren und Indexieren.
SMALLFLOAT / REAL	binäre Gleitkommazahl mit maximal 8 signifikanten Ziffern.
SMALLINT	Ganzzahl zwischen −32 768 und +32 767.
TIME	Uhrzeit hh.mm.ss im 24-Stunden-Format oder hh.mm am/pm im 12-Stunden-Format.
TIMESTAMP	Datum und Uhrzeit: jjjj-mm-tt-hh.mm.ss oder jjjj-mm-tt-hh.mm.ss.nnnnnn, wobei nnnnnn für Mikrosekunden steht.
VARCHAR(m,r)	alphanumerische Daten variabler Länge zwischen Maximalwert (m) und Minimalwert (r).

13.2.4 JET-Datentypen

Die folgende Tabelle enthält eine Liste der ANSI-SQL-Datentypen und der dazu äquivalenten SQL-Datentypen des Microsoft-JET-Datenbankmoduls sowie die zulässigen Synonyme.

ANSI-SQL	**SQL-Datentyp JET**	**Synonyme**
Ja/Nein-Werte:		
Nicht unterstützt	BIT	BOOLEAN, LOGICAL, LOGICAL1, YESNO

Ganzzahl 0 bis 255:		
Nicht unterstützt	BYTE	INTEGER1
Automatisches Hochzählen:		
Nicht unterstützt	COUNTER	AUTOINCREMENT
Zahl von −922.337.203.685.477,5808 bis 922.337.203.685.477,5807:		
Nicht unterstützt	CURRENCY	MONEY
Datums-, Zeitangabe ab dem Jahr 100 bis 9999:		
DATE, TIME, TIMESTAMP	DATETIME	DATE, TIME, TIMESTAMP
Dezimalzahl:		
DECIMAL	Nicht unterstützt	
Gleitkommazahl mit einfacher Genauigkeit:		
REAL	SINGLE	FLOAT4, IEEESINGLE, REAL
Gleitkommazahl mit doppelter Genauigkeit:		
DOUBLE PRECISION, FLOAT	DOUBLE	FLOAT, FLOAT8, EEEDOUBLE, NUMBER, NUMERIC
Ganzzahl von −32768 bis 32767:		
SMALLINT	SHORT	INTEGER2, SMALLINT
Ganzzahl von −2.147.483.648 bis 2.147.483.647:		
INTEGER	LONG	INT, INTEGER, INTEGER4
0 bis 1,2 Gigabytes für OLE-Objekte:		
Nicht unterstützt	LONGBINARY	GENERAL, OLEOBJECT
0 bis 1,2 Gigabytes:		
Nicht unterstützt	LONGTEXT	LONGCHAR, MEMO, NOTE
CHARACTER, CHARACTER VARYING	TEXT	ALPHANUMERIC, CHAR, CHARACTER, STRING, VARCHAR

13.3 Literaturverzeichnis

Petkovic, Dusan: Informix, Das relationale Datenbanksystem, Bonn und München 1991

Hagen, Manfred; Will, Liane: Relationale Datenbanken in der Praxis, Berlin und München 1993

Eiler, H.; Jansen, W.; de Volder, H.: SQL in der Praxis, Bonn und München 1990

Vetter, M.: Aufbau betrieblicher Informationssysteme mittels objektorientierter, konzeptioneller Datenmodellierung, Stuttgart 1991

Hinweis:

Benutzte Produkt- und Warennamen

13.4 Sachwortregister